Susanne Hirzel • Vom Ja zum Nein

Susanne Hirzel

VOM JA ZUM NEIN

Eine schwäbische Jugend 1933 bis 1945

Silberburg-Verlag

3 4 5 6 7 07 06 05 04 03

Die erste Ausgabe dieses Buches ist 1998
im Verlag Klöpfer & Meyer, Tübingen,
mit der ISBN 3-931402-28-2 erschienen.

Alle Fotos aus dem Privatbesitz der Autorin.

Umschlaggestaltung: Werner Rüb, Bietigheim-Bissingen;
Frank Butzer, Tübingen.
Druck: TC-Druck, Tübingen.
Printed in Germany.
ISBN 3-87407-368-8

Im Gedenken

an meine Freundin Margarete Gideon (1900–1997),
die 1938 emigrierte und nie aufhörte,
ihrer schwäbischen und deutschen Heimat nachzutrauern.

Inhalt

Anhang

Vorwort

»Sie [die Nationalsozialisten] haben die unglaubliche Kühnheit, sich mit Deutschland zu verwechseln! Wo doch der Augenblick vielleicht nicht fern ist, da dem deutschen Volke das Letzte daran gelegen sein wird, nicht mit ihnen verwechselt zu werden.«

Thomas Mann, 1937
Zitiert nach Marcel Reich-Ranicki:
Mein Leben, Stuttgart 1999, Seite 104

Wenn ich heute, 15. April 1995, mit meinen Erinnerungen beginne, so denke ich zuerst an die beiden »Weiße Rose«-Prozesse unter Roland Freisler am 22. Februar 1943 und 19. April 1943. Mit Bewunderung denke ich an den Mut und die Geisteshaltung der Münchner Gruppe, mit der sie sich zur Tat entschlossen hat, und in der sieben meist junge Leute ihr Leben geopfert haben. Unter dem Namen »Weiße Rose« waren die gleichgesinnten Freunde in München, Ulm, Stuttgart, Freiburg, Saarbrücken und Hamburg zusammengefaßt, hatten aber keine Querverbindungen untereinander, denn eine Organisation aufzubauen war damals nicht möglich, und so kann auch heute nicht von »Mitgliedern« der Weißen Rose gesprochen werden. Mein jüngerer Bruder Hans und ich waren Mitangeklagte im zweiten »Weiße Rose«-Prozeß. *Hans* kannte die Münchner Gruppe, kannte Sofie und Hans Scholl recht gut. *Ich* kannte meinen Bruder und Sofie Scholl sehr gut, Hans Scholl kaum; ich gehörte also zum äußeren Rand der Gruppe.

Von Bekannten aller Altersgruppen und gerade auch von jungen Leuten wurde ich oft und nachhaltig gedrängt, Erinnerungen zu schreiben. Ein Bedürfnis dazu hatte ich nicht. Auch hielten mich immer neue Bedenken zurück: Wen wird denn unser damaliges Leben interessieren, wo sich so vieles geändert hat und sich weiterhin rasant verändert, wo Millionen von Soldaten und Flüchtlingen viel Schlimmeres erlebt haben, wo ganze Familien ausgelöscht wurden – und in unserer Familie alle am Leben blieben? Wo doch das Entscheidende, die *Atmosphäre* der damaligen Zeit, die durch Informationslosigkeit, heftige, fälschende Propaganda und Terror gekennzeichnet war, kaum vermittelt werden kann? Werde ich lebendig darstellen können, was ich längst hinter mich gebracht habe?

Doch mir wird entgegnet, ein Lebensbericht bedeute ein Beispiel, ein Zeitdokument. Er zeige die Entwicklung der Nazi-Verhältnisse im Spiegel einer Familie, er vermittle einen Blick in das Leben damaliger Jugendlicher, den doch niemand besser gewähren könne als ein Zeitzeuge selbst. Das hat mich schließlich überzeugt. – Dabei möchte ich chronologisch erzählen, muß aber gelegentlich vorleuchten bzw. zurückblenden und gebe jedem einzelnen Jahr einen Vorspann, der in notwendiger Kürze die politischen und militärischen Ereignisse aufzählt, von denen aber damals nur ein Teil ins Bewußtsein der Menschen eingedrungen ist; denn es gab offiziell nur die staatlich gelenkten und kontrollierten Informationen. Sie täglich zu lesen war nahezu sinnlos. Eine gelernte Historikerin bin ich nicht, und so habe ich mir die benötigten speziellen Informationen aus Büchern der Stuttgarter Stadt- und Landesbibliothek besorgt.

Bei dem Versuch, über Menschen und Ereignisse solch weit zurückliegender Jahre zu berichten, war mir bewußt, wie schwierig und fragwürdig es ist, die Erinnerungen zu reinigen von den Wertungen und Überblendungen der Gegenwart und das zu zeigen, was meine »echten« Erinnerungen sind; es ist nahezu unmöglich. Zum Thema »Weiße Rose« ist in den vergangenen fünfzig Jahren viel geschrieben worden. Historiker, Schriftsteller, Journalisten, Filmregisseure haben sich aus unterschiedlichsten Gründen des vielversprechenden Themas angenommen. Dabei sind einseitige, beschönigende Darstellungen,

Lücken und Irrtümer in Kauf genommen worden. Meine Berichte speziell über das Jahr 1943 sind sehr zuverlässig, da ich im Sommer 1944 genaue Aufzeichnungen gemacht habe.

Nur widerstrebend berichte ich in ganz persönlichem Stil, mit vielen Details – denn wer zieht gerne Details ans Licht von Ereignissen, die vor sechzig Jahren geschehen sind, die man nicht einmal mündlich gerne erzählt, die von Tausenden ähnlich erlebt wurden und eigentlich unwesentlich scheinen. Doch gerade dazu wurde ich wiederholt ermuntert: »Die Details machen ein Bild doch erst anschaulich und lebendig.« Ich erbringe also mit meinem Schreiben ein gewisses Opfer. In erster Linie habe ich versucht, der immer wiederkehrenden, berechtigten Frage nachzugehen: »wie konnte es dazu kommen?«, habe versucht, die Zwiespältigkeit der Erscheinungen aufzuzeigen, die zwiespältige Gedanken und Gefühle erwecken mußte; ich habe versucht, die Manipulierbarkeit der Menschen erklärbar zu machen, wobei dieses Erklären keineswegs als Billigung verstanden werden darf. Ich hoffe, der gängigen, nach fünfzig Jahren naheliegenden Vereinfachung und Schwarz-Weiß-Malerei durch die Medien und durch Personen, die diese Zeit nicht selbst erlebt haben, entgegenzuwirken durch einen ehrlichen Erlebnisbericht.

Die Notstandsgesetze und erst recht das Ermächtigungsgesetz ermöglichten Hitler, sich in wenigen Monaten brutal durchzusetzen und weiterhin schlau und systematisch durch Abschottung nach außen, übermächtige Propaganda und durch Terror eine freie Meinungsbildung zu verhindern und die manipulierten Menschen in den Krieg zu treiben.

Ich fühlte mich auch persönlich herausgefordert, denn ich mußte tief hinuntertauchen in die Gewässer der Vergangenheit und versuchen, mich selbst wieder hervorzuziehen, das heißt, um ein heute populäres Wort zu benutzen, ich habe die Jahre meiner Jugend »aufgearbeitet«. Die Monate im Gefängnis konnte ich brav und tapfer ertragen im Bewußtsein, daß ja Tausende in Gefängnissen und Lagern leiden, daß unsere Soldaten hart und gefährlich leben müssen. Dabei war ich neugierig, menschliche Möglichkeiten und Situationen in dieser speziellen Zwangslage kennenzulernen. Weil man zwar weiß, wie es in Krankenhäusern zugeht, nicht aber wie in Gefängnissen, erzähle ich davon. – Die Erlebnisse meines Bruders Peter, von denen ich nur teilweise berichte, sollen als Erlebnisse *irgendeines* Soldaten aufgefaßt werden, der Glück hatte.

Die Generation, die in der für den Bürger recht glücklichen Wilhelminischen Ära geboren wurde, die im Ersten Weltkrieg gekämpft hat und sich den »Versailler Frieden« diktieren lassen mußte, war staatstreu. Sie war nicht demokratisch geübt, um kritisch den Staat zu kontrollieren, sie hatte noch das Lebensgefühl der Wilhelminischen Ära. Die meisten hatten leider 1933 »Mein Kampf« nicht gelesen, sei es, daß man die Beschäftigung mit Politik, sei es, daß man Hitlers Schreibniveau verachtete, oder daß man zu denen gehörte, die nie ein Buch zur Hand nahmen, oder daß der tägliche Lebenskampf eben alle Kräfte verschluckte.

Als Ende der 20er Jahre das politische Leben zu stagnieren begann, als die Wirtschaft 1929 in eine große Krise stürzte und dann große Arbeitslosigkeit und Armut herrschte, wurde Hitler Kanzler. Er hatte es verstanden, zunehmend Hoffnung und Vertrauen zu wecken und ungeheure Kräfte zur Entfaltung zu bringen. Als er sich als Verbrecher entpuppt hatte, eigentlich 1934, ganz eindeutig mit dem »Gnadentod« von Behinderten 1940/41, war seine Macht durch Propaganda und Terror so stark geworden, daß es nahezu unmöglich, durch teuflische Zufälle (Johann Georg Elser) ganz unmöglich war, die Umgarnung zu durchbrechen. Wann, ja, wann wäre der Zeitpunkt gewesen, der zu Erfolg, zu Befreiung hätte führen können? Die wenigen Wochen von der »Machtergreifung« bis zum 24. März, dem Datum des Ermächtigungsgesetzes, waren zu kurz.

Mit Leichtfertigkeit wird zuweilen geurteilt von Leuten, die durch die Erfahrungen und Erprobungen dieser Jahre nicht hindurchgegangen sind, und die sich noch nicht gründlich mit den

Schwierigkeiten und den selbstlosen, mutigen Anstrengungen deutscher Widerständler befaßt haben. Sollten die Enkel etwa klüger und charakterfester als die Großväter sein? Ich meine, man sollte mit Verhaltenheit ein Urteil suchen über eine Generation, die schon den Ersten Weltkrieg durchzustehen hatte, man sollte vorwärts schauen und sich selbst fragen, ob die *heutige* Generation sich bewährt in den Herausforderungen *ihrer* Zeit. So sind meine Berichte in erster Linie denen gewidmet, die diese Epoche nicht erlebt haben. Sie sollten nicht nur die Verbrechen in Erinnerung behalten, die sie tief schockieren müssen, sondern auch eine Vorstellung vom Beginn und der Entwicklung dieser Diktatur und dem damaligen Leben erhalten und unsere Demokratie, die wir nicht erkämpft haben, die uns vielmehr in den Schoß gelegt wurde, als kostbares Gut betrachten, das stets in Gefahr ist, mißbraucht zu werden und zu verfallen, das also geschützt und bewahrt werden muß. Nur Wissen kann vor falscher Information und Deutung schützen.

Familie und Kindheit

Die erste Pfarrstelle unseres Vaters war in einem Hohenlohischen Dorf, in Untersteinbach im Kreis Öhringen. Zwischen waldigen Höhen lag dieses Kirchspiel im Talgrund der Ohrn gebettet. Als meine Eltern im September 1920 in Öhringen ankamen, standen neben dem »Gasthof zur Eisenbahn« die Kutschen der dörflichen Honoratioren, des Schultheiß', des Lehrers und einiger kirchlich gesinnter Großbauern zum Empfang bereit. In der schönsten Kutsche, deren Lederbogen mit Papierblumen bunt geschmückt war, wurden nun die neuen »Pfarrers« – voraus eine mit Tännchen und grünen Reisern geschmückte Kutsche – im Konvoi unter dem Getrappel der Pferde und im Staub der Landstraße in einer guten Stunde in ihr Dorf gefahren, dort durch Girlandenbögen hindurch und durch das Spalier der Schul- und Kleinkinder, die mit Blumensträußen winkten, zum Kirchplatz gefahren, der voll von Menschen stand, die »hoch! hoch!« riefen, und wo auch noch der Gesangverein sein Bestes gab, um die Herzen zu erheben. Die später abgegebenen Sträuße füllten einen großen Waschkorb. Unsere Eltern verlebten dort eine überaus glückliche Zeit, übersiedelten dann nach acht Jahren nach Ulm, in die Heimatstadt Vaters, um ihren Kindern eine gute Schulausbildung zu ermöglichen.

Die große Familie von Pfarrer Hirzel (mit den Kindern Suse, Peter, Hans, Konrad, Ursula, Roland) wohnte im Ulmer Westen nicht neben der neu erbauten Martin-Luther-Kirche am Bismarckplatz, denn ein Pfarrhaus konnte die Gemeinde zunächst nicht auch noch bezahlen. Wir wohnten in einem gemieteten großen, etwas verlotterten, schlecht verputzten Haus auf der westlichen Seite der Bahnanlagen, inmitten eines

Hochzeit der Eltern (1920)

üppigen Blumen- und Baumgartens. Da gab es neun Zimmer, von denen die Hälfte nach Süden schaute, doch nur drei heizbar waren; dazu reichlich Nebenräume, nämlich eine zweite Küche, zwei Kammern, eine große Diele – also genügend Platz zum Hämmern, Sägen, Basteln, zum Musizieren, Streiten, Lachen und zum Leben in einem großen Garten. Eines der heizbaren Zimmer war Vaters Amtszimmer, die beiden anderen heizbaren Zimmer genügten in der kalten Jahreszeit. So lernten manche eben *nicht*, oder recht wenig im kalten Zimmer, oder erledigten die Schularbeiten in den Pausen zwischen den Schulstunden, und wer es wichtig hatte mit dem Lernen, verzog sich ins warme Bett.

Unsere Mutter wollte als junges Mädchen gerne Musikerin werden mit den Fächern Gesang und Klavier, ein damals völlig unüblicher Plan. Sie hatte sich aber als Rotkreuzschwester im ersten Weltkrieg eine Blutvergiftung zugezogen und mußte nach mehreren Operationen mit einer steifen rechten Hand leben. Da sie nur bedingt musizieren konnte, galt nun ihre ganze Leidenschaft ihren Kindern und ihren Blumen. Der Garten! Nichts Schöneres auf der Welt gab es für sie. Voller Vorfreude wählte sie im Winter, zitternd vor Aufregung, in Kordes' Katalog die schönsten Rosen aus, die sie ihrem schmalen Beutel zumuten konnte. (Kordes ist eine 1887 gegründete, berühmte Rosenzüchterei.) In den späten Sommerabenden pflegte sie die Blumen zu gießen, und so hörten wir, in den Betten liegend, wie das Wasser in die Kannen schoß, hörten das Rieseln des Wassers über die Blumen, das Quietschen der Wasserhähne. Dazwischen die Rufe von den Bahnsteigen her: »Heiße Würstchen, Bier!« Das galt den Reisenden im Orientexpress, der am Abend durch Ulm fuhr, nur hundert Meter von unserem Haus entfernt, was uns mit großem Stolz erfüllte.

Daß unsere Mutter in den Jahren der Fülle, in denen die große Familie samt den jeweiligen Dienstmädchen (Marie, Friedele, Dorle und vor allem Rosa) zusammenlebte und zusammenhalf, oft überlastet und deshalb zuweilen depressiv war, ist wohl zu verstehen. Welche Anstrengung bedeutete damals das Waschen ohne Waschmaschine, das Bügeln und Flicken, die Küchenarbeit ohne Kühlschrank und Spülmaschine. Jedes der Kinder sollte zu seinem Recht kommen, doch brauchten immer die Jüngsten die meiste Fürsorge. Die »Großen« brachten Freunde ins Haus, Gemeindemitglieder kamen mit Fragen und Bitten. Kurzum, die Tage eilten dahin wie im Wirbelsturm, und am Sonntag? – oh weh, da war es erst recht turbulent, weil alle zu Hause waren. Deshalb mußten wir raus bei jedem Wetter!

Vater war nicht der tiefgründige Theologe, den die Probleme anzogen, er war ein beschaulicher Mensch. »Die Freude liegt im Detail« konnte er zuweilen sagen. Gegenüber den Dogmen war er distanziert; das Kirchenjahr betrachtete er jedoch als eine gute Einrichtung, wenn auch das Weihnachtsfest allzuschnell im Jahreslauf wiederkehrte. Mehr als theologische Fragen interessierten ihn die Gleichnisse Jesu. Vaters Predigten waren immer

Vater Ernst Hirzel kehrt »aus dem Feld« heim (1919)

klug, in schlichter, doch geschliffener Sprache, aber oft zu lang. Als »Hirte« seiner Gemeinde war er ob seiner Sensibilität, seiner Geduld und seiner unaufdringlichen Liebenswürdigkeit sehr beliebt; auch durch seinen Humor, der zuweilen von feiner Ironie, aber nie zynisch war. Zeiteinteilung war nie seine Sache. So war Mutter einmal der Verzweiflung nahe, als er in der Sonntagsfrühe um drei erst ins Bett ging und ganz erfüllt von seinem Mörike meinte: »Ich bin fast durch mit dem ›Stuttgarter Hutzelmännlein‹; wenn ich jetzt den Wecker auf fünf stelle, kriege ich die Predigt schon noch zusammen.« Neben Mörike und Gottfried Keller war Jean Paul sein Lieblingsdichter, dessen Naivität und wuchernde Phantasie er liebte. Das Soldatenleben im Ersten Weltkrieg hatte ihn tief beeindruckt und geformt. Zweimal schwer verwundet zog er nicht nur freiwillig, sondern auf Antrag wieder »hinaus« zu seiner Truppe (II. Ulmer Grenadierregiment). 1918 kehrte er als Kompanieführer mit den spärlichen Resten seiner Leute nach Ulm zurück, im Vorbeimarsch in der König-Wilhelm-Straße von der Bevölkerung freudig und wehmütig mit Blumen begrüßt. Zeitlebens blieb er ein Patriot.

Das kirchliche Leben verlief in ähnlichen Formen wie es heute der Fall ist, doch weit kräftiger. Der Konfirmandenunterricht erstreckte sich über zwei Jahre und war viel stärker besucht als heute. Wir waren sechzig Konfirmanden, die bei der Konfirmation feierlich in die Kirche einzogen. Nach der Feier war man verpflichtet zu einem weiteren einjährigen Kirchenbesuch, der sogenannten Christenlehre. Im Konfirmandenunterricht wurde vor allem Luthers schöner Katechismus durchgesprochen und dieser dann, auf die Konfirmanden verteilt, bei der Feier auswendig aufgesagt. Freilich saßen manche beim vorherigen Unterricht stumpf und ohne Interesse da, in ihrer eventuellen Opposition gegen die Eltern zusätzlich bestärkt durch die Hitlerjugend »HJ«. Für einen Pfarrer war es damals wie heute harte Basisarbeit und ein schwerer »Job«. Unseren Vater sah man kaum anders unterwegs als mit dem Fahrrad. Autos in privatem Gebrauch gab es nur für Ärzte und einzelne Vermögende. Selbst zum Gottesdienst radelte Vater, immer in Eile. Welcher Pfarrer ist in der Lage, neben den festen Verpflichtungen wie Gottesdienst mit Predigtvorbereitung, Konfirmandenunterricht, Kinderkirche, Hochzeiten, Taufen, Beerdigungen auch nur die nötigsten Krankenbesuche zu machen – und dabei sollte er über geistige Strömungen und Probleme ständig informiert sein! – Vater hatte gewöhnlich nur den Sonntagnachmittag frei. Die ganze Woche über ließ er sich von seinen Verpflichtungen auffressen. Er erholte sich beim regelmäßigen Streichquartettspielen und bei der Leitung des sogenannten »Singkreises«, der wöchentlich zusammentrat; es war ein Chor, der aus der Jugendbewegung, den »Finkensteiner Gruppen«, entstanden war, der Volkslieder sang, italienische vierstimmige Villanellen der Renaissance oder Sätze von Lechner, Schütz, Ekkard, Gumpelzhaimer. Das Üben seiner Kinder auf ihren verschiedenen Instrumenten mag ihn mehr erfreut als geplagt haben. (»Finkenstein« war eine kleine Waldsiedlung nahe Mährisch-Trübau, wo 1923 etwa siebzig jugendbewegte Musikfreunde sich zusammenfanden, um gemeinsam eine »Singwoche« zu verbringen. Unter Walther Hensel sangen sie tagsüber vornehmlich Volkslieder und machten am Abend Kammermusik. Daraus entstand die Volksliedbewegung, die 1933 zerstört wurde und durch die Arbeit von Karl Vötterles Bärenreiter-Verlag später in anderer Art sich weiterentwikkelte.)

Höhepunkte des Familienlebens waren *Feste*. Wenn es galt, ein Fest vorzubereiten und zu verschönern, entfaltete sich Vaters ganze Phantasie im Verseschmieden, im Zeichnen und Ausdenken von Moritaten, im Schauspielern, Dirigieren und Musizieren. So führten wir zwei Hans-Sachs-Spiele auf, für die man jeweils nur drei Personen benötigte; auch zwei Grimmsche Märchen, von Vater in lustige Reime gebracht. So war zweifellos ein Höhepunkt unseres Familienlebens die Aufführung des Märchens »Die Gänsemagd« mit Königstochter, böser Dienerin, Kürdchen, dem treuen Roß Falada und dem Schinderknecht, »gegeben« auf der Wiese hinter dem Haus für den Singkreis und einige Nachbarn. So ziemlich die ganze Familie war dabei engagiert, und zu unserer großen Begeisterung stellte unsere Rosa, Bauerntochter aus Sonderbuch über Blaubeuren, den Schinderknecht dar. Mit Metzger Breuningers weißer Gummischürze um den Bauch, auf dem Kopf eine Mütze mit lang vorragendem Schild und einem schrecklichen Beil in der Hand stand sie vor der Schaukel, an deren linkem Balken hoch oben der mühsam aus Pappe geformte Pferdekopf hing, den sie dem Roß eben mit ihrem Beil abgeschlagen hatte. Die Königstochter – als Gänsemagd – spricht zum Pappdeckelkopf: »Oh du Falada, da du hangest!« Und plötzlich antwortet Faladas Kopf (Vaters tiefe Stimme im Hintergrund): »Oh du Jungfer Königin, da du gangest! *Wenn das deine Mutter wüßte, das Herz im Leib tät' ihr zerspringen!*« – Wie oft noch sollte ich an diesen Spruch des Falada denken!

Viele Jahre später feierten wir Mutters 70. Geburtstag im Haus der Tübinger Königsgesellschaft Roigel, dort, wo unsere Eltern einander kennengelernt hatten. Vater hatte Bachs Jagdkantate, die zu Ehren des Herzogs August von Sachsen gereimt worden war, umgedichtet zu Ehren der Mutter Hirzel:

> Das teure Mutterherz, der Enkel Hort,
> kann in erwünschtem Wohlergehn
> sein hohes Wiegenfest heut sehn.

Alles für Chor und Orchester war vorhanden: Geigen, Bratschen, Celli, Klavier anstatt Cembalo, Chorsänger und Solisten, und Bruder Hans dirigierte das der Großfamilie entstiegene Ensemble. Als wir tags zuvor probten und Vater die Ehre hatte, Rezitativ und Arie des Pan zu singen, stellten wir fest, daß er den Baß-Schlüssel nicht sicher zu lesen verstand. »Ja, sag' bloß, wie konntest du den Singkreis dirigieren, ohne den Baß-Schlüssel flüssig lesen zu können?«, da meinte er: »Wir haben's doch immer hingekriegt.« Recht hatte er, und so klang auch der Schlußchor »*Ihr lieblichen Blicke, ihr freudigen Stunden, Euch bleibe das Glücke auf ewig verbunden*« einfach großartig, man darf es glauben! ...

So hatten wir in Ulm eine schöne Kindheit, die allerdings für die beiden Jüngsten von kurzer Dauer war. Sorgen und Freuden gingen alle an. In Garten und Haus hatte jedes der Kinder seine bestimmten Aufgaben; dadurch gehörte man zusammen. Obwohl es nur wenige flüchtige Jahre waren, so überglänzen sie doch bis heute unser Leben und haben wohl jedem die innere Verwurzelung und Kraft geschenkt, der Hitlerzeit zu begegnen und die Kriegsjahre zu überstehen. Wieviel Charakterstärke wurde von Mutter gefordert, den »Apparat« des Alltags zu ordnen, jedem einzelnen einigermaßen gerecht zu werden, ganz abgesehen vom Ernähren und Kleiden und dem Zusammenhalten all der kleinen Dinge. Wichtig war für uns auch der große Garten mit Schaukel- und Kegelanlage, zwei Gartenhäuschen und vielerlei üppigen Blu-

Die »vier Großen«

men, mit Kirschen- und Zwetschgen-, Apfel- und Birnbäumen, dazu noch zwei schwarzen, frech herumhüpfenden Dohlen vom Ulmer Münster.

Gleichberechtigung unter uns Kindern war nie ein Problem. Jedes der vier größeren Kinder war an einem Werktagnachmittag verpflichtet zum sogenannten »Hausdienst«, war zuständig für anfallende Arbeiten, doch möglichst seinen Neigungen entsprechend. So mußte auch Peter gelegentlich mit den zwei Jüngsten zum Schwimmen gehen und sie dabei zuverlässig beaufsichtigen; es gab einzukaufen oder im Garten zu helfen. Dazuhin mußte der Reihe nach jeder eine Woche lang die Schuhe putzen, für neun Personen täglich! »Jedem Schuh sein tägliches Fett«, meinte Vater. Oft, wenn wir durchaus keine Lust hatten zu dieser Arbeit, zitierten wir mit Lachen diesen Ausspruch. – Ich, die Älteste, bekam immer Stiefel mit Schnürhaken, die den nachfolgenden Brüdern wieder angemessen sein sollten. Auch waren meine Mäntel immer auf der rechten Seite zugeknöpft, wie es damals nur für Jungen üblich war. Weil

Der Sechste im Taufkissen

unsere Familie zunächst in einem Dorf gelebt hatte, so waren wir, was das tägliche Brot betraf, recht verwöhnt. In einer großen Backmulde (das ist eine etwa ein Meter lange hölzerne Wanne mit beiderseits kräftigen Griffen) knetete Vater selbst den Teig, der dann auf einem Schubkarren zum Bäcker gefahren wurde, der jede Woche etwa ein Dutzend Brote ausformte und buk. So gab es jeweils am Wochenende ein herrlich duftendes, frisches Grahambrot. Auf dem Mittagstisch stand ein Glaskrug frisches, köstlich schmeckendes Wasser. Sechs Liter frische Milch wurden jeden zweiten Tag durch ein Pferdefuhrwerk vom Oberberghof, einem großen Bauernhof mit Restaurantbetrieb, herangefahren und standen vor der Haustür. Soviel zu den Alltäglichkeiten des damaligen Lebens 1933 bis 1941. Es war einfach und gesund und sehr vergnügt.

Leider wurde unsere Familie durch die Kriegsumstände völlig auseinandergerissen. Nach dem sinnlosen Angriff englischer Bomber am 17. Dezember 1944 bestand unser Haus nur noch aus rauchenden, heißen Mauerresten. Doch gehörten wir am Ende zu den wenigen Familien, die kein einziges Leben zu beklagen hatten – ein Wunder!

Nun zu meiner eigenen Kindheit. 1928 bis 1932 besuchte ich die sogenannte Grundschule am Bismarckplatz. Wir lernten in einer sehr großen, zuweilen geteilten Klasse, mit einem Griffel auf einer Schiefertafel zu schreiben, die mit einem zwei Zentimeter breiten Holzrahmen eingefaßt war. Mit einem Schwämmchen, das mit einer Schnur am Rahmen baumelte, wurden unsere Schreibübungen wieder gelöscht. Es war immer ein eifriges Wischen! Noch wichtiger war das samstägliche Reinigen des Rahmens zu Hause mittels Wasser, Scheuerpulver und einer Bürste. Im zweiten Schuljahr wurde dann das Schreiben mit Tinte geübt, wofür an jedem Pult für den Schüler ein Tintenfäßchen eingebaut war. Nun hieß es aber, millimetergenau mit dicken Strichen und Fadenstrichen konzentriert zu schreiben und die Buchstaben in ein vorgegebenes Liniensystem einzufügen. Zunächst lernte ich die deutsche Schrift, die ich bis zum Jahr 1950 beibehalten habe; so gehöre ich heute zu den wenigen, die die deutsche Schrift noch erlernen durften, und bin dadurch in der Lage, einen Mörike- oder Goethebrief im Original zu lesen. Im dritten Schuljahr übten wir dann die lateinische, heute übliche Schrift. – Recht stramm wurde das Einmaleins geübt, vorwärts und rückwärts; jede einzelne Schülerin wurde von der Lehrerin durch energisches Aufstoßen eines Bleistifts auf dem Pult aufgerufen und hatte stehend vorzurechnen, bis das Bleistiftklopfen erneut ertönte und die Nächste drankam. – Unter dieser Lehrerin hatte ich auch das erste, geradezu rauschhafte Erlebnis eines Kanons (»Bruder Jakob« natürlich), wobei in jeder Ecke des Klassenzimmers etwa zwölf Mädchen standen und somit das Zimmer herrlich erfüllt war vom vierstimmigen Gesang der zweiundfünfzig Mädchen.

Mein Bruder *Peter* berichtet von seiner Grundschulzeit: »Unser Lehrer, der übrigens als damals schlecht bezahlter

Unsere Wohnung Schillerstraße 50

Grundschullehrer auch noch Schreiner war und Särge herstellte, ließ zum obligaten Morgengebet die christlichen Schüler aufstehen, unser jüdischer Mitschüler Heinz Dannhauser blieb währenddem sitzen. Daraufhin durften die Christenbuben sitzen, und Heinz stand auf, um sein jüdisches Morgengebet zu verrichten« – schwäbische Toleranz im Jahr 1930.

Einhundert Meter von unserem Haus entfernt, Ecke Bleich- und Schillerstraße, wohnte meine Klassenkameradin *Luise Nathan*, die einen jüdischen Vater hatte. Ich holte sie regelmäßig ab. Dabei blieb ich nicht wartend auf der Straße stehen, sondern stieg in den ersten Stock hinauf, wo Frau Nathan mir ein schönes Vesperbrot in den Ranzen steckte. Meine Mutter fing mit solch gepflegten Sitten gleich gar nicht an. Sie meinte, wir könnten uns einen Apfel mitnehmen. Gelegentlich kam ich sogar zusammen mit Peter vor der Schule zu einem Frühstück mit frischen Brötchen und drei Sorten Marmelade! Frau Nathan kaufte für mich und Luise einmal die gleichen Kleider, so daß wir wie Zwillinge miteinander in die Schule trabten. Nathans wohnten in Miete wie wir, besaßen aber ein großes altmodisches Haus, die »Hampsche Villa«, mit Erkern und Winkeln am Aufgang zur Alb und zur Wilhelmsburg, dem »Alten Fritz«. Dort spielten wir in den heißen Sommerwochen im Garten mit Luises Kaninchen und tranken Apfelsaft, eine Kostbarkeit, die es bei Hirzels nur ein- bis zweimal jährlich gab, nämlich im Herbst zum herbstüblichen Zwiebelkuchen. Einige Jahre später zogen Nathans weg von der Bleichstraße in ein großes Haus nahe dem Zundeltor. Luise besuchte die Mädchenoberschule, ich das humanistische Gymnasium, und so kam es, daß die Beziehung allmählich einschlief. Peter stand Luises Bruder Erich sehr nahe, als Klassenkamerad im Gymnasium, mit dem er lange denselben Schulweg hatte, und als Fußballfan. Beide waren Mitglieder in der Bollinger Fußball-A-Mannschaft. Erich hatte als Fußballfan auch einen großen Freundeskreis in seiner Klasse.

Suse Hirzel und Luise Nathan (um 1930), beide geb. 1921

1932 bestand ich mit Rechnen und einem Aufsatz die Aufnahmeprüfung in das seit 1294 bestehende humanistische Gymnasium, in die Schule, die schon unser Vater besucht hatte und dessen jahrelanger Rektor mein Großvater Karl Hirzel, genannt »Quaddle«, als Altphilologe gewesen war. Bis zum Abitur waren es im Unterschied zu heute acht Jahre, und auch als 18jährige waren wir damals froh, die Schule hinter uns zu haben. Es wurden zwei Klassen parallel geführt, wobei in unserer A-Klasse zunächst drei Mädchen waren. Weil die Nazis es unpassend fanden, daß Mädchen Latein und Griechisch lernten, jedenfalls am Ulmer Gymnasium war es so, gab es nur wenige Mädchen in unserer Schule. In der Quarta dann, wo als Zweitsprache Griechisch hinzutrat, verringerte sich die Schülerzahl beträchtlich, denn die eher mathematisch Begabten wechselten hinüber ins Realgymnasium, und so kam es, daß ich bald das einzige Mädchen der Klasse war. Ich fühlte mich durchaus wohl – war ich doch den herzhaften Umgang mit Jungen von zu Hause gewohnt. Nie hatte ich den Wunsch, in die Mädchenschule zu wechseln, denn die Beschäftigung mit den alten Sprachen begeisterte mich.

Es war naheliegend, daß ich im Fach Deutsch jeweils die Frauenrollen zu lesen hatte und dabei manchmal unter Lachtränen kläglich versagte, so z.B. in Amalias Rolle, Schillers »Räuber« dritter Akt:

Schön wie Engel, voll Walhallas Wonne,
Schön vor allen Jünglingen war er,

Himmlisch mild sein Blick, wie Maiensonne,
Rückgestrahlt vom blauen Spiegelmeer.

Sein Umarmen – wütendes Entzücken!
Mächtig, feurig klopfte Herz an Herz,

Mund und Ohr gefesselt – Nacht vor unseren Blicken
und der Geist gewirbelt himmelwärts, ...

1933
Ungeheure Veränderungen

Um die Durchsetzungskraft der NS-Bewegung und die Geschwindigkeit der Veränderungen zu zeigen, muß ich bei diesem Jahr viele Begebenheiten aufzählen:

Am 30. Januar wird durch den 86-jährigen Reichspräsidenten Hindenburg die Regierung an Hitler übergeben. Er ist nun Kanzler in einer Koalition mit der Deutsch-Nationalen Volkspartei. Er wird in Berlin von den Wahlgewinnern wie ein Heilsbringer gefeiert,[1] während in anderen Teilen des Landes viele sich abwartend verhalten.

Nach dem *Reichstagsbrand* am 27.2.1933 erfolgen viele Verhaftungen; van der Lubbe, von dem man inzwischen zweifelsfrei weiß, daß er der alleinige Täter war, wird hingerichtet. Die Auswanderung von Juden, Schriftstellern, Sozialdemokraten beginnt (Döblin, Heinrich Mann, Arnold Schönberg, Einstein, Heinz Kühn, ...). Taten, wie das Anzünden des Reichstagsgebäudes, waren nicht mit der Todesstrafe bedroht. Um die Hinrichtung zu legalisieren, erließ die Regierung im Nachhinein ein Gesetz mit rückwirkender Kraft entgegen allen Rechtsnormen seit der Römerzeit.

Am 28.2.1933 unterzeichnen Hindenburg, Frick und Gürzner die *Notverordnungen des Reichspräsidenten* und heben wichtige Grundrechte »zum Schutz von Volk und Staat« auf. Damit beherrscht Hitler die ganze Verwaltung, hat in wenigen Wochen eine große Machtfülle.

Bei den Wahlen am 5. März gibt es noch Wahlmöglichkeiten; die NSDAP erhält 43,9 % bei ungehemmter, riesiger Propaganda. Am 6. November 1932 waren es 33,5 % gewesen.

Bereits im März wird ein »Reichsministerium für Volksaufklärung und Propaganda« geschaffen unter *Goebbels*.

Am 20. März wird das KZ Dachau gegründet und durch Eicke ausgebaut. Damit folgt man dem Vorbild Stalins, der Millionen

Menschen verschleppte, und dem Vorbild der Engländer, die als erste in der modernen Geschichte während des südafrikanischen Burenkriegs (1898–1901) KZ errichteten, in denen sie Frauen und Kinder der um ihre Unabhängigkeit kämpfenden Buren einsperrten unter unmenschlichen Bedingungen und mit der Folge massenhafter Toter.

Am 24. März wird Hitler das *Ermächtigungsgesetz,* das »Gesetz zur Behebung der Not von Volk und Reich«, das verfassungsändernd war, zugestanden, für zunächst vier Jahre; doch es blieb bis 1945 bestehen. Außer von den Sozialdemokraten wird das Gesetz von allen Parteien angenommen (bei Ausschluß der Kommunisten). Auch Theodor Heuß, der erste Bundespräsident der BRD und Reinhold Maier, der erste Ministerpräsident von Württemberg-Baden, stimmen zu. Verfassungsrechtlich war der Weg zum totalitären Staat damit freigegeben. »*In den ersten Wochen, solange Görings Polizeiterror gegen die Verfassung verstieß, schritten die Gerichte noch pflichtgetreu gegen ihn ein; es wurden Freilassungen von Verhafteten verfügt, Zeitungsverbote aufgehoben. Die Beamten zweifelten nicht an der Rechtmäßigkeit von Hitlers Machtergreifung und waren bereit, die vielen neuen Gesetze auszuarbeiten [...]. Die Notverordnung und das Ermächtigungsgesetz, diese beiden Tricks genügten, um den ganzen ungeheuren Apparat des Rechtsstaats den Terroristen zu unterwerfen.*«[2] Dem Zentrum wurde versprochen, die Notstandsgesetze würden aufgelöst – was nicht geschah.

Am 30. März ruft die NSDAP zum Boykott jüdischer Geschäfte auf. Aus den Gerichten, Theatern, Krankenhäusern werden Juden entfernt. Am 7. April wird das *Gesetz* zur Entlassung jüdischer Beamter geschaffen.

Die Gewerkschaften werden aufgelöst und enteignet. An ihre Stelle tritt die »Deutsche Arbeitsfront« unter Robert Ley, von dem der Slogan stammt: »Der Führer hat immer recht«. Auch die Bauern bekommen ihre Interessenverbände und werden sehr gehätschelt.

10. Mai: Bücherverbrennungen auf dem Opernplatz in Berlin und anderen Städten, so auch in Stuttgart.

Kurt Singer, der stellvertretende Intendant der Städtischen Oper Berlin, wird entlassen. Er gründet mit NS-Unterstützung den »Kulturbund Deutscher Juden«, der jüdischen Künstlern ermöglicht, einen Opern-, Konzert- und Theaterbetrieb fortzuführen; er besteht bis 1941.

Der schon bestehende freiwillige Arbeitsdienst wird übernommen und unter Hierl ausgebaut. Durch diese und andere Maßnahmen (noch keine Aufrüstung) verringert sich die Arbeitslosenziffer von über 6 Mio. rasch auf 4 Mio.

Am 14. Juli wird das »Gesetz zur Verhütung erbkranken Nachwuchses« beschlossen, d.h. bei Schwachsinnigen, Epileptikern u.a. kann Sterilisation angeordnet werden.

Anfang Juli werden *sämtliche Parteien aufgelöst,* die NSDAP hat Monopolstellung. In allen Rathäusern und Verwaltungen, auch in den Dörfern, sitzen die Parteigenossen.

Die Polizei ist verstärkt durch Tausende von Hilfspolizisten aus den Reihen der SA (Sturmabteilung), die großen Zulauf hat. Es sind vielfach ruhige, gute Leute, die sonntags reihenweise in ihren braunen Hemden in der Kirche zu sehen sind. – Die SA ist ein Verein von teils arbeitenden Männern mit Familien, teils Arbeitslosen. Sie treffen einander am Biertisch, auch zur Schulung an den Abenden und sonntags. Sie tragen keine Waffen, aber Rohrstiefel, Koppel und Schulterriemen, letzterer ein Gegenstand zum Dreinschlagen; ursprünglich waren sie als Saalwächter eingesetzt. Marxistische und konfessionelle Jugendverbände werden aufgelöst, die bündischen im nächsten Jahr.

Mitte Juli ist die »Gleichschaltung« einer vielgestaltigen Gesellschaft abgeschlossen. Nun waren die Verhältnisse von wenigen umgeformt worden. Nun sollten die Verhältnisse die Massen der Menschen umformen.

Viele Verhaftungen werden vorgenommen. Die SPD wird als landesverräterisch verboten. 3000 Sozialdemokraten werden verhaftet, mehr als 10 000 kommen in rasch eingerichtete KZ als »Schutzhäftlinge« (d.h. Einweisung in ein KZ ohne Gerichtsverfahren und ohne Berufungsmöglichkeit), viele emigrieren. – Von den 300 000 Mitgliedern der Kommunistischen Partei werden ca. 150 000 gefangengesetzt.[3] So sitzen mit Wissen des Auslands viele Deutsche ohne jede Schuldzuweisung oft jahrelang in den Lagern. Dennoch wird mit den Nazis offiziell verkehrt, man kommt 1936 zur Olympiade und nimmt Gastfreundschaft an.

Ende Juli wird die SS (Schutzstaffel) zu einer eigenständigen Organisation erhoben. Sie hat dieselbe Funktion wie die SA, darf sich aber elitär fühlen mit prächtiger schwarzer Uniform und glänzenden Tressen. Dort fühlte man sich zu Hohem berufen: man will den arischen Idealmenschen entwickeln: »rechtwinklig an Leib und Seele«.

Im Herbst 1933 nimmt der Chef der SA Röhm den »Stahlhelm«, die Organisation der Deutschnationalen, in die SA auf. Damit ist die SA mit rund 400 000 Mann eine Art Heer im Staate, weit zahlreicher als die Reichswehr, hat eine eigene Gerichtsbarkeit, eigene Feldpolizei, Wehrsport u.a. mehr.

Am 19. Oktober tritt das Deutsche Reich aus dem Völkerbund aus.

Am 12. November erstes Referendum, d.h. »Ja« oder »Nein« zum neuen Reichstag und zum Austritt aus dem Völkerbund.

Im Sommer und Herbst werden in das nun ausgebaute *KZ Dachau* Kommunisten, Sozialdemokraten, Zentrumsangehörige, jüdische Journalisten und Schriftsteller sowie sonstige Mißliebige eingeliefert. Die Polizei kann ohne Einschaltung der Justiz vorgehen und arbeitet mit der Gestapo zusammen. In 12 Jahren, 1933–1945, werden 3 Mio. Deutsche inhaftiert.

In *Württemberg* wird bereits am 7.3.1933 ein SA-Führer zum Polizeikommissar ernannt; sogenannter Reichsstatthalter (heute Ministerpräsident) wird *Murr* mit Mergenthaler, Prof. Lehnich und dem deutschnationalen Staatsrat Walter Hirzel, meinem Onkel, im Kabinett; der Landtag jedoch wird wie alle Landtage im November aufgelöst. Die Partei regiert nun mit Gauleiter, Kreisleitern und deren Behörden. Alles ist durchgegliedert in Verbände, die ihre Hierarchien haben: Pöstchen, Pöstchen! So werden alle Institutionen in den Nationalsozialismus hineingetrieben.

Bei *Stetten am kalten Markt* wird das KZ Heuberg errichtet. Als es Ende 1933 aufgelöst wird, müssen die Häftlinge das Fort Oberer Kuhberg in *Ulm* als KZ einrichten.

Kirche: Die sogenannten »Deutschen Christen«, DC, wollen einen »artgemäßen, heldischen Christusglauben, kämpferisch wie Luther.« Doch schon im Herbst 1933 entsteht mit Bonhoeffer und Niemöller, sowie mit Barths Schrift »Theologische Existenz heute« die »Bekennende Kirche«, BK, die rasch großen Zulauf hat. Die Württembergische und die Bayerische Kirche werden nicht in die Reichskirche übergeführt. In Ulm, wo ich lebte, gehörte nur ein Pfarrer von zwölf zu den DC. Bereits 1935 hatte der Reichsbischof »Reibi« keine Befugnisse mehr.

Als Hitler 1933 zur Macht kam, war ich elfeinhalb Jahre alt und hatte nichts von den Unruhen der Weimarer Zeit mitbekommen, ebensowenig den Aufstieg der NS-Partei und »das Wunder der Machtergreifung«. Unser Lateinlehrer Ruetz, der uns mühsam den Genitiv beibrachte, meinte: »Buben, jetzt ist der Hitler dran, der bringt Krieg und ganz Ulm geht einmal in Flammen auf.« Offensichtlich hat mich dieser Ausspruch beeindruckt; andrerseits war Ruetz ein merkwürdiger Kauz, der nicht unbedingt ernstgenommen werden mußte. Gut, er gehörte wohl zu den wenigen, die Hitlers »Mein Kampf« gelesen hatten, verachtete staatliche Ehren, war gegen jede Verherrlichung des Staats. Doch hatte er merkwürdige Bräuche: In seinen Hosentaschen steckten immer einige ausgebrauchte leere Fadenrollen, die er wohlgezielt einem Schüler, der gerade dösend sein Frühstück verdaute, zuwarf; hatte er keine zur Hand, so benutzte er das sogenannte »Diarium«, das Tagebuch, und warf es flach über die Köpfe hinweg. Es gab auch fliegende Kriegsorden, denn er war Pazifist. – In einer Ecke des Zimmers stand nach alter Gepflogenheit ein Spucknapf. Gerne stellte er sich im Abstand von zwei Metern davor, steckte die Daumen in die Hosenträger, spuckte und freute sich, wenn er traf. Wenige Jahre später wurde er in den verfrühten Ruhestand geschickt, denn, wie wir zwölfjährigen unwissenden Schüler mit vorgehaltener Hand einander sagten: »Er war ein Soze«. Die Spucknäpfe wurden übrigens bald abgeschafft; sie paßten nicht so ganz zur Volksgemeinschaft.

Schon Ende März 1933 hatte die NSDAP zum *Judenboykott* aufgerufen. Ich habe daran keinerlei Erinnerung. Später hörte ich, vor den Türen jüdischer Geschäfte seien jeweils zwei SA-Leute gestanden, die die Menschen aufforderten, nicht einzutreten. Also war Druck nötig, um die Leute am Einkaufen zu hindern, durch uniformierte SA-Leute mit Rohrstiefeln und Schulterriemen. Ich war zu jung, meine Brüder noch beträchtlich jünger, so war zu dieser Zeit ein Gespräch am Mittagstisch über solche Dinge damals noch nicht aktuell. – Vater spielte in 14tägigem Rhythmus Streichquartett mit guten Freunden. Mir war es erlaubt, bis in die späte Nacht dem Spiel und den nachfolgenden Gesprächen beim Weinglas zuzuhören und später die Empörung Erwachsener über verschiedenste Maßnahmen der Nazis mitzuerleben. Doch habe ich keinerlei Erinnerung an ein Gespräch der Quartettfreunde über den ersten Boykottaufruf.

Wie ist es zu erklären, daß sich niemand wehrte gegen die Boykottaufrufe und gegen die beginnende Diffamierung von Juden? Ich will eine Erklärung versuchen: Nach dem lähmenden Vakuum der zwanziger Jahre trat Hitler aufs politische Parkett, weil er unter anderem den stärksten Willen hatte. Er versicherte in seinen Reden, er werde den Versailler Vertrag, der diktiert worden war, revidieren, und erst danach könne Frieden in Europa herrschen. Das gefiel den meisten, denn die Gefühle aus dem Krieg und aus dem Jahr 1919 waren in jeder Familie noch sehr lebendig. Bald folgten ihm viele blindlings. Fanatisiert übersahen sie das Häßliche und Gefährliche, übersahen das Vorgehen gegen die Juden und andere Minderheiten, auch durch das Erleben der ungeheuren Veränderungen. Hitler versprach, er werde die Arbeitslosigkeit beseitigen. Darin vertraute man ihm, man hoffte wieder. Der ehrliche Wille vieler braver Leute war zu spüren, Können und Qualität gerade bei der Masse war gefordert, es gab Tugenden und Ideale. Doch warum schwiegen die beiden *Kirchen* zur Ausgrenzung und Diffamierung der Juden? Waren die Bischöfe uneinig?

Das spätere Töten hatte zur Voraussetzung die Judenhetze. Hätten z.B. die Bischöfe und Pfarrer sofort im ersten Jahr der Hitlerherrschaft zu einem bestimmten Termin gemeinsam protestiert, so hätte es *zunächst* durchaus Wirkung haben können. Zu Beginn war die Überwachung noch nicht dicht, auch waren die Worte Hitlers vom Februar, daß (sinngemäß) das Christentum die Grundlage seines Staates sei, noch im Bewußtsein der Menschen. Vielleicht hätte ein solcher Protest der Bischöfe stattgefunden, wenn tausende empörter Christen die Türen der Pfarrhäuser eingerannt hätten. Die Politik gegen die Juden und ihr Schicksal wäre immerhin verzögert worden, und die Christen könnten heute ehrenvoll sich ihrer Verhafteten erinnern. – Mein Abituraufsatz 1940 hatte ein Zitat Hitlers zum Thema: »Eine gewaltige Revolution ist über Deutschland hinweggebraust.« Haben die Menschen unter dem Eindruck des *»Brausens«*, dem Eindruck der kaum faßbaren Änderungen auf allen Gebieten im ersten Halbjahr die beginnende Hetze eben hingenommen, zumal der Kampf ums kärgliche Leben sehr hart war? *Rückblickend* wissen wir, was aus der anfänglichen Diffamierung entstanden ist, was damals aber niemand ahnen konnte. Unser Volk und ebenso die Kirchen haben sich gutgläubig allzu rasch gleichschalten und manipulieren lassen, zumal Hitler rasche Erfolge vorweisen konnte.

»Mein Kampf« hatte kaum jemand gelesen, obwohl 1933 1,5 Mio. Exemplare verteilt wurden. Die Wohlwollenden dachten: Hitler ist das kleinere Übel. Was wäre denn die Alternative? Oder: Das Mittelmaß der Parteifunktionäre wird sich ändern, die Partei wird sich mausern, die Rabauken werden verschwinden. Die Mißtrauischen mögen gedacht haben: Das kann nicht lange dauern mit diesem Regime, Hitler ist ein Großmaul und wird außenpolitisch scheitern, oder: Die obersten Haie werden sich bald gegenseitig auffressen, Hitler – das wird eine Episode sein. Selbst Papen meinte: »Wir werden ihn schon einrahmen.« Doch alle, die so dachten, hatten Hitler unterschätzt.

1956 hatte ich in Basel Gelegenheit, mit einem jüdischen Cembalisten aus den USA ins Gespräch zu kommen, der als junger Mann aus Berlin emigriert war, sehr früh. Er hatte die Meinung vertreten: »Wo Hitler einmal da war, konnte nichts mehr geändert werden. Die Notverordnungen am 28. Februar 1933 nach dem ominösen Reichtagsbrand am Tag zuvor und das Ermächtigungsgesetz am 24. März schenkten Hitler so große

Machtbefugnisse, daß er machen konnte, was er wollte. Alles mußte seinen Lauf nehmen.« Er war also derselben Meinung wie Golo Mann (Deutsche Geschichte).

Der Austritt aus dem Völkerbund am 19. Oktober 1933 befriedigte und begeisterte jeden, der vor fünfzehn bis achtzehn Jahren im Ersten Weltkrieg gekämpft hatte, also alle Schichten des Volkes, und so konnte Hitler bei der ersten Volksbefragung, 12. November 1933, einer sogenannten Wahl, in der zum ersten Mal nur ein Ja oder Nein verlangt wurde, einen hohen Erfolg einheimsen (zweiundneunzig Prozent im Reich). Es mußte nicht nur der neue Reichstag bejaht oder verneint werden, sondern auch der Austritt aus dem Völkerbund. Hitler hatte bewußt diese und die folgenden »Wahlen« mit einem außenpolitischen Erfolg verbunden. Gedemütigt durch den Versailler Vertrag herrschte nun große Begeisterung, und es mag diese Begeisterung gewesen sein und gleichzeitig die aufkommende Angst vor der rechtlosen Schutzhaft sowie die betäubenden Umwälzungen auf allen Gebieten, was die Menschen veranlaßte, die üble Behandlung von Minderheiten hinzunehmen.

1934
Rechtsbruch und hohe Ideale

Am 30. Januar werden die Volksvertretungen der Länder aufgehoben. Der seit Jahrhunderten gewachsene Rechtsstaat ist damit zusammengebrochen. Die SS wird von Himmler als politische Polizei übernommen. Mancher Arbeitslose, auch mancher ehrliche Patriot, findet dort eine politische Heimat. Tugenden wie Selbstbeherrschung, Treue, Ausdauer werden bei größter Härte gefordert. Die SS sollte eine vorbildliche, rassereine Truppe werden.

In Berlin schafft Göring als preußischer Ministerpräsident eine neue Behörde, die Geheime Staatspolizei »Gestapo«.

Am 24. Juni wird der »Großdeutsche Bund«, ein Zusammenschluß bündischer Gruppen, der 70 000 Mitglieder zählte, aufgelöst und ein dagegen protestierendes großes Zeltlager bei Dresden gewaltsam von SA und SS zerschlagen. Die HJ zählte bei Jahresende 3 300 000 Mitglieder.

Am 30. Juni / 1. Juli läßt Hitler im sogenannten Röhmputsch seinen alten Kampfgenossen *Röhm* und bei dieser Gelegenheit viele andere unliebsame Personen ermorden (Schleicher, Kahr, Edgar Jung). Hitler selbst kommt nach Bad Wiessee, wohin Röhm zu einer Tagung eingeladen hatte, und verhaftet ihn aus dem Bett heraus. Man kennt 77 Namen von Ermordeten, doch sei »ein Vielfaches« umgebracht worden. Röhm ist mit seinem Plan, die SA (400 000 Mann) zu einer Volksmiliz umzuformen, gescheitert. Die SS geht gestärkt aus diesem Kampf hervor, ist fortan nicht mehr ein Teil der SA, sondern Hitler persönlich unterstellt und erhält durch die Entmachtung der SA die alleinige Verfügungsgewalt über die KZ. Die Reichswehr schreitet nicht ein, denn Hitler entscheidet sich gegen die SA und für die Reichswehr. Hindenburg lobt Hitler für sein persönliches Eingreifen und stirbt wenige Wochen später fast 87jährig. Hitler übernimmt das Reichspräsidentenamt und läßt sich von nun an

»Führer« nennen. Die Reichswehr wird nicht mehr auf Volk und Vaterland vereidigt, sondern auf den »Führer«, dem unbedingter Gehorsam zu leisten ist.

Dachau dient als Modell für neue Lager.

Es entstehen nun auch zahlreiche »Ordensburgen« für den Parteinachwuchs und außerdem die »Junkerschulen« für eine neue Offizierselite der späteren Waffen-SS. – In den nächsten Jahren entschlossen sich junge Leute oft zum Offiziersberuf, um dort in einer Nische unterzukommen, in der man nicht durch die Partei schikaniert wurde. Dies wurde in vier bis fünf Jahren anders.

Im ganzen Reichsgebiet entwickeln sich durch Kurt Singer regionale und lokale jüdische Kulturbünde; 1938 gab es schließlich 76 Kulturbünde, es gab »eigene« jüdische Theaterensembles und Symphonieorchester.

Bereits in diesem und im nächsten Jahr läßt die Arbeitslosigkeit stark nach. Rüstungsbetriebe benötigen Arbeiter und können, da Fließbänder eingeführt werden, auch ungelernte Kräfte einstellen. Umschulungskurse werden eingerichtet, Sozialleistungen ausgebaut, doppelte und dreifache Schichten werden eingeführt, in einzelnen Fällen kommt es zu 60 Wochenstunden Arbeit. Für Ehepaare gibt es zinslose Darlehen, ein Mindesturlaub von sechs Tagen wird festgelegt, medizinische Reihenuntersuchungen werden eingeführt, Kinderarbeit wird abgeschafft, Sportplätze werden eingerichtet, die Massentourismus-Organisation »Kraft durch Freude« (KDF) wird geschaffen, Lohnprämien, Werkswohnungen; und der Begriff »Freizeit« entsteht.

Widerstand: Ein junger Jude, Helmut Hirsch, reist mit einem Sprengkörper im Koffer von Prag nach Stuttgart, wird ertappt und am 4.6.1937 in Plötzensee hingerichtet. Er hatte der bündischen Gruppe dj. 1.11. (siehe Seite 105) angehört.

Kirche: Im Mai »Barmer Erklärung« der Bekennenden Kirche.

Obwohl ich damals noch nicht dreizehn Jahre alt war und meine nächstjüngeren Brüder elf- und neunjährig, sprachen wir ausnahmsweise zu Hause am Mittagstisch über die Ereignisse: »Mord an der Spitze des Staats«, darüber wurde überall mit großem Schrecken gesprochen. Das Extreme und Grausame hatte

Die regionalen Kulturbünde im Deutschen Reich 1937

sich zum ersten Mal gezeigt. Und dabei hatte Hindenburg Hitler auch noch gelobt für sein persönliches Eingreifen. Vater meinte: »*Wenn* es wirklich ein *Putschversuch Röhms* war, dann geht es gewöhnlich so zu.« Tatsächlich wußte niemand genau, was eigentlich vorgefallen war, denn die Presse verschleierte. Bereits drei Tage später, also im nachhinein, wurde ein neues Gesetz zur Staatsnotwehr beschlossen: »Die zur Niederschlagung hoch- und landesverräterischer Angriffe vollzogenen Maßnahmen sind als Staatsnotwehr rechtens.« Damit wurde der Diktatur ein unkontrolliertes Recht zugestanden.

Dieser sogenannte Röhmputsch war ein besonders schwerer Rechtsbruch Hitlers und der erste Massenmord. Man möchte meinen, wenn schon nicht einzelne Staatsanwälte, so hätten doch die Juristenverbände als Kollektiv Einspruch erheben können. Kein Einzelner wäre dabei gefährdet gewesen. Doch freilich: Die Verbände waren ja längst »gleichgeschaltet«, und so konnte nichts passieren. Das Gefühl für Recht und Unrecht wurde verwischt und die allgemeine Angst und Rechtsunsicherheit wuchs, was einen wichtigen Machtfaktor bedeutete. Hitler erklärte hinterher im Reichstag: »In dieser Stunde war ich verantwortlich für das Schicksal der Deutschen Nation und damit des Volkes *oberster Gerichtsherr.*« So also wurde eine ordentliche Rechtsprechung weggewischt und ein Frevel als Rechtsvorgang dargestellt. Der Unrechtsstaat war offensichtlich. Nun hatte Hitler sich das oberste Richteramt angemaßt und hatte sich zusätzlich nach Hindenburgs baldigem Tod am zweiten August 1934 per Dekret das Reichspräsidentenamt übergeben lassen. Die Reichswehr wurde fortan der einzige Waffenträger, wurde auf Hitler vereidigt und verpflichtet zu »unbedingtem Gehorsam«. Dieser Eid wurde sehr ernst genommen. Hinterher besehen glaube ich nicht, daß Vater, Großvater, meine Lehrer die Tragweite von Hitlers Zugriff zum Recht erkannt haben, denn die Tatsachen wurden durch die Presse verschleiert. Doch im anderen Fall: Was hätten Zivilisten tun können? Heute denke ich, daß damals, 1934, die Möglichkeit noch gegeben war, durch *militärische Gewalt* Hitler festzunehmen, denn die SA war geschwächt. Hitler hatte sich gegen die SA und für die Wehrmacht entschieden. Obwohl zwei Generale, von Bredow und Schleicher, erschossen worden waren, war die Reichswehr von Hitler überwiegend begeistert – man denke nur an den Austritt aus dem Völkerbund ein dreiviertel Jahr zuvor. Die Militärs sahen die Stärkung ihrer Positionen voraus, viele erwarteten eine innere Erneuerung; sie ahnten die Vergrößerung der Reichswehr, neue Sterne auf den Achselklappen, wie es denn auch bald geschah durch die Einführung der allgemeinen Wehrpflicht.

Neben diesen Ereignissen gab es auch Erfreuliches: Ein neues Gefühl der Brüderlichkeit, der gegenseitigen Verpflichtung war entstanden. Die Massen waren aufgebrochen und dachten: »Schluß mit dem inneren Herumtaumeln, mit Lebensgenuß und Frivolität, mit Betrug und Gelddenken. Wir wollen wieder

Ehrlichkeit, Sauberkeit, Pflichtgefühl, gute Leistung.« Gewaltige aufgestaute Kräfte wurden plötzlich ausgelöst – eine Bewegung voll Wucht und voll Kraft war entstanden, die als positiv erlebt wurde, der sich viele ideal denkende Menschen anschlossen, weil ein echtes Gefühl von Erneuerung zu spüren war. Durch die aufreizende Propaganda Goebbels' wurde dann diese Bewegung und ihre Gedanken aufgeplustert, so daß von Anfang an Zwielichtigkeit über dem Land lag.

Wichtig wurde die *Darstellung* politischer Vorgänge und die Darstellung von Urteilen in der Presse. Goebbels war hierfür zuständig. Sie war alles andere als sachlich, sondern durchzogen von Beschimpfungen und Verfälschungen einerseits und Verklärung auf der anderen Seite. Ein Beispiel ist die Darstellung des Urteils vom ersten »Weiße Rose«-Prozeß im Februar 1943 in den »Münchner Neuesten Nachrichten«, im »Völkischen Beobachter« und im »Ulmer Sturm«. Ohne die Erfindung des Radios und des billigen Volksempfängers ab 1935 wäre die Massentäuschung nicht möglich gewesen.

Wie bereits gesagt, konnten die Württembergische und die Bayerische Kirche sich heraushalten aus der Umarmung durch die Reichskirche der »Deutschen Christen«. Ich erlebte den *Ulmer Bekenntnistag* im April 1934 im Münster mit gerade dreizehn Jahren. Der Münsterplatz war dicht besetzt mit Bussen aus der näheren Umgebung und aus entfernten Dörfern der Alb. Rechts neben der Schwingtür, die den Besucher ins Hauptschiff des Ulmer Münsters einläßt, hing mindestens bis zum Kriegsbeginn ein Zitat Adolf Hitlers, eingerahmt und unter Glas, das lautete: »Meine vornehmste Aufgabe aber wird es sein, die beiden großen Kirchen nach meinen besten Kräften zu unterstützen. Adolf Hitler.«

Bänke und Gänge der weiten Hallenkirche waren dicht gefüllt mit Menschen, die die Ansprachen der beiden Bischöfe, des bayerischen Meyser und des württembergischen Wurm, hören wollten. Sehr feierlich war es, als die etwa zwölf Ulmer Pfarrer in ihren Talaren hinter den Bischöfen durch den Mittelgang einzogen und unter der herrlichen geschnitzten Kanzel Platz nahmen. Von den Ansprachen ist mir nichts in Erinnerung geblieben. Doch sehe ich mich in dichter Menschenmenge im rechten Seitenschiff stehen und mit der großen Gemeinde singen: »Ein feste Burg ist unser Gott ...«, ein Lied Luthers, das damals das herzerhebende Schlachtlied der Protestanten war. Doch als gesungen wurde: »Nehmen sie den Leib, Gut, Ehr, Kind und Weib – laß' fahren dahin!«, dachte ich: »Oh je, so wird es im Ernstfall wohl nicht laufen. Doch offensichtlich ist die Kirche, der mein Vater ja angehört, in Gefahr, und die Leute wollen sich selbst mit ihrem Singen und mit dem Dabeisein in der Menge Mut machen.« Zu Hause sprachen wir über dieses Lied, wobei Mutter meinte: »Bei dieser Textstelle singe ich nie mit.« Landesbischof Wurm hatte sich bei diesem »Bekenntnisgottesdienst« gegen Eingriffe des Reichsbischofs Müller gewandt, dem Vertreter der Deutschen Christen. Wurm wurde daraufhin vorübergehend »beurlaubt«.

Unser Vater gehörte der »Bekennenden Kirche« an, innerhalb dieser Gruppierung den Liberalen, den eher Zuwartenden, denen man ein Sichdrückenwollen jedoch nicht unterstellen sollte. Die radikalen Nazigegner gehörten den Orthodoxen an, weil sie glaubten, daß die teuflischen Mächte in der Welt nicht durch natürliche Entwicklung verschwinden, sondern besiegt werden müssen im Kampf. Unser Vater war eine biedermeierliche, beschauliche, musische Natur, alles Radikale war ihm fremd. Als ich 1932 ins humanistische Gymnasium Ulm eintrat, meinte er: »Schau dich um, dringe ein vor allem in die Sprache und das Denken der Alten. Du wirst dann sehen, daß alles seine zwei Seiten hat. Mit dem humanistischen Abitur hast du es einmal nicht leichter, eher schwerer. Denn wer sich um Objektivität bemüht, um einen selbständigen Standpunkt, muß immer die Ansichten der Gegenseite bedenken. Das zweifelnde Bedenken kann aber auch einen klaren Entschluß verhindern, kann lähmend wirken.« – Er gehörte zu denen, die die Gegensätze und die Tragik des menschlichen Lebens ertragen, die in aller Stille ausharren, weil sie vom Fluß der Dinge wissen. Sein Humor und sein Gottvertrauen halfen ihm dabei.

Peter gehörte etwa seit 1932 einer christlichen Jugendgruppe, dem Bibelkreis, an. Eines Tages, wohl im Jahr 1934, sagte der leitende Vikar: »Von nun an seid ihr alle in der HJ, in der Hitlerjugend, und müßt euch samstags am Bismarckplatz einfinden.« Auf solch einfache Weise wurde er Hitlerjunge, »Pimpf«, und war nun »gleichgeschaltet«. Anstelle der Bibelarbeit, wo man einen Bibelabschnitt, etwa ein Gleichnis, las und darüber redete, mußte er nun zu den »Heimabenden« kommen, wo man in den romantischen Räumen der alten Ulmer Festungswerke bei Kerzenlicht »geschult« wurde und neue vaterländische Lieder lernte. Im übrigen vergnügte man sich nicht anders als im Bibelkreis und nicht anders als die heutigen Pfadfinder mit Sport und Spielen, was natürlich für alle die Hauptsache war. Peter: »Auch ein jüdischer Junge namens Isidor war damals in der HJ-Gruppe, der wegen seines Namens gehänselt wurde, aber nicht, weil er ein Jude war. Die Nazis mit ihrem Antisemitismus machten sich erst allmählich breit.« Es gehört hier bemerkt, daß die katholische Kirche sich weit mehr darum bemühte, die jungen Leute zu bestärken und sie bei der katholischen Kirche zu halten.

Ich lebte in diesen drei ersten Jahren der Nazizeit vergnügt zu Hause mit meinen Geschwistern, übte fleißig Klavier und besuchte eifrig die Klavierstunden meiner verehrten Lehrerin Trude Maisch-Schefold, zunächst noch mit weißem Schürzchen und mit Seidenschleifen in den Zöpfen, ging gerne zur Schule und betrachtete meine Lebensumstände dem Alter entsprechend als selbstverständlich. Doch wünschte ich sehnlich, wie die anderen Mädchen meines Alters in weißer Bluse und blauem Rock im Gleichschritt hinter einem Wimpel herzulaufen und die frischen Lieder mitzusingen, mit anderen Jugendlichen zusammen ein eigenes Leben zu haben. Doch Vater war zurückhaltend: »Man braucht dich doch zu Hause als Älteste. Schule und Klavierstunde schlucken doch schon völlig deine freie

Zeit. Wo willst du Zeit abschneiden?« So kam es, daß ich erst im Frühjahr 1935 in den Jungmädelbund (JM) eintrat, der Unterorganisation des »Bundes deutscher Mädchen« (BDM) für die Zehn- bis Vierzehnjährigen.

1935
Mit Begeisterung bei den Jungmädeln

Am 13. Januar 1935 stimmt das Saarland mit 91 % für die Wiedervereinigung.

Am 16. März wird die allgemeine Wehrpflicht eingeführt. Junge Offiziere können nun rasch Karriere machen, rekrutieren sich bereits aus den Junkerschulen. Das Offizierskorps verändert sich.

Am 18. Juni gelingt Hitler ein Abkommen mit Großbritannien über gegenseitige Flottenstärken (Hitlers »glücklichster Tag«).

Am 15. September: Großer Reichsparteitag in Nürnberg, an dem die »*Nürnberger Gesetze*« verkündet werden. Ehen mit Juden werden verboten, der Nachweis »arischer Abstammung« ist hinfort Vorbedingung für jede öffentliche Anstellung. »Nichtarische« Frontkämpfer aus dem Ersten Weltkrieg und altgediente Beamte werden in den Ruhestand versetzt, was besonders jüdische Richter und Hochschullehrer betrifft. Bis zum Herbst 1938 wandern angeblich 170 000 aus Deutschland aus, etwa ein Drittel aller deutschen Juden.

Die *württembergische Justizverwaltung* geht auf das Reich über. Der Staatsanzeiger stellt sein Erscheinen ein und die führende NS-Zeitung, der »NS-Kurier«, übernimmt die Funktion des Regierungsblatts. Ein billiges Radiogerät, der »Volksempfänger«, wird eingeführt, damit die Massen wirkungsvoll beeinflußt werden können.

Die *württembergische Wirtschaft* nimmt einen großen Aufschwung. Ende Januar 1933 gab es 133 600 Arbeitslose, Ende 1935 sind es nur noch 28 000! Der Lebensstandard des Durchschnittsbürgers hatte sich sehr verbessert.

Deutlich beginnt in *Ulm* die Judenhetze, durch die Hitler das Kleinbürgertum für sein politisches Programm gewinnen will. So sind im März vor der Konfirmation Plakate in der Stadt zu sehen: »Kauft zur Konfirmation in deutschen Geschäften!« Listen aller deutschen Geschäfte sind im Rathaus aufgelegt, d.h. man unterscheidet zwischen Deutschen und Juden.

Da es heute politische Gruppen gibt, die der Meinung sind, ohne den offen oder latent vorhandenen Antisemitismus wäre Hitler nicht hochgekommen – woran erheblich zu zweifeln ist –, zitiere ich eine Notiz aus der »Ulmer Bilderchronik«: »Man ist in Parteikreisen sehr darüber verärgert, daß es noch nicht gelungen ist, die breite Masse in antisemitischem Sinn zu beeinflussen.«[4] Man versucht nun durch Presse, Rundfunk und insbesondere in öffentlichen Veranstaltungen der NSDAP die jüdischen Bürger Ulms als unerwünschten Fremdkörper in der Volksgemeinschaft darzustellen. Neid wird künstlich erzeugt. Die verstärkte antisemitische »Aufklärungsarbeit« gipfelt in der von Kreisleiter Eugen Maier herausgegebenen Parole: »Jeder Ulmer ein fanatischer Gegner des Judentums!«

Der Verein »Kulturbund Deutscher Juden« muß seinen Namen ändern in »Jüdischer Kulturbund«. Dieser Verein soll nur »jüdische Kultur« vermitteln in hebräischer oder jiddischer Sprache.

Schon im Oktober 1935 findet in ganz Süddeutschland, so auch in Ulm, eine Luftschutzübung statt: »Fliegergroßangriff auf die Festung Ulm«. Zum ersten Mal heulen die Sirenen, Straßen werden gesperrt. Es gibt Anweisungen an die Bevölkerung für den Ernstfall.

Ende 1935 erste Verfolgung von Bündischen bei einer HJ-Führertagung in Dresden.

Kirche: Im März wird von protestantischen Kanzeln ein Manifest gegen die »Rassenmystik« und gegen das »Neuheidentum« verlesen. 700 Pfarrer werden vorübergehend verhaftet.

Ich sehe meine Mutter vor dem Fenster stehen, das auf die Schillerstraße hinausschaut. Sie hat meinen jüngsten, etwa ein Jahr alten Bruder Roland auf dem Arm und sieht draußen einen Trupp braunhemdiger SA vorbeimarschieren und sagt: »Diese Proleten mag ich schon gar nicht. Sie bringen nichts Gutes, vielleicht am Ende Krieg; dann darf ich mir überlegen, wozu ich meine Söhne geboren habe.«

Auch erinnere ich mich an einen Trupp Gefangener, die mit ihren Bewachern durch die Zinglerstraße trotteten. Man schaute ihnen nach und konnte erfahren, daß es »Staatsfeinde« seien, und daß es keine gewöhnlichen Gefangenen seien, sondern »Schutzhäftlinge« aus dem KZ Oberer Kuhberg in Ulm, und Schutzhäftlinge seien wegen ihrer politischen Gesinnung eingesperrt und könnten sich nicht wehren.

Zu Beginn des Jahres gab es ein großes Fest, weil am 13. Januar das Saargebiet für die Wiedervereinigung mit dem Reich gestimmt hatte. Am Tag danach wurde beflaggt, die Jugend wurde aufgefordert, die Uniform zu tragen, und beim Dankgottesdienst im Münster, an dem auch die uniformierten Spitzen der Partei und Polizei teilnahmen, begann die Predigt mit Bibelworten und Zitaten Ernst Moritz v. Arndts, und der Dekan sprach vom »großen Wunder am deutschen Volk [...], wir wissen, daß auch Adolf Hitler in seiner Demut, die immer so groß an ihm ist, Gott die Ehre gibt. Gott aber muß unser Volk lieben, sonst hätte er ihm nicht diesen Führer gegeben.«[5] Ich erkläre mir die Stellungnahme des Dekans so: Er glaubte den Versprechungen Hitlers in seiner Regierungserklärung vom 23. März 1933, die zutiefst verlogen waren. Hitler hatte damals bewußt große Kirchenfreundlichkeit versprochen, um die Stimmen des Zentrums und der Bayerischen Volkspartei zum Ermächtigungsgesetz zu gewinnen.

Am Tag der Saarübergabe, am 28. Februar 1935, herrschte hohe Feststimmung in der Stadt. Überall wehten Fahnen; die uralten, ernst und hoheitsvoll klingenden Münsterglocken läuteten, die Fabriksirenen heulten als Zeichen zur kurzen Arbeitsniederlegung, und die Bäcker fabrizierten viele »Saar-S«. Am Abend gab es zusammen mit Truppenteilen der Ulmer Garnison eine herzbewegende Weihestunde auf dem Münsterplatz: Schneidig wurden Meldungen entgegengenommen, es wurde in breiten Reihen im Stechschritt vor den Vorgesetzten vorbeidefiliert, der große Zapfenstreich wurde zelebriert, wobei das Musikkorps den Choral spielte »Ich bete an die Macht der Liebe«, Raketen stiegen auf in den nächtlichen Himmel und ein rotglühendes Hakenkreuz leuchtete über dem Münsterportal.

Die Saarfeier mit Hitler in Saarbrücken war genau programmiert. Man hörte im Radio: »Jetzt ist der Führer in Saarbrücken, jetzt in Frankfurt« usw. Die »Heimkehr« wurde dargestellt als ein Sieg des Nationalsozialismus und Hitlers.

Wie immer wurde im September ein Reichsparteitag in Nürnberg gefeiert. Darüber berichtet ein französischer Augenzeuge, der Aufmarsch habe den Eindruck einer blinden Kraft gemacht, die nichts aufhalten könne. Es handle sich nicht um eine Parade, sondern um das Steigen eines Flusses, um die beunruhigende Flutwelle eines Meeres ...

Mit der Verabschiedung der Rassengesetze wurden die Juden systematisch ausgegrenzt. So wurde Rabbiner Dr. Cohn, der an unserer Schule Hebräisch unterrichtete, weggewiesen. Nur noch »Halbjuden« durften unsere Schule besuchen. Feige Geschäftsinhaber versahen ihre Schaufenster mit Aufklebern: »Juden haben keinen Zutritt« und »Der Deutsche grüßt mit ›Heil Hitler‹«.

Ins Jahr 1935 gehört eine Episode, die das kirchliche evangelische Leben betraf. Als die Parteileitung erfuhr, daß ein gewisser Hirtenbrief von den Kanzeln verlesen werden sollte (es war wohl das Manifest gegen »Rassenmystik«), drohte sie jedem Pfarrer mit einer Woche Gefängnis. Ich erinnere mich noch an die Angst meiner Mutter, als Vater zur Kirche radelte, und ich sie fragte: »Was meinst du, was passieren könnte?«, und sie entgegnete: »Wenn Fensterscheiben eingeschmissen werden, so wär's wohl noch das mindeste.« Alle Kollegen meines Vaters verlasen trotz der Drohung den Aufruf des Landesbischofs Wurm. Darauf erklärte der Kreisleiter Eugen Maier, der schlimmste aller NS-Herren, jeder der Pfarrer habe eine Geldstrafe zu bezahlen, andernfalls käme er ins Gefängnis. Tags darauf kam Vater triumphierend vom Pfarrkonvent zurück und berichtete: »Wir haben beschlossen, kein Geld zu bezahlen und eine Woche ins Gefängnis zu gehen. Dann kann nämlich eine Woche lang niemand beerdigt werden.« Daraufhin wurde die Geldstrafe großmütig erlassen. Im ganzen Reich jedoch wurden etwa 700 Pfarrer vorübergehend verhaftet. Dieser Eugen Maier sagte übrigens gelegentlich, er freue sich darauf, einmal mit seiner SA ins Ulmer Münster einzumarschieren. Eugen Maier, Sohn eines Weichenwärters, war schon 1928 der NSDAP beigetreten, seit 1932 Kreisleiter der Ulmer NSDAP. Er haßte alle Bürgerlichen, vor allem aber die Juden. Er starb im Januar 1940, das hieß »er hatte sich zur ewigen Standarte Horst Wessels abgemeldet«. (Horst Wessel war ein Berliner Student, der als Nazi 1930 von Kommunisten erschossen wurde. Ihm verdankten wir das »Horst-Wessel-Lied«: »Die Fahne hoch ...«.) Kein Großmogul konnte höhere Beerdigungsehren erhalten.

Es muß wohl auch in diesem Jahr gewesen sein, daß die »Bekenntnispfarrer« sich weigerten, auf Hitler sich einschwören zu lassen. Deshalb sah sich die Landeskirche genötigt, unter dem Druck des Regimes mehrere Monate die Gehälter der Pfarrer um fünfzig Prozent zu kürzen. Wild entschlossen kaufte Vater einen Zentner Haferflocken und einen Zentner Zucker. Die beiden Säcke standen eindrucksvoll im Werkraum im oberen Stock und gaben uns die Gewißheit, daß unser Haferflockenfrühstück vorerst gesichert war. Unsere Klavierlehrerin Frau Maisch-Schefold meinte, wenn Vater in finanzieller Verlegenheit sei, so möge er für Musikstunden ohne Rücksprache nichts bezahlen.

Ein Blick aufs Familienleben. Unser Tübinger Großvater *Robert Gradmann* (Prof. Dr., Dr. phil. h.c., Geograph und Pflanzensoziologe) besuchte seine Ravensburger und Ulmer Kinder und Enkel jeweils wechselweise an seinem Geburtstag und an Weihnachten. Es war immer ein großes Fest, denn er wurde hoch verehrt und lud seine Enkel, denen er immer mit Liebe und Humor begegnete, jedesmal zu einem Festessen ein. Das war grundlegend wichtig. So erinnere ich mich an ein Essen im Zirbelstüble des Restaurants »Drei Kannen«, wo wir das Menu selber auswählen durften. Peter wählte eine Kalbshaxe, was den anderen interessant erschien. Wir bestellten alle eine

Kalbshaxe, und so saßen ich und meine drei Brüder Peter, Hans und Konrad, 14-, 12-, 11- und 8jährig, vor diesen Riesenknochen, die Brüder in himmelblauen Anzügen mit Kragen aus Wildseide um den Hals, und Großvater freute sich an diesem Bild fröhlicher, aber gefräßiger Unschuld. An seinem Geburtstag, am 18. Juli, fuhren und wanderten wir ins kleine Lautertal oder von Blaubeuren aus durchs Aachtal und Schmiechtal nach Hütten, wo wir zunächst das klare Wasser der Bäche bewunderten samt den großen und kleinen Forellen, die darin herumflitzten. Dann gab es ein vornehmes Forellenessen, wobei Großvater meinte, eine Forelle richtig zu essen gehöre zur guten Bildung, und die wolle er jetzt fördern.

In diesem Jahr trat ich 14jährig in den JM-Bund ein. Ich empfand diese Jugendorganisation zunächst gar nicht als eine politische Vereinigung. Wir wanderten, lernten im Freien behelfsmäßig Kochen, lernten Karten- und Kompaßlesen, betrieben Sternkunde, sangen und lernten viele alte und auch neu entstandene Volkslieder, Landsknechtslieder, Lumpenlieder. Viele Stunden wurden mit Singen verbracht. Es gab eine ganze Reihe von guten Komponisten, die neue Texte und Melodien erfanden, neue Sätze komponierten (Hans Baumann, Karl Bröger, Heinrich Spitta, Lothar von Knorr, Christian Lahusen u.a.). Sie besangen die Heimat, die Natur, die Gemeinsamkeit des Volks und – versteht sich – den Kampf und Opfertod. Ein schöner fünfstrophiger Liedtext stammte von R. A. Schröder aus dem Jahr 1914 und wurde leicht abgeändert allerorts gesungen:

Heilig Vaterland
in Gefahren,
deine Söhne sich
um dich scharen.
Von Gefahr umringt,
heilig Vaterland,
alle stehen wir
Hand in Hand.

Bei den Sternen steht,
was wir schwören;
der die Sterne lenkt,
wird uns hören.
Eh der Fremde dir
deine Krone raubt,
Deutschland, fallen wir
Haupt bei Haupt.

Großvater Robert Gradmann

Wir machten Geländespiele und hörten, oft im Freien sitzend, kurze Vorträge der Führerinnen an. Das war dann die »Schulung«. Was unter Sozialismus zu verstehen war, erlebten wir eindrücklich. Unsere mitgebrachten Vesperbrote wurden zu einem Haufen gelegt und nach einem vaterländischen Spruch, z.B. »Wer sich unserer Fahne verschwört, hat nichts mehr, was ihm selber gehört,« oder »Du bist nichts, Dein Volk ist alles,« durfte man nach einem der eingewickelten Brote greifen. Irgendwie unappetitlich und ärgerlich war es schon. Es mußte zur Folge haben, daß die Mütter, die zu Hause die Brote richteten, von ihren Kindern zu hören bekamen: »Du brauchst nichts besonderes drauflegen, ich bekomme ja doch nicht mein Brot.« Doch fast alle bejahten dieses Zeichen von Gemeinschaft. Es gab geheimnisvolle Symbole: Das Hakenkreuz, die Fahne. »Ja, die Fahne ist mehr als der Tod«, hieß es in einem Lied. Es gab die Ahnen, die man ehren sollte durch ein untadeliges Leben, es gab die arische Idee von »Blut und Boden«, d.h. daß ich selbst zu dem Boden gehöre, auf dem ich geboren wurde und in dem meine Ahnen liegen.

Man muß zugeben, daß die große Organisation glänzend funktionierte, daß die bürgerlichen Jugendlichen mit den Arbeiterkindern sich verstehen lernten, daß es keine herumlungernden Jugendlichen gab; nein, sie wurden sinnvoll beschäftigt, vielseitigen Neigungen entsprechend, und sie betätigten sich in der frischen Luft. Es gab viele Begeisterte, Idealisten, die sich Tag und Nacht einsetzten.

Ein Symbol der Bindung an die Hitlerjugend war das schwarze Halstuch, das durch einen geflochtenen Lederknoten zusammengehalten wurde. Dieses Halstuch samt Knoten wurde mir in feierlicher Zeremonie bei Fackelschein auf der sogenannten »Gänswiese« nahe der Ulmer Friedrichsau mit Händedruck, Aug' in Auge, von einer etwa 19jährigen Führerin überreicht. Ihre Rede, die sie mit ruhiger Stimme gesprochen hatte, gefiel mir, und ich suchte den Kontakt mit ihr. Es war Inge Scholl, die Älteste der Geschwister, die damals als Ringführerin die Hälfte der Ulmer Jungmädel leitete, ein paar hundert. So kam ich ins Haus Scholl und lernte die gleichaltrige Sofie kennen.

Bereits im Herbst 1933 waren die Geschwister Scholl: Inge, Hans, Liesl und Sofie dem JM-Bund und dem Jungvolk begeistert beigetreten, nicht mit Einverständnis des Vaters, der jedoch seine Kinder gewähren ließ. Ein gewaltiger Elan lag in der Luft, Aufbruchstimmung; Morgenröte schien aufzuleuchten. Die Hitlerjugend hatte ja, als sie 1933/34 alle Jugendbünde übernahm, auch deren Gebräuche und viele ihrer Ideale übernommen, auch ihre Führer. Man wollte nicht mehr mit den Eltern in Urlaub, sondern mit Gleichaltrigen »auf Fahrt« gehen; dabei war man bereit, sich der Autorität des Gruppenleiters zu fügen, der nur wenige Jahre älter war. Man verachtete das Geld und die Großstadt, liebte die Natur und ein einfaches Leben. Innere Disziplin, Wahrhaftigkeit und Kameradschaftsgeist war gefordert, es ging um den ganzen Menschen. Ein stolzer junger

Mensch mußte sich angezogen fühlen, tiefe Gefühle wurden angesprochen. In alten Ulmer Festungsräumen bauten sich die Jungen ihr »Heim« mit Sackleinwand an den Wänden, sie saßen auf Kisten, lasen gemeinsam, besprachen ihre Probleme und blickten dabei in schimmernde Kerzen und auf herumhängende Fahnen. Sogar nächtliche Schweigemärsche als Übung für Selbstdisziplin wurden freiwillig unternommen! Wie wichtig fühlte man sich bei diesem selbstgestalteten Leben!

Das Haus Scholl übte eine starke Anziehungskraft auf junge Leute aus. Fast täglich saßen Hans und Werner Scholl und ihre Freunde in Gruppen zusammen in der Schollschen Wohnung. Auch ihre Schwestern sammelten Freundinnen um sich. Der Vater, der sein Steuerberatungsbüro in seiner Wohnung hatte, zeigte sich zuweilen kurz. Er war ein hochgewachsener, temperamentvoller Herr, der ungeniert seine Meinung sagte. Gerechtigkeit und Anstand waren für ihn höchste Werte. Er war ein unbeugsamer Gegner Hitlers ohne jede innere Kompromisse. Seine Integrität mußte er teuer bezahlen. Die Mutter war der stille, gute Geist der Familie, der unauffällig für alle sorgte.

Sehr bald, nachdem ich mich mit Sofie angefreundet hatte, erzählte sie mir von ihrem Bruder Hans. Er war zum Reichsparteitag in Nürnberg als Fahnenträger der Ulmer Abordnung auserlesen worden – eine hohe Ehre, die ihm zuerteilt wurde, da er, groß und schlank, mit dunklen Haaren und Augen gut aussah und dazuhin ein angesehener Führer eines »Fähnleins« (circa 150 Jungen) war, der nichts halbherzig tat. Ernüchtert war er zurückgekehrt, tief enttäuscht vom Getöse und Heilsgeschrei, von der Parade der Massen, bei der Disziplin und blinder Gehorsam oberste Gebote waren, und der Einzelne zur Schablone wurde. Dieser Parteitag bedeutete für ihn, den damals 17jährigen, einen Wendepunkt; er wurde kritisch, wobei sein Skeptizismus allmählich auf die Schwestern überging, denn der Familienzusammenhalt war ungewöhnlich stark, und der Gedankenaustausch selbstverständlich. Er legte sein Amt als

Sofie Scholl (um 1938)

Fähnleinführer nieder und bildete eine Jugendgruppe mit Freunden, die sich der verbotenen dj. 1.11 angliederte und noch in der Arbeitsdienstzeit von Hans Scholl 1937 zusammenhielt.

Bald nach meinem Beitritt wurde ich gefragt, ob ich eine »Schaft«, d.h. eine »Mädelschaft«, eine Gruppe von etwa zwölf Mädchen im Alter von zehn bis vierzehn Jahren, übernehmen wolle. Natürlich sagte ich zu, damals 14jährig, und konnte somit diesen schulfreien, aber dienstverpflichteten Tag selber gestalten, übernahm damit aber auch die Verpflichtung, jeden Donnerstagabend zur »Führerbesprechung« in die Ulmer Bockgasse zu kommen, wo die Geschäftsstelle der HJ mit ihren Räumen lag, wo man, wie ich bald merken sollte, »geschult«, d.h. zur neuen Weltanschauung erzogen wurde.

Zunächst gestaltete Inge Scholl diesen Abend. Als Führerin des »Ring sieben« versammelte sie die Führerinnen der halben Stadt um sich zu einem Schulungsabend, kontrollierte auch gelegentlich die Heimabende der ihr Unterstellten. Sie hatte etwas Gesetztes, Stetiges und wurde sehr geachtet. Bald traten andere an ihre Stelle, weniger Befähigte, weniger Sensible, die ich, da ich ohnehin kritischer wurde, nicht mochte.

Obwohl ich mich nicht erinnere an einen bestimmten Schulungsabend, kann ich über die bei allen Gelegenheiten propagierten Themen berichten. Ein *Schulungsabend* verlief etwa so: Zunächst wurden durch die Leiterin alle Namen zur Anwesenheitskontrolle abgerufen, danach ein allen bekanntes Lied gesungen. Da der Liederschatz groß sein sollte und in der ganzen Stadt der Umzüge halber die gleichen Lieder beherrscht werden mußten, wurde meist ein neues Lied erlernt. Als nächstes wurde die neue Nummer der Zeitschrift »Unser Weg« ausgeteilt und dasjenige Thema, das dort vorgestellt war, gemeinsam im Dialog erörtert. Es wurde erwartet, daß dann ein solches Thema am Staatsjugendtag in allen Verzweigungen der Organi-

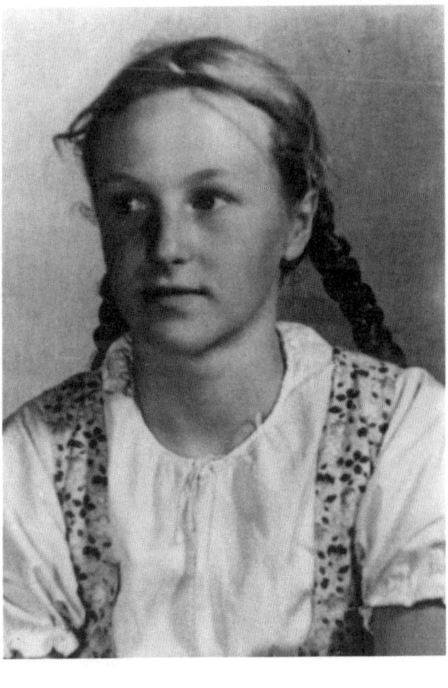

Suse Hirzel (1936)

sation behandelt wurde. Doch Kontrolle fand selten statt, bei mir nie, und so folgte ich längst nicht immer den vorgeschriebenen Themen. Es waren folgende Grundgedanken:

1. Es gibt zweierlei Menschen, einmal die hervorragende, kulturschaffende *Rasse* der Indogermanen, der »Arier«, und das sind in erster Linie wir selbst – versteht sich! »Am deutschen Wesen soll die Welt genesen« war ein oft gehörtes Schlagwort. Dann gibt es minderwertige Rassen, allen voran die Juden, aber auch die Zigeuner und die Slawen, »Schlowacken« schimpflich benannt, sowie die Polen, die »Polacken« – eine Diffamierung, die wohl spätere Vorgänge vorbereiten sollte; auch wurde von der »gelben Gefahr« geredet.

2. Wie in der Natur der *Stärkere den Schwächeren* unterdrückt und überrundet, so geht es auch unter den Menschen und unter den Völkern zu. Deshalb ist es geboten, durch Reinhaltung der Rasse eine Elite zu schaffen, die sich durchsetzt und die hohe Kultur der Arier erhält.

Ich entdeckte sehr bald, daß diese Ideen im offenen Gegensatz zur christlichen Religion und zur Kirche standen, die anzuerkennen doch Hitler vorgab. Heute weiß ich, daß diese Ideen gar nicht von Hitler stammten, er hatte sie nur übernommen und zur Untermauerung seines Judenhasses benutzt. Sie waren schon Ende des 19. Jahrhunderts entwickelt. So gab es Eugeniklehrstühle in den zwanziger Jahren in den USA, Kanada, Dänemark und Deutschland an vielen Universitäten. Am 5. Dezember 1928 schon hatte die Berliner Ärztekammer die Sterilisierung »fortpflanzungsunwürdiger Menschen« gefordert. Da eine »natürliche Auslese« dank der modernen Medizin nicht mehr gegeben sei, müsse durch Gesetz reguliert werden, daß das Wertvolle geschützt und das Minderwertige *ausgemerzt* würde. Hitler brauchte den Begriff »Ausmerzung« nur zu übernehmen. – Die Schwestern Scholl und einige ihrer Freundinnen, darunter auch ich, fühlten uns von solchen Gedanken zunehmend abgestoßen, wir empfanden die Rassenideologie als etwas Künstliches und Ungerechtes, wobei ich als Pfarrerstochter zunehmend die Verlogenheit Hitlers gegenüber den Kirchen erkannte. Andererseits hatten wir Befriedigung und Freude beim Umgang mit den uns anvertrauten jüngeren Mädchen.

3. Es hieß, wir seien ein *Volk ohne Raum*. Ein Buch dieses Titels von Hans Grimm, erschienen 1926, war sofort ein Bestseller, d.h. es hatte aktuelle Probleme angesprochen. Heute ist es eine unerträgliche Lektüre. Grimm, geboren 1875, lebte nach dem Abitur in England und Südafrika insgesamt fünfzehn Jahre. Zwanzigjährig entdeckte er, daß »England unser bitterster Feind ist« und erlebte in Südafrika »fassungslos die deutsche Schwäche und Rechtlosigkeit«. Zurückgekehrt, schreibt er seinen Roman »Volk ohne Raum«. Sein 1931 bei Albert Langen verlegtes Buch »Der Schriftsteller und seine Zeit« gibt Antworten auf die so oft gestellte Frage, wie es zur Begeisterung für Hitler und zu seinem jähen Aufstieg kommen konnte. Er schreibt: »Wir sind zuviele Menschen in einem kleinen Lande, wir brauchen nationalen Raum. Ohne Raum verkrüppelt jedes Volk und jeder Mensch.« ... »Wir verschenken jeden Tag mehr von dem, was unseren Kindern an Möglichkeiten des inneren Friedens und äußeren Glücks noch blieb.« ... »Am Versailler Vertrag ist so ungeheuerlich, daß er die letzten Lebensnotwendigkeiten unseres Volkes verdirbt. ... Wir sitzen, 130 Menschen pro Quadratkilometer. In Frankreich, das zudem ein großes Kolonialreich besitzt, sind es nur 75.«[6]

Grimm war parteilos, jedoch als ausübender Schriftsteller Mitglied der Reichskulturkammer. Er war enttäuscht darüber, daß der Titel »Volk ohne Raum« als Schlagwort ausgenutzt wurde, und er dadurch zu einem Wegbereiter des Nationalsozialismus wurde. Seine Ideen waren Hitler mit dessen Vision, Land im Osten zu gewinnen, hochwillkommen.

4. Die Partei ersetzte die kirchliche Konfirmation durch die »Jugendweihe« in der »Dürftigen Stube«, einem ehrwürdigen

gotischen Raum nahe der Spitalkirche, wo man nicht auf Gott oder Christus, sondern auf den »Führer« verpflichtet wurde, dessen Abbild in Großformat an der Wand hing. Es war eine pseudoreligiöse Veranstaltung. Ein »*Neuheidentum*« wurde in der Hitlerjugend gefördert. Alfred Rosenberg, der Chefideologe, war mit seinem Werk »Der Mythos des zwanzigsten Jahrhunderts« der Meinung, das fast 2000 Jahre alte Christentum sei am Ende, und die aus Kleinasien über Rom eingedrungene Lehre von der Erbsünde sei falsch und ungermanisch. Er meinte auch, daß ein Mensch mit germanischem Charakter das Recht habe, seine Gegner nicht zu schonen.

5. *Treue*, das hieß *Gehorsam* gegenüber dem Vorgesetzten, auch wenn er gelegentlich nicht Respekt erregen sollte; das hieß Treue gegenüber der Gruppe, zu der auch der Schwächere, Dümmere, Unsympathische gehören sollte; das hieß Treue gegenüber dem Vaterland, auch wenn es gelten sollte, große Opfer zu bringen. Ein viel gesungenes Lied lautete:

> Reiht euch zu Vieren,
> Trommel gerührt,
> Tausend marschieren
> und Einer führt.

Man kann heute hören, der Geist der *Kameradschaft* sei der Jugend übergestülpt worden. Dem kann ich nicht zustimmen. Die meisten jungen Leute waren gutwillig, oft ehrlich begeistert, erst recht nahmen die meisten der jungen Führer die Sache ernst. Manche bezeugen heute, daß die stramme Erziehung an sich selbst und den jungen Untergebenen und die früh übernommene Verantwortung für ihre Entwicklung entscheidende Bedeutung hatte. Sie hatten erlebt, welche Freude es bereitet, für andere, für die Gruppe in gemeinsamer Sache sich einzusetzen. Ein anderes viel gesungenes Lied:

> Uns ward das Los gegeben,
> ein freies Volk zu sein.

Ihm wollen wir das Leben
auf reinem Altar weih'n.
Nie soll in uns sich regen
Haß, Eigennutz und Neid.
In Eintracht woll'n wir prägen
das Bild der neuen Zeit.

(Werner Gneist)

Schlagworte, die von vielen ernst genommen wurden: Gemeinnutz geht vor Eigennutz; was dem Volke nützt, ist gut; der Führer hat immer recht; alle für einen, einer für alle; unsere Ehre heißt Treue; du bist nichts, dein Volk ist alles; ein Volk – ein Reich – ein Führer.

Die Jugend wurde kolossal umschmeichelt, denn wer sie gewinnt, dem gehört die Zukunft. So rief einmal Hitler auf einem Reichsparteitag: »Das ist das Wunder unserer Zeit, daß ihr mich gefunden habt, und daß ich euch gefunden habe, das ist Deutschlands Glück!« – »Wir sind die neue Zeit«, lautete ein Schlagwort der HJ.

Bewußt pflegte der Staat auch das *Schönheitsbedürfnis* der Jugend. So gab es vielerlei Uniformen mit Rangabzeichen. Es gab dicke Kordeln über der Brust, die sogenannten Affenschaukeln, es gab Ledergürtel mit Koppelschloß, disziplinierte Großaufmärsche in breiten Reihen, mit wehenden Fahnen und Marschliedern, mit Pfeifen, Trompeten, Fanfaren, Feiern mit viel Symbolik. So erinnere ich mich an eine groß aufgemachte Vereidigung, an eine Veranstaltung mit Hunderten von Jugendlichen auf dem nächtlichen Münsterplatz, vor dem durch Scheinwerfer beleuchteten hohen Turm und Portal des Münsters, mit wirbelnden Trommeln und unzähligen zuckenden Fackeln. »Huhu«, sollte da einem nicht ein heiliger Schauer über den Rücken rieseln? Mußten nicht solche prächtig aufgezogene Feiern den Jugendlichen gefallen, die sich doch begeistern *wollen*? Wir Geschwister Hirzel fühlten uns alles andere als wohl bei diesem erzwungenen Masseneid, wir glaubten naiv, das gesprochene Wort mit hochgehaltenen Fingern der Rechten sei bindend, es »gälte«, und wir überlegten, wie wir, zwischen vielen anderen stehend, uns vom Eid auf den Führer drücken könnten, nämlich: die Hand wie alle anderen erheben, jedoch die Worte nicht mitsprechen, sondern nur die Lippen bewegen ›als ob‹ – denn so konnte uns kein Nebenstehender ertappen und denunzieren. Schon 1936 galt ja das Denunzieren als eine vaterländische Tugend, erst recht später während des Krieges.

Wichtig waren auch die winterlichen Sonnwendfeiern, wo man mit kalten Füßen im Schnee stand, im Kreis geschart um die heißen, knisternden Reiser, und einer aus der Gruppe germanische Eddasprüche in die kalte Nacht hinausrief, Sprüche von Freundschaft und von den Ahnen, deren man sich würdig erweisen mußte. Die Sonnwendfeiern waren der Inbegriff des »Julfestes«, wie das Christfest zuweilen genannt wurde; der Christbaum wurde nun zum Weihnachts- oder Lichterbaum; Hans Baumann und Heinrich Spitta »schenkten« den Deutschen neue Weihnachtslieder:

Hohe Nacht der klaren Sterne,
die wie weite Brücken stehn,
über einer tiefen Ferne
drüber unsre Herzen gehn.

Hohe Nacht mit großen Feuern,
die auf allen Bergen sind,
heut' muß sich die Erd' erneuern,
wie ein junggeboren Kind.

(Hans Baumann)

Erde schafft das Neue,
Erde nimmt das Alte,
deutsche heil'ge Erde,
uns allein erhalte;
sie hat uns geboren,
ihr gehören wir,
Treue, ew'ge Treue
kündet das Panier.

Kehrreim:

Wir Jungen schreiten gläubig
der Sonne zugewandt,
wir sind ein heil'ger Frühling
ins deutsche Land.

(Heinrich Spitta)

Die Edda-Sprüche waren aus den Spruchsammlungen entnommen und bedeuteten offenbar nur ein oberflächliches Liebäugeln mit der Edda; niemals hatte man sich in der HJ in eines der Heldenlieder vertieft, etwa das Sigurdlied, und man hätte sich lächerlich gemacht, wenn man den Jungen erzählt hätte von Riesen und Zwergen oder von Thor mit seinem Hammer. Doch bedeutete dieses bewußt eingeführte »Liebäugeln« die Hinführung zu einem germanisch-heidnischen Gottesglauben. Eine »völkische Religion« sollte entstehen mit Hitler als symbolträchtiger Figur. Odin und Freya waren nur Bilder von starken nordischen Menschen. Die »Erderneuerung wie ein junggeboren Kind« im ersten Lied bedeutete eine Entthronung des geborenen Jesus. Hier zwei Eddasprüche:

Besitz stirbt,
Sippen sterben,
Du selbst stirbst wie sie.
Eins weiß ich, was ewig lebt:
Der Toten Tatenruhm.

Alles ist besser
als Wankelmut.

Diese Feiern waren von kleinen Kreisen, zwanzig bis fünfundzwanzig Leuten, aufgezogen und galten auch als Zeichen der »Volksgemeinschaft«. Aber seien wir ehrlich: Die meisten ließen die markigen Sprüche über sich ergehen; wichtig waren das herrliche große Feuer, die Kälte, der weite Himmel und die Gemeinsamkeit.

1936
Hitlers Erfolge – die Ansteckung geht weiter

Da der französisch-russische Beistandspakt vom Mai 1935 dem Locarnovertrag widerspreche und gegen das Deutsche Reich gerichtet sei, kündigt Hitler im März den Locarno-Vertrag auf und läßt seine Soldaten in die entmilitarisierte Rheinlandzone einmarschieren, wodurch er die volle Souveränität wiederherstellt.

Am 24. August wird die im Jahr zuvor eingeführte allgemeine Wehrpflicht auf zwei Jahre verlängert, »weil die sowjetische Armee Angriffe übt«. Im September verkündet Hitler beim Reichsparteitag: »Wir haben keine Angst vor einer bolschewistischen Invasion, weil wir entschlossen sind, die Nation so stark zu machen, daß sie jeden Angriff abwehren kann.« Goebbels ruft dem Ausland zu: »Europa erwache!«

Die *Olympischen Spiele* ab 1. August in Berlin rufen einen wahren Begeisterungsrausch hervor, hatten wir doch Erfolg, und waren all die vielen Sportler aus aller Welt nach Berlin gekommen und an Hitler grüßend vorbeimarschiert.

Im Herbst sucht Ribbentrop als Botschafter in London ein deutsch-englisches Bündnis zu erreichen. Er erklärt: »Der Führer ist überzeugt, daß es für Europa, ebenso wie für das britische Empire, nur eine Gefahr gibt, und das ist die Ausbreitung des Kommunismus [...] Eine engere Zusammenarbeit zwischen unseren beiden Ländern ist nicht nur wichtig, sondern eine dringende Notwendigkeit in dem gemeinsamen Kampf für die Erhaltung unserer Zivilisation und Kultur.«[7]

Hitler rüstet forciert auf (Autobahn, Luftwaffe). Opel und Ford bauen Panzer mit amerikanischen Krediten. IG Farben stellt Ersatz-Benzin her.

Am 17. Juni wird Himmler Chef der Polizei, die sich in Ordnungspolizei und Sicherheitspolizei aufteilt. Die Sicherheitspolizei SD wiederum wird aufgeteilt in Kriminalpolizei und in die Geheime

Staatspolizei unter Heydrich. Nachdem Hitler sein Versprechen, die Arbeitslosigkeit zu beseitigen, erfüllt hat (1933 hatte es 7,89 Mio. Arbeitslose gegeben), wächst das Vertrauen unter den Arbeitern; viele melden sich als Parteianwärter an, denn wenn man vorankommen will, muß man dabei sein.

Der Chef des KZ Dachau, Eicke, wird beauftragt, weitere KZ einzurichten. 1934–1937 werden unliebsame Bürger in Massen verhaftet. (1933–1945 werden 3 Mio. Deutsche inhaftiert.)

Widerstand: Die große norddeutsche Widerstandsgruppe »Sozialistische Front« wird zerschlagen. Bis Mai 1936 über 7000 Festnahmen aus politischen Gründen.

Die *Bekennende Kirche* richtet an Pfingsten 1936 eine Denkschrift an Hitler persönlich: »Wenn Blut, Rasse, Volkstum und Ehre den Rang von Ewigkeitswerten erhalten, so wird der evangelische Christ durch das erste Gebot gezwungen, diese Bewertung abzulehnen [...] Wenn dem Christen ein Antisemitismus aufgedrängt wird, so steht für ihn dagegen das christliche Gebot der Nächstenliebe [...] Wir protestieren gegen die Beschwerung des Gewissens durch Antisemitismus, Rechtlosigkeit, Mißbrauch des Eids.« Der vermutliche Verfasser, Friedrich Weissler, wurde in Sachsenhausen ermordet.[8]

Als Hitler in die entmilitarisierte Rheinlandzone einmarschierte, waren die Tage voller Spannung, voll von Angst, es könnte Krieg geben. Man war nicht erschrocken darüber, daß Hitler vertragsbrüchig war, sondern man empfand Genugtuung darüber, daß Hitler ein Unrecht zurechtgerückt hatte. So wirkte der verlorene Erste Weltkrieg mit dem im Versailler Vertrag erzwungenen Eingeständnis der Alleinschuld Deutschlands und mit den überzogenen Reparationszahlungen zugunsten Hitlers und später noch weit hinein in den Zweiten Weltkrieg. »Friede, Friede« tönte es. Der uralte Zwist mit Frankreich um den Rhein sei endlich begraben und ein neues Europa sei im Entstehen. Man ließ die Glocken läuten, und bei der darauffolgenden Volksbefragung, die Hitler mit diesem außenpolitischen Erfolg verband, erhielt er – angeblich – neunundneunzig Prozent Ja-Stimmen. Im Zusammenhang mit »Versailles« eine

Aussage Lloyd Georges gegenüber Lord Ridell 1919: »Die Wahrheit ist, daß wir [Briten] uns durchgesetzt haben. Das meiste, darauf wir aus waren, ist uns zugefallen. Die deutschen Kriegsschiffe sind ausgeliefert, die deutschen Handelsschiffe sind abgeliefert, die deutschen Kolonien haben aufgehört zu sein; der eine unserer Hauptwettbewerber im Handel ist zum Krüppel geschlagen.«[9]

Nachdem im März 1935 die *allgemeine Wehrpflicht* eingeführt worden war, muß es im Jahr 1936 gewesen sein, als Ulm »die Ehre hatte«, von Hitler besucht zu werden. Er wollte einem Manöver auf der Ulmer Alb, dem »Lerchenfeld«, beiwohnen. Er logierte im vornehmsten Hotel, dem »Russischen Hof« am Bahnhofsplatz. Da wir gegenüber dem Bahnhof auf der anderen Seite der Bahnanlagen wohnten, hörten wir wildes Geschrei: »Wir wollen unseren Führer sehen!« Neugierig bestieg ich zusammen mit meinem Bruder Hans den Steg, der über die Bahnanlagen führte, und sah von oben herunter auf den dicht bevölkerten Platz und die schreienden Menschen. Unsere Kuckucksuhr kam mir in den Sinn. Wie der Kuckuck aus dem aufgeklappten Laden erscheint, mit den Flügeln schlägt, schreit und wieder verschwindet, so erschien Hitler auf dem Balkon des Hotels, zeigte sich grüßend der begeisterten Menge, verschwand, um nach einiger Zeit, von hysterischen Rufen aufgefordert, noch mehrmals zu erscheinen. Es war ein Ereignis, das mir fremd, halb lächerlich und halb beängstigend erschien. Es war mein erstes Erlebnis von Massenhysterie.

Im Dezember 1936 wurde die HJ zur »Staatsjugend« erklärt, d.h. jeder Schüler unter vierzehn Jahren hatte samstags halbtägig zunächst morgens, später nachmittags »zum Dienst anzutreten«. Die älteren Schüler sowie die Lehrlinge, die sogenannten Jungarbeiter, hatten einmal wöchentlich abends und zusätzlich 14tägig am Sonntag Dienst, vornehmlich zur Zeit der Gottesdienste. In Ulm konnte man ohne HJ-Ausweis und SA-Wehrsportabzeichen kein Abitur machen. Mit der Macht der Partei aber und dem aufkommendem Zwang hatte sich die

Qualität der vielen Führer verschlechtert, und die Begeisterung mancher früh Eingetretener war allmählich der Kritik gewichen. Auch ich entdeckte nach ein bis zwei Jahren, daß die Menschen Spielbälle der Macht geworden waren, daß sie an der Nase herumgeführt wurden, und der naive Idealismus vieler Jugendlicher ausgenutzt wurde. Ich bewunderte später die beiden Freunde Werner Scholl und Otl Aicher, die tatsächlich, circa 1941, aufs Abiturpapier verzichteten. In anderen Städten mag es weniger rigoros zugegangen sein. So konnte der später hingerichtete Freund von Hans Scholl, Willi Graf, der nie in der HJ war, dennoch in Saarbrücken Abitur machen. Ulm, mit Kreisleiter Maier und Polizeidirektor Dreher, war eben eine »Nationalsozialistische Hochburg«.

Wir jungen, kritischen Fünfzehnjährigen wußten nichts von wirtschaftlichen Schwierigkeiten, deutscher Enge und Bedrängnis, wie es die Vätergeneration beurteilen konnte, wir fanden den Slogan »Volk ohne Raum«, der ständig von Partei und Presse benutzt wurde, unmoralisch. Hitler suchte nicht die alten Kolonien wiederzugewinnen, er suchte Raum im Osten, und das hieß doch: zu nehmen und andere zu unterdrücken oder zu vertreiben, so dachten wir. Auch Offiziere erhofften sich für ihre zum Teil großen Familien »ein Gut im Osten«. »Wir benötigen Platz!« hieß es ganz offen. Gleichzeitig aber wurde Kinderreichtum gefördert durch Propaganda, durch Steuererlaß und durch feierliche Ehrung kinderreicher Mütter. Eine solche Ehrung habe ich miterlebt, wiederum in der »Dürftigen Stube«. BDM-Sprecherinnen verkündeten Dichterworte, Lob der Mütter, man hörte hehre Worte von Mutterliebe und von treuen Kindern und froher Lebensbejahung. Da saßen nun alte Bäuerinnen in ihren Trachten, die roten abgearbeiteten Hände im Schoß, und wurden bei Kerzenlicht zum ersten Mal in ihrem Leben geehrt mit lobender Ansprache, mit Musik und mit einem an die Brust gehefteten Ehrenkreuz, dem sogenannten »Mutterkreuz«, und wozu? Wie Schuppen fiel es mir von den Augen: »Kinder her«, damit der Staat eines Tages genügend

Soldaten aufbieten kann. War das nicht eine scheußliche Heuchelei?

In diesem Jahr wurde ich gemeinsam mit Peter konfirmiert. Damals zogen etwa sechzig Konfirmanden feierlich hinter ihrem Pfarrer in die Kirche ein; daß jeder der Konfirmanden einige Sätze aus Luthers Großem Katechismus aufsagen mußte, bildete kein Problem. Auch Sofie wurde gemeinsam mit ihrem Bruder Werner konfirmiert und trug dabei, wie viele andere, die JM-Uniform.

Nicht nur des Inhalts wegen, mehr um die geschwollene Sprache dieser Zeit zu zeigen, zitiere ich aus Frenssen »Glaube der Nordmark«:

> »Die christlichen Predigten und Gesänge lieben Gott zu verkünden, als säße er auf einem hohen Stuhl und habe seine Freude an Harfen und Liedern lebender und toter Seelen. Dieser Gott, so fühlen wir, ist nicht der unsere. Eher ist er uns ein kraftvoller Jüngling, frisch und herrlich tätig Tag und Nacht, dem von schaffender, mächtiger Arbeit der Schweiß auf der Stirn steht, oder ein Alter, Rüstiger, ein Faust in seinen alten Tagen. Ja, ein Bauer und Arbeiter! Ein unermüdlicher Saatbereiter, ein Pflüger, ein Ernteschaffer! Er pflügt tief, und die mächtigen, ewig jungen Pferde, erregt von seinem harten Griff, bäumen sich herrlich, und herber Wind umweht ihn, und über ihn flattern weiße Möwen, zu fressen was der Pflug hochwühlt. Ja, er pflügt tief und stark; er reißt Sternfelder auf zu neuen Saaten und seine Saat sind Welten und seine Frucht Erden. Und er reißt Völker auf und die einzelnen Menschenherzen. Und seine Saat ist Not, und seine Ernte ist neues Leben und neue Zeit.«

> »In diesen Tagen tritt in Deutschland eine neue Art von Religion auf – jawohl, eine neue Art von Gottgläubigkeit, von Frömmigkeit –, kommt durch einen glühenden Menschen zu Kraft und Macht, gewinnt in fünfzehn Jahren mehr als Dreiviertel des großen Volkes und schafft, zur Macht gekommen, aus dieser Art von Frömmigkeit heraus, für körperliche Gesundheit [...], für wahrhaftige Erziehung und Bildung, für Schönheit und edle Freude, für frühe Ehen, für brüderliche Gerechtigkeit, und mit all diesem für Ehre und Mut, kurz für das, was unserem deutschen Gefühl heilig ist, in vier Jahren mehr, als die katholische Kirche in vierzehnhundert Jahren und die protestantische in vierhundert Jahren geschaffen hat.«

»Die Person Jesu, die, welche im neuen Testament [...] in Erscheinung kommt, ist einem germanischen Gemüt oft nicht edel genug, seine Lehre auch nicht. Wenig oder nichts von der natürlichen Freude und der Verteidigung dieses Lebens, [...] wenig oder nichts vom Lob der Arbeit [...], wenig oder nichts von Gerechtigkeit und Weitherzigkeit gegen Andersgläubige. Wenig oder nichts vom tapferen Widerstand gegen das Minderwertige und Böse. Wie er selbst wirklich gewesen ist und wie er gestorben ist, wissen wir nicht – viele Tausende schlichter deutscher Soldaten haben sich vor Tod und Sterben heldischer erwiesen als der Jesus von Nazareth der Evangelien.«[10]

Solchem Unsinn standen wir in diesen Jahren gegenüber.

Am Ende seines Buches verweist Frenssen auf Werke von Hermann Mandel, Ernst Reventlow, Hans Günther, Alfred Rosenberg, Erich und Mathilde Ludendorff, Wilhelm Hauer. Es waren nicht wenige, die selbstbewußt bezeugten, »Heiden« und »gottgläubig« zu sein. Beteten sie zu Wotan, zu Hitler, oder eben gar nicht? Der Nationalsozialismus wurde für viele zu einer Ersatzreligion, denn die Kirchen konnten viele nicht mehr an sich binden. Die Nazis griffen nach dem ganzen Menschen, verlangten Tugenden, Opfer, Einsatz: Das gefiel! Dort konnte man sich einem Ganzen, der Volksgemeinschaft, zugehörig fühlen, war geborgen wie in einer Festung, durch deren Schießscharten man den (beschränkten) Blick in die Welt nahm. Deutschland, das war der Ring, der das Leben umschloß und ihm Sinn gab. Viele waren es, die später in größter Liebe ihr Leben gaben fürs »heilige Vaterland«. Ich muß betonen: Es gab viel ehrlich empfundene, ehrlich genossene Gemeinschaft.

Wie sehr die Ideen und die Sprache der Nationalsozialisten schon nach dreieinhalb Jahren gang und gäbe waren, zeigt ein Bericht über die Feier zum 250jährigen Bestehen des Eberhard-Ludwigs-Gymnasiums in Stuttgart. Das »Ebelu« war ein altes, hochgeachtetes humanistisches Mustergymnasium. Beim Festakt am 17. Juli 1936 im Festsaal der überfüllten Liederhalle wurde Erwin Guido Kolbenheyers »Deutsches Bekenntnis«, eine chorische Dichtung zu Ehren deutscher Ströme, aufgeführt, das heißt in großen Sprechchören und einer Einzelstimme gesprochen, und mit Chor und Orchester musiziert, wobei der Musiklehrer die Verse für Streicher und Bläser in Musik gesetzt hatte. Hier die Worte des Eingangschors:

Unser Blut hat weite Fahrt:
Schwarze Nacht auf Tageshelle,
Wogensturz auf Wogentürmen,
Schlucht und heiteres Gefälle,
Aber unter Glück und Stürmen
Lebensvoll die Menschenwelle
Wächst und blüht aus deutscher Art
Unser Blut hat weite Fahrt.

[Eine Strophe aus dem Endchor:]

Unser Herz ist deutsche Erde,
Hocherblüht in Lebensflammen.
Unser Geist im Jugendwehen
Deutscher Landschaft, deutscher Stürme
Lebt die Not, aus Gott zu stammen,
Lebt die Lust, aus Gott zu stammen,
Überbraust der Schöpfung Türme,
Läßt das Meer in Wogen gehen.
Und die Fluten unsres Blutes
Sind genährt aus deutschen Quellen,
Und sie tragen das Verlangen
Unsrer Flüsse, Ströme, Meere,
Zu bedrängen Deich und Wehre,
Zu erfüllen durst'ge Leere,
Und mit ihrer Kraft zu stillen,
Was in lechzendem Empfangen,
Bebend nach der Fruchtungswelle,
Trinken kann den Schöpferwillen.

Die städtischen und akademischen Tübinger und Stuttgarter Honoratioren hörten alle diesem Unsinn zu, und die Schüler waren in wenigen Jahren die Soldaten Adolf Hitlers. Wie war es nur möglich, daß die Ansteckung so rasch vor sich ging?

1937
Gefesselt von der entfesselten Propaganda

Am 30.1. gibt Hitler die Annullierung der Unterschrift unter den Versailler Vertrag bekannt.

Mai: Nach der Abdankung König Eduard VIII. (10. Dezember 1936) wird in Großbritannien Georg VI. gekrönt. Unter ihm und mit Eden und Vansittart im Foreign Office wird bald klar, daß Ribbentrops Annäherungsversuche keinen Erfolg haben würden. England fürchtet um das europäische Gleichgewicht.

19. Juli bis 30. November: Ausstellung »Entartete Kunst« in München, später in Berlin und anderen Städten.

5. Oktober: Roosevelts »Quarantänerede«; der Patient (Deutschland, Japan, Italien) muß unter Quarantäne gestellt, d.h. eingekreist und isoliert werden. Amerika beginnt zu rüsten.

Am 5. November: Besprechung Hitlers mit dem Außenminister, dem Kriegsminister, Botschafter Ribbentrop und den Befehlshabern der drei Wehrmachtsteile. »Die Raumfrage muß mit Gewalt gelöst werden.« Es existiert ein aus dem Gedächtnis aufgezeichnetes Protokoll des Obersten *Hossbach.* Die Gegner dieses Plans, v. Blomberg und Fritsch, werden im Februar 1938 entlassen, Botschafter Ribbentrop übernimmt ab 4.2.1938 das Außenministerium.

Am 7. November bildet Hitler das Dreieck Berlin–Rom–Tokio. Lord Halifax besucht Hitler auf dem Obersalzberg. Keine Fortschritte.

Zum Jahresende analysiert Ribbentrop in zwei Berichten die englische Politik; seine Ansicht: Mit einem Einmarsch in Prag würde das europäische Gleichgewicht gestört werden; England würde alles tun, um den deutschen Einfluß auf dem Kontinent zu mindern.

In *Württemberg*, wohl auch in anderen Ländern, werden mit wenigen Ausnahmen wie Stuttgart, Ulm, Tübingen, Korntal und den ev. Seminaren die Gymnasien, d.h. damals die Latein und Griechisch lehrenden Schulen, abgeschafft zugunsten des Einheitstyps Oberschule, wo man auf keinen Fall Griechisch, Latein nur noch bisweilen und nur bis zum kleinen Latinum lernen durfte. Freiwilliges Latein wurde gestrichen. Zu den verbliebenen humanistischen Gymnasien bleibt Mädchen der Zutritt meistens verboten.

Ulm. Im Dezember große Verdunklungsübung mit Leuchtkörpern. Schießübungen und Geländedienst in der HJ.

Kirche: Es erscheint eine päpstliche Enzyklika von Papst Pius XI. gegen die Rassenideologie: »Mit brennender Sorge ...« Denjenigen Theologen, die das Treuegelöbnis auf Hitler nicht abgegeben haben, wird der Religionsunterricht in den Schulen entzogen. Niemöller und andere Theologen verschwinden im KZ. Die Predigerseminare (Bonhoeffer leitete ein solches), die Lehr-, Studenten- und Prüfungsämter, Kurse und Freizeiten der *Bekennenden Kirche* werden durch Heydrich verboten. Der Berliner katholische Bischof v. Preysing ist überzeugt, daß die Kompromissbereitschaft falsch ist und aufgegeben werden muß und legt seine Ansichten für eine Bischofskonferenz am 17. Oktober in einer Denkschrift dar. Er meint, der Vernichtungskampf gegen die Kirche sei von Hitler inspiriert und werde von ihm gutgeheißen. Er bleibt aber ein hoffnungsloser einsamer Rufer unter seinen Bischöfen.

Widerstand: Wirtschaftsminister *Schacht* sowie Leipzigs Oberbürgermeister *Goerdeler*, die beide Hitler anfangs begrüßt hatten, treten von ihren Ämtern zurück. Goerdeler beginnt in unzähligen Reisen vor Hitler zu warnen, in England Festigkeit anzumahnen und – höchst riskant – zu Hause konservative Widerständler zu stärken und zu verbinden. Freilich war an eine Organisation oder gar an Macht nicht zu denken, denn einzig die Wehrmacht hatte die Möglichkeit zu Gewalt. Niemöller wird inhaftiert bis 1945; eine Widerstandsorganisation um Ernst Niekisch und Joseph Drexel in verschiedenen Städten wird zerschlagen.

Nachdem am 1. Mai 1937 die Aufnahmesperre in die NSDAP aufgehoben wurde, konnten alle, die seit 1933 Anwärter waren, endlich eintreten und mit ihnen viele weitere. Ein Musizierfreund unserer Eltern, Historiker und Altphilologe an unserer Schule, dem auch ich nahestand, trat der NSDAP bei, was mich erstaunte. Er erklärte mir: »Alles in allem ist es eine gute Sache. Vor allem freut es mich, daß es jetzt dem Arbeiter besser geht. In die Partei gehören mehr Intellektuelle, es sind zu viele Rabauken dabei. Deshalb will ich mitmachen.«

In der Öffentlichkeit herrschte durchaus noch die Meinung, mit Hitler sei der rechte Mann am rechten Ort. Der losgebrochene unglaubliche Elan des Neubeginns war 1937 durchaus noch lebendig, die Atmosphäre war die eines kraftvollen Vorwärtsschreitens. Was verquer ging, und was sich bei der Führung in Berlin ereignete, erfuhr der Bürger nicht, so wenig wie die wirklichen Pläne der Regierung, die Hitler in seinen aufgedunsenen Reden auf seine Weise dem Volk darlegte. Ebenso wie die Jugend wurde der Arbeiter in seinem Ansehen mächtig gehoben – war doch die NSDAP vor allem eine Arbeiterpartei. Es war zum Lachen: *Alles bestand schließlich aus Arbeitern*! Da gab es Arbeiter der Hand, das waren Bauern, Handwerker und Fabrikarbeiter: »*Ehre jeder Hand mit Schwielen!*« Die Arbeiter der Faust waren die Soldaten, die Arbeiter des Geistes wurden nicht durch ein Schlagwort beehrt.

Die Partei hatte das absolute Meinungsmonopol. Langsam und zuverlässig wurde das ganze Volk durch Schulung, heftige, gezielte und gelenkte Propaganda in den Zeitungen und im Radio sowie in den Reden bei öffentlichen Veranstaltungen, durch Reklamespots und durch strenge Abschottung nach außen eingenebelt, eingewickelt wie eine Schmetterlingspuppe, ja geradezu umgeformt. In unserem heutigen Zeitalter der weltweiten Information läßt sich dieser Zustand kaum vorstellen. Immer mehr diente alles, was durch die Partei geschah – und es gab ja sehr viel Positives – ihrer Stärkung, und jede Kritik wurde durch harte Zwangsmaßnahmen unterdrückt.

Außer durch Angst war man auch durch falsche Ideale gefesselt, die dem Bürger eingehämmert wurden, deren Falschheit er fühlte, jedoch nicht klar durchschauen konnte. Wer PG, also Parteigenosse war, mußte sich bald verstrickt fühlen in ein Netz von Halbwahrheiten, Lügen und Kompromissen. »Halt dei Gosch, sonsch kommsch nach Dachau!« war eine gängige Warnung, wobei niemand wußte, wie es dort zuging, denn diejenigen, die zurückkamen, schwiegen wie ein Grab. Der Maler Otto Schenk, der im Ulmer KZ Oberer Kuhberg war, berichtete, jeder entlassene KZ-Häftling hatte einen Revers zu unterschreiben, mit niemandem zu sprechen über seine Erlebnisse. In unserer Zeit, mit der Möglichkeit, sich umfassend zu informieren, ist der damalige massive Zwang und die informelle Isoliertheit kaum vorstellbar. Es gibt nichts, das zu töricht wäre, daß man es nicht dennoch den Menschen glaubhaft machen könnte durch Propaganda und Terror. Beispiele von Massenverblendung gibt es genug.

Denunziation war eine vaterländische Tugend geworden. Etwas Böses, Schändliches wurde in etwas vermeintlich Gutes verwandelt, in eine Tugend. Die vermeintliche Treue zum Staat ließ Grundloyalitäten, wie die gegenüber Familie und Freunden, zerbrechen. Ohne die vielen Denunzianten hätte die Gestapo keine Erfolge gehabt. Sie bildeten das zweite Standbein der Verfolgung, vor allem später mit Kriegsbeginn.

Im Jahr der Olympiade 1936 hatten sich die Nazis Zurückhaltung gegenüber den Juden auferlegt, es gab weniger Beschimpfungen, keine schweren Repressalien, und an die »Nürnberger Gesetze« hatte man sich scheint's gewöhnt, als eine Art Apartheid – eine Ungeheuerlichkeit, wenn man bedenkt, daß Juden seit Jahrhunderten hier wohnten. So stieß ich in der Stuttgarter Stadtbibliothek in einer Ulmer Chronik auf die erstaunliche Feststellung, daß das älteste Ulmer Judengrab aus dem frühen 13. Jahrhundert stammt. Nun aber, 1937, begannen die jedem bemerkbaren, scheußlichen Beschimpfungen von seiten der Partei, ganz besonders durch den »Stürmer« des Julius Streicher. So beleidigende Worte wie »Halbjude« oder »Vierteljude« wurden allmählich benutzt, ohne daß man sich der Diskriminierung bewußt war, nur weil man täglich solche Worte durch die Partei hörte. Im persönlichen Verkehr jedoch, in unserem Umkreis, auch in unserer Schule hörte ich nie eine abträgliche Bemerkung. Redensarten: »Nur keine jüdische Hast«, oder: »Hier geht's ja zu wie in einer Judenschule« zeigen selbstverständliche Vertrautheit. Die Ulmer Juden waren meist wohlhabende und oft wohltätige Leute. Die Wallersteiner, Klein, Moos, Bernheimer, Einstein, Nathan, Polatschek, Erlanger waren, wenn sie nicht Akademiker waren, angesehene Kaufleute, die ihre Angestellten gut behandelten und keinen Anlaß zu Mißgunst gaben. Ein Judenproblem existierte nicht in Ulm. Doch wenn es irgendwo im Reich Prozesse gab gegen Juden wegen unredlicher Geschäftspraktiken (als ob es die nicht überall gäbe), so wurden sie als Skandale ausgeschlachtet, in der Presse breitgetreten, addiert und dann der jüdischen Minderheit insgesamt zugerechnet. Als ich jedoch 1960 nach 13jährigem Aufenthalt aus der Schweiz nach Württemberg zurükkehrte, wurde oft über diese Fragen diskutiert, und ich hörte – nunmehr *nach* dem Krieg und *nach* dem Holocaust – verschiedentlich heftige antisemitische Äußerungen von Leuten, die sich über jüdische Geschäftspraktiken beklagten. Es ist immer dasselbe: die »Missetaten« einzelner lastet man dem Kollektiv an.

Wir kannten Nathans, das waren ganz normale Menschen wie wir, etwas wohlhabender. Für uns Kinder zeigte sich dies darin, daß es dort am Nachmittag schöne Schneckennudeln gab mit Kakao – eine Mahlzeit, die bei Hirzels übersprungen wurde. Die Kinder trugen stattliche Matrosenanzüge, die gekauft worden waren, während unsere Kleider eine Schneiderin nähte, die ins Haus kam und billiger war. Dr. Nathan war ein angesehener Anwalt, hatte als deutscher Soldat im Ersten Weltkrieg gekämpft; er gehörte auch zu verschiedenen Ulmer Vereinen, so mit seinem Kontrabaß zum Orchester der Ulmer Liedertafel.

Unsere direkten Nachbarn, die Kleiderfabrikanten Dannhauser, waren Buchauer Juden und feierten im Gegensatz zu Nathans den Sabbat. Als einmal einer der Söhne mich ins Haus mitnahm und mir eine Matze anbot, fand ich dieses Passahbrot der Juden schlecht und langweilig, weil es ungesäuert und ohne Salz war. Die Familien Hirzel und Dannhauser pflegten keinen persönlichen Verkehr, man grüßte nachbarlich-freundlich, wußte aber kaum voneinander. Das turbulente Leben unserer Familie erlaubte nur die musikalischen Hobbies; Vater half gelegentlich mit seiner Geige oder Bratsche beim Leberechtquartett aus.

Was mir als früheste Diffamierung begegnete, war ein Schaukasten, der am »Deutschen Haus« in der Bahnhofstraße hing, und in dem spezielle Seiten aus der Zeitschrift »Der Stürmer« zu lesen waren. Dieses Hetzblatt wurde von Julius Streicher, den jedermann als üblen Kerl betrachtete, herausgegeben. In dieser Vitrine waren die Juden als internationale Drahtzieher, als »Kapitalisten« und Menschenschinder, Kinderschänder und Großbetrüger dargestellt. Wenn wir den Heimweg von der Schule nicht durch die Olgastraße, sondern über den Münsterplatz und durch die Hirsch- und Bahnhofstraße nahmen, so wollten wir vor allem beim Hotel Oberpollinger die im dortigen Schaukasten ausgelegten fabelhaften Speisen bewundern: z.B. Fische, mit dicker Buttersoße übergossen, und wenig weiter warfen wir einige Blicke auf den gruseligen Kasten des »Stürmer«, um uns zu entsetzen, denn da waren Dinge zu lesen, die uns absolut neu und interessant waren, und wir empfanden durchaus, daß alles schändlicher Humbug war. Man möchte fragen: »Warum hat denn niemand die Scheiben des Glaskastens eingeschlagen?« Die Antwort ist einfach: Kaum je stand jemand davor, der das Zeug las. Die Erwachsenen schämten sich wohl, derartiges zu lesen, und diejenigen, die sich entrüstet hätten, hatten nicht einmal in erster Linie Angst, sie würden beobachtet und angezeigt werden, sondern sie waren zu brav, sie kamen gar nicht auf derartige Gedanken.

Durch viele Slogans auf Transparenten über Straßen und an Mauern, sollte dem Bürger eingetrichtert werden, es gäbe ein Judenproblem: »Juda verrecke« und »die Juden sind unser

Unglück«. Es war die Partei, die hetzte, und es waren Zeitungsschreiber. Sie schufen zusammen die öffentliche Atmosphäre. Ein ursprüngliches Gefühl des Hasses, das sich auf Erfahrungen gründet, habe ich in Ulm nie erlebt. Vielleicht ist es ein in vielen Menschen schlummerndes Potential von Neid, Mißgunst und niederen Instinkten, das geweckt wird und sich ein Objekt sucht, in diesem Fall die Juden, die durch ihre Begabung, ihren Fleiß und ihren Zusammenhalt vielfach rascher als andere zu Wohlstand und Einfluß gekommen waren. Werden nun die Neider mit massiver Hetze übergossen, was aus politischen Gründen durch die Partei geschah, und aufgefordert zu gemeinsamer Scheußlichkeit, so folgen viele dem Kommando. Was wußten denn die kleinen, spießigen Parteileute, die ihre Pöstchen hatten, von jüdischer Geschichte; welchen verabscheuungswürdigen Juden hatten sie kennengelernt? – Keinen. – Doch sie ließen sich verhetzen und handelten dann auf Kommando. Ich erwähnte schon eine Notiz aus der Ulmer Bilderchronik 1935: Die Partei ist verärgert, »daß es noch nicht gelungen ist, die breite Masse in antisemitischem Sinn zu beeinflussen.« Es war bewußte Taktik, vorhandenen Antisemitismus zu steigern, den Menschen einzuflößen, *es gäbe ein Judenproblem*, sie zu Haß aufzustacheln, ganz besonders die Rabauken, derer sich Hitler von Anfang an bedient hatte.

Ich weiß nicht, was man gegen die Hetze hätte tun können. Nichts hätte genutzt, denn die Stärke der Partei lag in der heranwachsenden Jugend, die dank gewaltiger Propaganda in der Presse und auf der Straße und dank konsequenter Beeinflussung in den Jugendlagern und Heimen an den »Führer« glaubte, und die zusätzlich durch die Elitenerziehung in den nationalpolitischen Erziehungsanstalten auf die Rassenideologie und die »unbedingte Treue zum Führer« eingeschworen wurde und nach wenigen Jahren Karriere machte im Heer, in der SS oder als Parteifunktionäre. Dieser Trieb zum Karrieremachen war gewiß das Motiv zu vielen schlimmen Kompromissen und zu Willfährigkeit. – Da war aber auch Stumpfheit und Gleichgültigkeit. In den ersten Jahren dieser Regierung hätte man durchaus in kleinen Dingen der Hetze widerstehen, in Einzelfällen Mitgefühl zeigen können.

Die allgemeine Atmosphäre des Hasses und Neides äußerte sich auch gegenüber uns Pfarrerskindern, die wir von den Jugendlichen der Nachbarstraße oft genug mit Steinen und Dreck beworfen und unflätig beschimpft wurden. »Weshalb eigentlich«, dachten wir. Es waren frühe Erfahrungen.

Die Darstellung der politischen Vorgänge könnte glauben machen, diese Welt habe im Gegensatz zum Elternhaus großen Eindruck auf mich gemacht. Dies war nicht der Fall. Mein Eigenstes war das Klavierüben am Abend bis in die Nacht hinein vor dem Klavierlämpchen. Weil Vaters Arbeitszimmer über dem Musikzimmer lag, fragte ich ihn einmal, ob er sich nicht gestört fühle. Er meinte: »Das muß ich eben aushalten.« Wenn das Streichquartettspielen bei Hirzels stattfand, hörte ich regelmäßig zu, und als mit Assistenz des Theatersolocellisten Folkmar Längin das Schubertsche Streichquintett gespielt wurde, war ich so hingerissen, daß ich mir wünschte, als Zweitinstrument Cello zu lernen. »Ich kann doch nicht sterben, ohne dies Werk gespielt zu haben und es genau zu kennen«, dachte ich. Es war dann zu Beginn eines Abendspaziergangs, als ich meinen Eltern gegenüber diesen Wunsch äußerte. Beide waren sofort einverstanden, und bereits nach einem Monat besaß ich ein Cello und auch ein Lehrer war gefunden. Wie sehr bewunderte ich die Großmut unserer Eltern!

Zum Familienleben. In diesem Jahr wurde unser Jüngster drei Jahre alt und konnte Schriftdeutsch, das heißt Vorgelesenes, verstehen. So versammelte Mutter am Samstagabend, als die Wohnung geputzt und die Jüngsten gebadet waren, diejenigen der Kinder auf dem Sofa um sich, die gerne zuhörten, und las vor. Zuerst ließen wir uns rühren durch die Erzählungen über »das Heidi« von Johanna Spyri, dann hörten wir viele der schönen Grimmschen Märchen. »Was wollt ihr denn heute hören?«, fragte Mutter, und einer meinte: »Die zwei Brüder« (weil es die längste Geschichte war), ein anderer: »Etwas Lustiges vom Tod.« Ob wir die herrlichen Geschichten von »Nils Holgerssons wunderbarer Reise mit den Wildgänsen« von Selma Lagerlöf gemeinsam zu Ende brachten, weiß ich nicht mehr.

»Die Wälder, die Felder, die Heimat – mein Glück.« Diesen Spruch lasen wir über der Tür eines Hohenloher Bauernhauses. In den nächsten Jahren, als die Größeren an den Sonntagen noch nicht ihren eigenen Interessen nachgingen (reiten, musizieren, ein Boot basteln), unternahmen wir oft und meist mit beiden Eltern große Wanderungen. Im Frühjahr wanderten wir in den Wäldern um Blaubeuren, untersuchten die Ruine des Rusenschlosses und die Höhlen der dortigen Gegend und bewunderten die Tausende von Märzenbechern in den dortigen Wäldern. Oder wir wanderten nach Pappelau nahe Blaubeuren, wo Mutter eine große Wiese kannte, die durch viele »Bauernbüble« (Traubenhyazinthen) blau schimmerte. Kamen wir müde und hungrig nach Hause, so wurden immer zuerst die vielen mitgebrachten Blumen versorgt.

Im Herbst machten wir uns mit Papiertüten und Küchenmessern auf den Weg zum Pilzesammeln: Champignons auf den mit kargem Gras bewachsenen Hügeln bei Mähringen; und zu weit üppigerer Ernte in den »Klassenhardter Wald«, der südlich Neu-Ulm in Bayern auf der rechten Seite der Donau liegt. Er war als Munitionslager militärisches Sperrgebiet und der Zutritt streng verboten, so daß dort die Pilze von Sammlern ungestört wuchern konnten. Wir kletterten alle wie die Räuber über die Zäune und entdeckten im dämmerigen Tannenwald, oft in tiefem Moos versteckt, Hunderte von Pilzen: Steinpilze, Schirmpilze, Reizger u.a., die Mutter und Hans gut zu unterscheiden wußten von den giftigen. Entdeckerjubelgeschrei mußte unterdrückt werden, da wir uns ja auf verbotenem Terrain befanden.

Oft wanderten wir in den Tälern und über die Höhen der Alb, in den weiten, halbdämmerigen Hallen der Buchenwälder, an steinigen Äckern vorbei, über Wiesen und Schafweiden, hörten das Rauschen der Baumkronen, entdeckten Scilla, Lerchensporn und Maiblümchen und vesperten auf irgendeinem Felsvorsprung. Trabten wir durch ein Dorf an einem Gasthaus vorbei, so hofften wir, Vater würde einkehren und jedem einen Himbeersaft bestellen. Peter wäre oft lieber zu Hause geblieben, hätte in der Sofaecke gelesen und nebenbei Radiomusik gehört. Doch Mutter meinte, alle sollten raus aus der Bude. Um seinem Ärger Luft zu verschaffen, lief Peter mit einigem Abstand am Ende unseres kleinen »Vereins«, bewarf uns mit Steinchen und – noch besser und falls vorhanden – mit getrockneten Roßbollen. Mutter meinte: »Das kümmert uns nicht. Spätestens nach einer Stunde hat die frische Luft ihre gute Wirkung getan.« Und so war es dann auch.

1938
Jubel und Beklemmung

Februar: *Fritsch* (Oberbefehlshaber des Heeres) wird durch eine Diffamierungskampagne der Gestapo zum Rücktritt gezwungen, mit ihm Kriegsminister von Blomberg. Die Generale treten nicht für Fritsch ein. Das Kriegsministerium wird umgewandelt in das »Oberkommando der Wehrmacht« (OKW), dessen Oberbefehlshaber Hitler wird. An die Stelle des eher gemäßigten Außenministers von Neurath tritt Ribbentrop, der nun die aggressive Außenpolitik Hitlers vertritt. *Becks* Denkschriften verflattern im Wind.

13. März: Österreich wird »angeschlossen«. Begeisterung beiderseits.

August: Hitler gründet die *Waffen-SS,* neben Bodentruppen, Luftwaffe und Marine die vierte Teilstreitkraft; eine Truppe für besonders harte Einsätze, wohl auch erstellt, um gegen einen eventuellen Putsch vorgehen zu können. Hitler hatte zunächst eine ihm persönlich unterstehende Truppe von 120 Mann, die »Stabswache«. Gleich 1933 wurde sie umgewandelt in die »Leibstandarte«, die weder der Polizei noch der Reichswehr unterstand. Seit 1935 konnte dort der Wehrdienst abgeleistet werden. Im August 1938 nun erhielt diese Truppe, die nur Hitler unterstand, den Namen »Waffen-SS« und zählte gegen Ende des Krieges über 900 000 Mann. Die Waffen-SS bestand nicht nur aus Freiwilligen, sondern auch aus Esten, Letten, Reichsdeutschen und Volksdeutschen, die jahrgangsweise einberufen wurden.

Das Heer wird umgebaut: Etwa 60 Offiziere des alten Schlags werden ersetzt durch junge, im neuen Sinn erzogene. Das Heer mit Hitler als Chef ist nun ebenfalls »gleichgeschaltet«. Die Aufrüstung wird forciert. Generalstabschef Beck tritt zurück.

In die neu eingerichteten Produktionsstätten der KZ, vor allem nach Buchenwald, werden über 10 000 »Asoziale«, die man »arbeitsscheu« nennt, eingeliefert: Landstreicher, Bettler, Zigeuner, Zuhälter.

Ab August haben alle männlichen Juden den Beinamen Israel in ihren Dokumenten zu führen, die weiblichen den Beinamen Sarah. Es war der erste Schritt einer Kennzeichnung.

September: Münchener Konferenz mit Chamberlain, Daladier, Mussolini, Hitler. Deutsch-britische Nichtangriffserklärung.

1. Oktober: Einmarsch in das Sudetenland mit Zustimmung Englands, Frankreichs und Italiens, jedoch ohne die Zustimmung der Tschechoslowakei.

9./10. November: Goebbels befiehlt den Parteiorganen ganz kurzfristig die Ausschreitungen gegen die Juden. Insgesamt werden überraschend 191 Synagogen in Brand gesteckt, 76 völlig demoliert, 11 Gemeindehäuser angezündet. 36 Juden kamen ums Leben und 20 000 wurden vorübergehend festgenommen. Bis Spätherbst wandern circa 170 000 Juden aus. Von nun an werden die Juden wirtschaftlich ruiniert, und zwar ganz gesetzlich, auf dem Verordnungsweg: Sie sollten 1 Milliarde als »Sühneleistung« bezahlen. – Da die Ausschreitungen von der Bevölkerung abgelehnt werden, beginnt ein Wandel in der Judenpolitik: Ihre Vertreibung wird gesetzlich festgelegt und lautlos-nüchtern in größter Heimlichkeit durchgeführt, weitab in den Osten.

Der »Jüdische Kulturbund« umfaßte 1937 circa 50 000 Mitglieder. Singer beurteilt jedoch 1938 die künftige Lage mit Besorgnis und will den gesamten Kulturbund in die USA transplantieren und wirbt dort im Oktober 1938 bei jüdischen Organisationen um Unterstützung, jedoch ohne Erfolg. Nach dem November-Pogrom legt Singer die Leitung des Kulturbundes nieder und emigriert nach Holland. Der Rest des Kulturbundes führt noch bis 1941 ein Schattendasein und wird dann durch NS-Befehl aufgelöst.

Kirche: »Wenn die Kirchenleitungen redeten, dann gedachten sie fast nur der getauften Juden und hätten sich doch vor ganz Israel stellen müssen.«[11]

Württemberg: Der katholische Bischof Sproll wird nach Bayern verbannt wegen regimefeindlicher Äußerungen, und weil er den

Reichstagswahlen am 10. April ferngeblieben war. Erst 1946 kann er nach Rottenburg zurückkehren.

Widerstand: Im Zusammenhang mit der Fritsch-Affäre bilden sich militärische und zivile Widerstandsgruppen (Oster, v. Witzleben). *Goerdeler* hält unermüdlich die Verbindung unter den zivilen; *Oster*, Chef der Abwehrzentrale, sucht riskant die Verbindungen zu schaffen zwischen den militärischen und den zivilen Gruppen. Der 21jährige Schweizer Maurice Bavaud wurde wegen seines Attentatsversuchs 1938 am 26. Mai 1941 hingerichtet.

Dieses Jahr brachte ungeheure Ereignisse. Von den *Veränderungen in der Wehrmacht* im Februar etwas erfahren zu haben, kann ich mich nicht erinnern, muß aber hinzufügen, daß ich mich wenig abgegeben habe mit dem »Ulmer Sturm«, da man durch diese Zeitung doch nur Halbwahrheiten und Verdrehungen erfahren konnte. Mit oder ohne Zeitung tappte man im Dunkeln.

Der März begann mit dem »*Anschluß Österreichs*«. Der Einmarsch der Truppen ohne Waffengewalt bedeutete keine Kriegshandlung. Der Jubel, durchs Radio hochgetrieben, fand keine Grenzen. Wie in der Wochenschau zu sehen war, wurden die in Wien einrückenden Truppen und erst recht der »Führer« von der Bevölkerung mit Blumen überschüttet. Hitler zog wie ein Triumphator durch Wien, wo er als junger Mann arm und ohne Erfolg gelebt hatte, und fuhr anschließend im Triumphzug durch österreichische und deutsche Städte. Hitler galt nun als großer Staatsmann auch bei bisher Zurückhaltenden. Auch in Ulm ist die Freude groß. Eine ganze Anzahl waschechter Ulmer hatte durch die Fahrten mit der »Ulmer Schachtel« auf der Donau in Wien gute Freunde gewonnen. So wurde auch dieses Jahr wieder eine Schachtel restauriert, sie fuhr im Herbst mit Blumen geschmückt los.

Am 12. November 1918 hatte Österreichs Nationalversammlung einstimmig beschlossen, Deutsch-Österreich sei Bestandteil einer Deutschen Republik. Doch 1919 wurde im Friedensvertrag von St. Germain dieser Beschluß nur durch Einwirkung Frankreichs aufgehoben, ohne daß die Bevölkerung gefragt worden wäre. Trotzdem stimmten bei Volksabstimmungen 1921 in Tirol und Salzburg neunundneunzig Prozent für den Anschluß. Wien war Jahrhunderte lang die Kaiserstadt des Reichs, man betrachtete die Österreicher als Deutsche ebenso wie die Hessen, Sachsen, Bayern, und die Wochenschau zeigte mit den jubelnden Österreichern, daß sie derselben Meinung waren. Der »Anschluß« erfüllte für viele nur den Beschluß der Österreichischen Nationalversammlung vom 12. November 1918.

Hitler, war er nicht groß? So schien es damals durchaus, denn Hitler hatte einen Schritt vollzogen, den die Menschen wollten. Es gab eine verborgene Übereinstimmung der Wünsche: Die Revision des Versailler Vertrages. Zu »Versailles«: Sämtliche überseeischen Gebiete wurden ohne Befragung der Bevölkerung den Deutschen entrissen, und die dort lebenden Deutschen zur Rückkehr in ihr verkleinertes Land gezwungen. England und Frankreich, die reichen Kolonialisten, teilten sich die Beute und Lloyd George sagte: »unser Hauptwettbewerber im Handel ist zum Krüppel geschlagen.«[12] So kam es, daß Hitler, wenngleich vertragsbrüchig, als Triumphator in Städten und Dörfern besonders Österreichs, aber auch Deutschlands, als »der Mann nach dem Herzen Gottes« empfangen wurde. So ist der Jubel zu verstehen. Nichts hatten wir erfahren über die schmähliche Behandlung der Juden. Hitler nutzte die Begeisterung und forderte am 10. April eine Antwort ein durch eine Volksbefragung (Ja oder Nein), die ihm überwältigende Zustimmung schenkte, angeblich neunundneunzig Prozent. Viele, auch kritische Patrioten waren ihm dankbar. Unser Vater nannte trotz der inneren Reserve gegen das Hitlertum diesen Tag den »schönsten seines Lebens«.

Nun begann Hitlers Aureole immer stärker zu strahlen, immer mehr gute Eigenschaften schrieb ihm die Phantasie der Menschen zu: Hitler, der Tierfreund mit Hund, Hitler, der Kinderfreund, begrüßt Sträuße tragende kleine Mädchen

(»leuchtende Kinderaugen sind Sonnenstrahlen für den Führer«), Hitler, der Vegetarier, der ohne Kaffee und ohne Zigarren lebt. Alle widerstrebenden Kräfte im Volk hatte er vereint, (daß er viele Mißliebige weggeräumt hatte, übersah man), aus Erniedrigung half er zur Wiederaufraffung. Seine Unrechtstaten wurden übersehen, ja, manche glaubten, er wisse gar nicht Bescheid über das, was seine Handlanger in den Kreisen treiben. Auch beim Synagogenbrand später im November unterstellten manche, das sei nicht im Sinne des Führers. »Wenn das der Führer wüßte«, war eine weit verbreitete Redensart.

Das »Lied der Getreuen«, ein Ausschnitt daraus:

Und mögen tausend Menschen vor dir stehen,
so fühlt doch jeder deinen Blick allein
und denkt, es muß für ihn die Stunde sein,
und du willst tief in seine Seele sehen.

Denn in Minuten, wo du bei uns weilst,
erschließen wir dir gerne jedes Tor,
und die Gedanken heben wir empor,
daß du an ihnen besserst und sie feilst.

Du bist so gütig und du bist so groß,
du bist so stark und bist unendlich rein.
Wir legen gerne ohne jeden Schein
vor dir die Einfalt unserer Herzen bloß.

Denn keiner ging noch unbeschenkt von dir,
traf ihn nur einmal deiner Augen Strahl,
wir wissen, du verkündest jedesmal:
Ich bin bei euch – und ihr gehört zu mir.

(aus: Heinrich Hoffmann,
Hitler erobert das deutsche Herz)

Bald nach dem Anschluß trat Himmler in Österreich mit seiner SS auf und mit ihm die Fesselung. Doch wer hörte darüber irgendetwas genaues? Erst nach Kriegsende war zu erfahren, daß Tausende verhaftet worden waren. Allein in Wien, wo der Bevölkerungsanteil der Juden zehn Prozent betrug, wurden circa 3000 Menschen als sogenannte Feinde des Reichs verhaftet, zum Teil schrecklich mißhandelt und gedemütigt (sie standen schon auf den Listen der illegalen Nazis). Der Mob feierte Orgien. Viele flohen in größter Hast, und Egon Friedell stürzte sich aus dem Fenster. Was sagte das Weltgewissen dazu?

Hierzu ein Zitat Churchills über Hitler vom 7. November 1938 in der *Times*: »Ich habe immer gesagt, wäre Großbritannien einmal unterlegen im Kriege, dann hoffe ich, werde sich ein Hitler für uns finden, der uns zurückbringe zu dem uns zustehenden Platz unter den Nationen«[13] (nur Teil des Zitats).

Wenige Jahre später, 1941, stand ich im Briefwechsel mit Clara Schiegg, einer Ulmer Freundin, die gemeinsam mit Sofie und mir im evangelischen Fröbelseminar ausgebildet worden war und nun als Kindergärtnerin im Salzkammergut tätig war. Auf meine Frage, wie den Österreichern die Nazis bekämen, schrieb sie mir: »Die meisten Leute sind hier katholisch, doch wie bei uns, den Schwaben, gehen nur die Alten zur Kirche. Es ist jedoch nicht alles schwarz gesinnt, sondern braun bis zum Herzbeutel. Wie es ganz innen aussieht, läßt sich beim ›Ostmärker‹ nicht ergründen. Die allzu tiefe Unterwürfigkeit kommt aus Angst. Sie denken anders als sie reden. Vier Wochen bin ich nun hier in der Ostmark und noch nicht einer hat über irgend etwas geschimpft und ich bin schon mit vielen Leuten zusammengekommen! Noch nie in meinem Leben habe ich so oft mit ›Heil Hitler‹ gegrüßt. Noch stärker als zu Hause werden die Leute mit NS-Propaganda übergossen, und die Angst ist viel, viel größer als im Altreich. Ich bin also in politischer Beziehung vom Regen in die Traufe gekommen. Während unserer Seminarausbildung in Ulm wollte ich mir keinen Maulkorb umbinden lassen, ähnlich wie Du und Sofie. Aber hier muß ich schweigen, denn ich arbeite in einem nationalsozialistischen Musterbetrieb, der dem Hermann-Göring-Konzern angeschlossen ist. – Abends gehe ich gewöhnlich an den Attersee und träume von zu Hause, von Ulm, wo doch die Welt noch nicht ganz so schief stand. Man muß sich einen Vorraum halten, in dem die unangenehmen Dinge abgefertigt werden. Etwas mehr Wursthaftigkeit täte dir gut. Die Sofie kommt mit ihrer Genialität auch ans Ziel, fragt sich nur, wann und wie!«

Nun einige Worte zu den sogenannten »Wahlen« seit 1933. Zuweilen ist zu hören: »Ihr habt doch bei den Wahlen zu fast 100 Prozent euren Hitler bestätigt!« Richtig, das waren die amtlichen Ergebnisse, nur ist hinzuzufügen: Sicher wurde auch gefälscht, denn die zählenden Blockwarte wollten gute Ergebnisse nach »oben« abliefern. Dennoch: Die Resultate hätten auch ohne Korrekturen nach oben ein kräftiges Ja ergeben. Da es keine Opposition gab, waren diese »Wahlen« nur »Volksbefragungen«. Drei von vier »Wahlen« setzte Hitler nach einem außenpolitischen Erfolg an, nach Maßnahmen, durch die er den Versailler Vertrag revidierte, und die fast jeden Bürger – und das Bürgertum war national – mit Genugtuung und Freude erfüllte: Folge der Clemenceau-Politik. Abgesehen von der ersten »Wahl« am 5. März 1933 und der ersten »Volksbefragung« am 12. November 1933 waren die nächsten drei »Wahlen« (19. August 1934, 28. März 1936 und 10. April 1938) in musterhafter Inszenierung als Treuebekenntnis und gigantisches Dankesfest aufgezogen.

Die erste Wahl am 5. März 1933 hatte zum letzten Mal ein ehrliches Bild der politischen Meinung gegeben: Hitler hatte zusammen mit den Deutsch-Nationalen 52 Prozent erhalten, ohne diese 43,9 Prozent. Danach begann die Arbeit Goebbels' und die rasche »Gleichschaltung«: Nach nur neunzehn Tagen erhielt Hitler mehr als die notwendigen 66 Prozent, um die Weimarer Verfassung durch das Ermächtigungsgesetz außer Kraft zu setzen.

Am 12. November 1933 fand eine »Volksbefragung« statt, an die ich mich nicht mehr erinnern kann. Es handelte sich um die Stellungnahme zum Austritt aus dem Völkerbund und um die Neubildung des Reichstags, der ohnehin nur aus der Einheitspartei NSDAP bestand. Der Völkerbundaustritt sicherte ein gutes Ergebnis. – Der Bischof von Rottenburg, Dr. Sproll, ließ in seinem Wahlaufruf verkünden: »Die deutsche Regierung hat den Völkerbund verlassen, weil er die Gleichberechtigung unseres Volkes vorenthielt [...] Es ergibt sich die vaterländische Pflicht, dem deutschen Vaterland und Volk [...] in der gegenwärtigen Schicksalstunde die Liebe und Treue zu wahren, und am 12. November die Einmütigkeit mit den übrigen Volksgenossen zu beweisen. Dabei vertrauen wir auf des Herrn Reichskanzlers Wort, daß nun unter die für so viele treue Staatsbürger schmerzliche Vergangenheit ein Strich gezogen ist, und das Friedenswerk des Konkordats uns Katholiken unter Ausschluß von Abstrichen, Umdeutungen, und Übergriffen gesichert bleibt.«[14] Das Ergebnis der Wahl im Reich: 92,8 Prozent »Ja«-Stimmen. Die nächsten Wahlen wurden nun von Mal zu Mal pompöser, als riesige Feste aufgezogen, die mit all dem, was mit Hilfe vieler Menschen zustande kommen kann, nicht mehr zu übertreffen waren. Wie schlau wurde doch dem braven Bürger das Fell über den Kopf gezogen. Jedesmal wurde die »Wahl« umgemünzt in ein Dankesfest, und der Bürger durchschaute nicht den Trick. Er wurde geradezu gezwungen zum Dank, zur Freude; weil aber so viel Schönes und Grandioses sich ereignete, freute sich der deutsche Michel und stimmte selbstverständlich mit »Ja«.

Bei der nächsten »Volksbefragung« am 19. August 1934 handelte es sich um die Vereinigung der Ämter des Reichspräsidenten und des Reichskanzlers auf Hitler. In den Tagen vorher gab es vielerlei Appelle gegen die »roten Menschheitsbeglücker« und den »zersetzenden jüdisch-marxistischen Geist«. Höhepunkt in Ulm war ein sogenannter Gemeinschaftsempfang einer Hitlerrede auf dem Münsterplatz. Der evangelische Dekan übersandte dem »Ulmer Sturm« folgenden Text: »Geschlossen und einig steht die evangelische Kirche Deutschlands hinter dem Führer. Sie weiß, was sie ihm verdankt. Sie weiß, was sie ihm schuldig ist. Evangelischen Christen ist der Gehorsam gegen die ihr von Gott gesetzte Obrigkeit ein heiliges Gebot. Gegenüber einer solchen Obrigkeit aber, wie sie im Führer uns geschenkt ist, wird der Gehorsam zur freudigen freiwilligen Gefolgschaft aus innerster Überzeugung, aus warmer Liebe. Ihm geben wir aus vollem Herzen in ganzem Vertrauen unser Ja.« Der Dekan glaubte sicherlich dem feierlichen Versprechen Hitlers am 1. Februar 1933: »Ich werde das Christentum als Basis unserer gesamten Moral in festen Schutz nehmen.« – Im Reich stimmen 89,9 Prozent, in Ulm auch etwa 90 Prozent mit »Ja«. Hitler dankt am nächsten Tag seinem Volk: »Der Kampf um die Staatsgewalt ist mit dem heutigen Tag beendet.« Das heißt, nach eineinhalb Jahren besaß Hitler höchste Machtfülle.

Wie die Pracht der Wahlfeste sich steigerte, war bei der nächsten Volksabstimmung zu erkennen, am 28. März 1936, nachdem am 7. und 8. März das bisher entmilitarisierte Rheingebiet mit 19 Bataillonen und 11 Artillerie-Einheiten belegt worden war, vertragswidrig. In der Reichstagssitzung am 7. März werden dem Kanzler stürmische Ovationen bereitet. Dies bedeutete einen ungeheuren Triumph Hitlers, der da- und dorthin fliegt zu Wahlreden. Die Pressereaktionen in Frankreich sind feindlich, in England gemäßigt, in Amerika bewundernd. Eine Woche vor der am 29. März anberaumten Abstimmung marschieren in Ulm 2000 Buben und Mädchen in breiten Reihen durch die Stadt mit Fahnen, Wimpeln, Trommeln und breiten Spruchbändern: »Eltern denkt an unsere Zukunft.« Man hat Gelegenheit auf dem Münsterplatz vor einem überlebensgroßen Bild des »Führers« Blumen niederzulegen.

Ulmer Bilderchronik:

»Am Vorabend hört eine vieltausendfache Menge auf dem Münsterplatz den großen Zapfenstreich. Am Münster glühen rote Feuer auf, den Turm ziert ein dreifacher Lichterkranz von 900 Glühbirnen. – Am Wahlsonntag herrscht reger Betrieb. Die Schwörglocke [...] ruft von 9–10 zur Abstimmung für den Führer, für Freiheit und gerechten Frieden. Lautsprecher ertönen auf Straßen und Plätzen und bringen die neuesten Meldungen, so auch einen Bericht über die

Propagandafahrt der beiden Zeppeline. Für Kranke und Gebrechliche werden 160 PKW und 50 Motorräder zur Verfügung gestellt. Unzählige Männer und Frauen sind um eine reibungslose Abwicklung aller anfallenden Geschäfte bemüht. 17 Wahlveranstaltungen waren durchgeführt worden [...], 17 000 Plakate wurden angeschlagen, 162 000 Flugblätter verteilt, 3000 m Stoff wurden zu Spruchbändern verarbeitet, 7000 m Girlanden geflochten von Hunderten von BDM-Mädchen; 140 000 Glühlämpchen bezog die Bevölkerung über die Partei zur Beleuchtung der Häuser, die mit 40 000 Fahnen geschmückt waren.«[15]

In den Tagen vor der Wahl wurden im »Ulmer Sturm« die Leistungen Hitlers ausführlich und auch sachlich dargestellt: Der finanzielle Einsatz für die Arbeitsbeschaffung; die schrumpfenden Ausgaben für Arbeitslose und Elende; eine positive Bilanz für die Industriearbeiterschaft; steigende Reichseinnahmen aus Steuern und Zöllen; Maßnahmen zur Rettung des Bauerntums; Zahlen über den Aufstieg von Handel, Verkehr und Industrie; die neue Hoffnung der Menschen drücke sich aus in steigenden Geburtenzahlen, Eheschließungen und Spareinlagen (nach Ulmer Bilderchronik). Kein Zweifel: Der Lebensstandard hatte nach Jahren tiefen Elends sich spürbar erhöht, die Arbeitslosigkeit war so gut wie verschwunden, wir hatten wieder ein Volksheer. – So feierte man ein großes Fest voll Jubel und Zusammengehörigkeitsgefühl, nahezu 100 Prozent gaben ihr »Ja«. Freudige Zustimmung war vorhanden und wurde dazuhin hochgeputscht durch Propaganda.

Die letzte »Volksbefragung« wurde am *10. April 1938* nach dem »Anschluß Österreichs« eingefordert. Abgesehen davon, daß vierzig weiße Brieftauben nach Österreich losgelassen wurden, daß diesmal auch Straßenbahnen mit Girlanden geschmückt waren, daß es Platzkonzerte gab und noch mehr Appelle mit den Rufen: »ein Volk – ein Reich – ein Führer« und »Blut strebt zu Blut«, waren wohl keine weiteren Steigerungsmöglichkeiten mehr da für das große Spektakel; dieselben Register wurden gezogen wie im März 1936. Adolf Hitler hatte diesen Tag den »stolzesten meines Lebens« genannt, und die ungarische Presse schrieb am 13. April 1938: »Deutschland gewann den Weltkrieg.«

Zum Thema Wahlen ist abschließend zu sagen: Viele »deutsche Michel« ließen sich übertölpeln durch die Pracht der Wahlfeste, noch mehr aber, weil sie der hypnotischen Kraft verfielen, über die Hitler gebot. Doch damit ergeben sich die hohen Prozentzahlen nur zum Teil. Hinzu kommen diejenigen, die man schwerlich den deutschen Micheln zurechnen kann. Sie gaben ihr Ja wegen Hitlers *außenpolitischer* Erfolge, begannen an seine Ideale zu glauben, gaben dem Scharlatan die Hand, und immer mehr von ihnen allmählich ihr Herz. Alle zusammen haben durch ihre Zustimmung Hitlers Machtgefühl und -gelüste vergrößert, haben seinen späteren Größenwahn herausgefordert, seine und Himmlers Fäuste gestärkt. Der Führer wurde von Millionen verehrt und geliebt. Nur daraus läßt sich das weit verbreitete, freiwillige, unbelohnte *Denunziantentum* erklären. Wer den Hitlergruß unterließ, wer – in den späteren Kriegsjahren – ohne zwingenden Grund mit Fremdarbeitern redete, wer einer vorbeimarschierenden Kolonne von Fremdarbeitern rasch eine Brotschnitte zuschob, wer »Rundfunkverbrechen« beging, wer gar an der Berechtigung des Krieges oder an seinem Ausgang Zweifel äußerte, konnte mit einer leichten Strafe wegkommen oder in Kriegszeiten bisweilen das Leben verlieren. Was veranlaßte die Menschen, Freunde, Klassenkameraden, einen loyalen Chef, ja nächste Verwandte anzuzeigen? Es war die fanatisierte Dummheit, die charakterlos machte. Man war erfolgreich manipuliert worden.

Im September war die *Sudetenkrise*. Deutsche Kolonisten hatten schon um 1200 das böhmische und mährische Gebirgsland besiedelt, dann nochmals nach dem Dreißigjährigen Krieg, wo diese Gebiete in großem Elend darniederlagen. Die Siedler waren aus dem südlichen, katholischen Deutschland hergerufen worden. Tschechisches Nationalbewußtsein erwachte erst unter Maria Theresia und dauerte aufs heftigste weiter an, durch die

Jahrhunderte. So wurde 1897 sogar das Standrecht verhängt wegen Unruhen und Gewaltakten gegen Juden und Deutsche. Daß die Gegensätze nach der Ausrufung der Tschechoslowakei 1919, wo die Regierung Masaryk-Benesch nicht bereit war, Selbstbestimmung und Autonomie zu gewähren, sich mindern würden, war nicht anzunehmen, und so konnte sogar ein gegenüber Hitler mißtrauischer Deutscher den Meldungen über tschechische Übergriffe gegen die Deutschen, deren Sprecher Konrad Henlein war, Glauben schenken. Die Tschechoslowakei von 1919 war ein von vornherein problematisches Gebilde. Sie umfaßte nur achtundvierzig Prozent Tschechen, aber achtundzwanzig Prozent Deutsche, dreizehn Prozent Slowaken, den Rest bildeten Ungarn, Kroaten, Polen und Juden. Hitler wollte die Sudetendeutschen befreien, sie ins Deutsche Reich wieder eingliedern, d.h. die Gebirgszüge vom Elbdurchbruch bis zur Elbsenkung, nach der die Karpaten beginnen, besetzen; er forderte zunächst die Tschechen auf, diese Gebiete zu räumen, was sie ablehnten.

Von April bis September war die Stimmung bei uns aufs höchste gespannt, in England ebenso. Kriegsangst herrschte bis zum Siedepunkt. Bei der Besprechung mit Chamberlain, dem englischen Ministerpräsidenten, zuerst in Godesberg und dann in München zusammen mit Daladier und Mussolini, hatte man sich geeinigt. Hitler und Chamberlain unterzeichneten eine deutsch-britische Nichtangriffserklärung, sie versprachen, nie wieder gegeneinander Krieg zu führen und schüttelten einander die Hände! Kaum jemand wollte einen Krieg! Hochgefühl und Dankbarkeit bewegte die Gemüter: Man glaubte, Hitler habe sich in gerechter Sache durchgesetzt. Nicht nur Hitler, sondern auch Chamberlain, Daladier und Mussolini hielten es für richtig, den Versailler Vertrag zu revidieren. So wurde über die Köpfe der Tschechen hinweg verfügt, die im Oktober 1919 den Sudeten kein Selbstbestimmungsrecht gewährt, sondern die Gebiete an sich gerissen hatten und mit brutaler Gewalt ihrer Truppen eingerückt waren. Im Einvernehmen mit den europäischen Großmächten, die schon vor der Vertragsunterzeichnung zugestimmt hatten, begann am 1. Oktober 1938 der Einmarsch deutscher Truppen in das Sudetenland, und zwar im Sinne des Selbstbestimmungsrechts. – Hitler hatte außerdem zugesagt, *zusammen mit den Großmächten* für den Restbestand der Tschechoslowakei einzustehen. Doch es sollte anders kommen: Der baldige Bruch des Versprechens 1939 zeigte, daß Zusagen Hitlers und ebenso die der Großmächte keinen Pfifferling wert waren. Doch es ist Chamberlain gelungen, seinem Volk eine Atempause zu verstärktem Rüsten zu verschaffen.

Ab Sommer 1938 reiste eine ganze Reihe Oppositioneller nach London, auch nach Paris, um unnachgiebige Abwehr anzumahnen: Goerdeler, Ewald von Kleist-Schmenzin, Hans Böhm-Tettelbach; Erich und Theo Kordt bemühten sich; auch C.J. Burckhardt wurde eingeschaltet, Adam Trott zu Solz – alles vergebens. Das Auswärtige Amt mit Ernst von Weizsäcker, der Mitglied der SS war und somit sich auf höchst schmalem Grad bewegte, hatte bei der Ermöglichung der Ausreise und bei der genaueren Planung mitgeholfen. Die deutschen Sendboten, die unter größten Gefahren handelten, wurden in London mit äußerster Kälte behandelt. Nach der Münchner »Einigung« herrschte tiefe Enttäuschung, denn es waren alle Vorbereitungen zum Putsch getroffen, der jedoch nur mit Englands Unterstützung durch Hartbleiben und durch öffentliche Brandmarkung Hitlers als Kriegstreiber gelingen konnte. Goerdeler sprach von »glatter Kapitulation«, ebenso in London die Opposition mit Churchill.

Goerdeler war von Juni 1937 bis Ende 1938 zweiundzwanzigmal in westliche Länder gereist. Er hatte vorgeschlagen, das britische Parlament einzuberufen, um das britische Volk in den Stand zu setzen, durch seine demokratisch gewählten Vertreter Hitlers Bluff zu entlarven und ihm zuzurufen: »Bis hierher und nicht weiter!« *Rothfels* zitiert aus einem Brief Goerdelers, 11. Oktober 1938, an einen amerikanischen Freund: »[…] das deutsche Volk wollte keinen Krieg; die Armee würde alles getan haben, ihn zu verhindern, [...] die Welt war rechtzeitig gewarnt und unterrichtet worden. Wenn man die Warnung beachtet und danach gehandelt hätte, würde Deutschland schon heute frei sein von seinem Diktator und sich gegen Mussolini wenden. In wenigen Wochen könnten wir damit beginnen, einen dauernden Weltfrieden zu gestalten.«[16]

Eine Bemerkung Heinz Kühns (aus »Widerstand und Emigration«): »Der deutsche Widerstand paßte nicht zum Konzept der Alliierten.« *Thomas Mann* im amerikanischen Rundfunk (nach Kühn): »Die deutsche Emigration hat ein furchtbares Erleben mit denen gemeinsam, die innerhalb Deutschlands ihre Schmerzen und Hoffnungen teilten: Es war das langsame, bis zum Äußersten immer wieder verleugnete Gewahrwerden der Tatsache, daß wir, die Deutschen der inneren und äußeren Emigration, *Europa*, zu dem wir uns bekannt hatten, und das wir moralisch hinter uns zu haben glaubten, *in Wirklichkeit nicht hinter uns hatten*; daß dieses Europa den mehrmals in so greifbare Nähe gerückten Sturz der nationalsozialistischen Diktatur gar nicht wollte.«

Nun zu den Ereignissen und Folgen der »*Reichspogromnacht*«. Ich zitiere zunächst den britischen Generalkonsul in Frankfurt: »Ich bin überzeugt, daß, wenn die Regierung Deutschlands von der Wahl des Volkes abhinge, die Machthaber, die für diese Schandtaten verantwortlich sind, von einem Sturm der Entrüstung hinweggefegt worden wären, wenn man sie nicht an die Wand gestellt und erschossen hätte.« Und ein SS-Brigadeführer schreibt an Himmler: »Einheimische antisemitische Kräfte wurden während der ersten Stunden veranlaßt, mit Pogromen gegen Juden zu beginnen, ... wenngleich es sich als schwierig erwies, sie dazu zu bringen.«[17] Ich selbst erlebte weder an meiner Schule noch in privaten Kreisen noch bei nachbarlichen Gesprächen Antisemitismus. Die Hetze jedoch durch die Partei wurde allenthalben durchaus wahrgenommen.

Zwei Monate nach dem »Münchner Abkommen«, am 10. November, nachdem einige Skandalprozesse mit Juden kräftig ausgeschlachtet worden waren und ein gutes Jahr lang mit zunehmender Vehemenz über die Juden gelästert worden war (»Betrüger, Schieber, Brunnenvergifter, ewige Kungeler« – »wer beim Juden kauft, ist ein Volksverräter«, »Juda verrecke«), wurde in unserer Stadt um vier Uhr in der Morgenfrühe des 10. November, als die Straßen noch leer waren, die Synagoge in Brand gesteckt. Wie ich vor einigen Tagen von einer bejahrten Ulmerin erfuhr, wurden die Befehle zur Synagogenzerstörung ganz unerwartet und kurzfristig durchgegeben, so daß die zur Tat beauftragten SA-Leute keine Zeit hatten, sich untereinander zu verständigen, ob man eventuell eine Weigerung riskieren könnte. Ich führe den Wortlaut des Fernschreibens an (aus der Stuttgarter Zeitung Nr. 260 aus dem Jahre 1968); dabei ist es interessant zu lesen, daß »Plünderungen und sonstige Ausschreitungen« unterbunden werden sollten:

Berlin Nr. 234 404 9.11. 2355
An alle Stapo-Stellen und Stapo-Leitstellen – An Leiter oder Stellvertreter

Dieses FS ist sofort auf dem schnellsten Wege vorzulegen.
1. Es werden in kürzester Frist in ganz Deutschland Aktionen gegen Juden, insbesondere gegen die Synagogen stattfinden. Sie sind nicht zu stören. Jedoch ist im Benehmen mit der Ordnungspolizei sicherzustellen, daß Plünderungen und sonstige Ausschreitungen unterbunden werden können.
2. Sofern sich in Synagogen wichtiges Archivmaterial befindet, ist dieses durch eine sofortige Maßnahme sicherzustellen.
3. Es ist vorzubereiten die Festnahme von etwa 20 000 bis 30 000 Juden im Reiche. Es sind auszuwählen vor allem vermögende Juden. Nähere Anordnung ergehen noch im Laufe dieser Nacht.
4. Sollten bei den kommenden Aktionen Juden im Besitz von Waffen angetroffen werden, so sind die schärfsten Maßnahmen durchzuführen. Zu den Gesamtaktionen können herangezogen werden Verfügungstruppen der SS sowie allgemeine SS. Durch entsprechende Maßnahmen ist die Führung der Aktionen durch die Stapo auf jeden Fall sicherzustellen.

Zusatz für Stapo Köln:
In der Synagoge Köln befindet sich besonders wichtiges Material. Dies ist durch schnellste Maßnahmen im Benehmen mit SD sofort sicherzustellen.

Gestapo II Müller   Dieses FS ist geheim.

Ich erlebte dieses Ereignis so: Zur ersten Schulstunde betraten einige meiner Klassenkameraden, die vom östlichen Stadtteil her auf die Schule zukamen, das Klassenzimmer und riefen: »Da drüben in der Olgastraße haben sie dem jüdischen Tabakhändler die Scheiben eingeschlagen!« Kein einziger in unserer Klasse billigte dieses Vorgehen; man war empört: »Solch eine Sauerei«! Doch es paßte ja in die längst gewohnte Hetze gegen Juden. Zu Hause beim Mittagessen berichteten dazu meine Brüder, die den Heimweg über den Münsterplatz und die Hirschstraße genommen hatten, wo immer viele Leute unterwegs waren, die *Synagoge* sei angezündet worden; einige Juden habe man brutal aus den Betten geholt, im wasserleeren Weinhofbrunnen, der vor der Synagoge steht, herumgetrieben, verprügelt und blutig geschlagen, woran sich auch einige Umstehende beteiligt hätten. Der Rabbiner Dr. Cohn liege im Krankenhaus. Das waren schlimme Nachrichten! Konrad erfuhr durch einen Klassenkameraden, der in der Nähe der Synagoge wohnte, daß auffallend früh, fast mit Ausbruch des

Die Ulmer Synagoge 1932

Brands, um vier Uhr morgens, die Feuerwehr schon zugegen war, um zu löschen und um zu verhüten, daß das benachbarte Farben- und Lackgeschäft Müller und Feuchter in Brand gerate. Es waren (laut Ulmer Chronik) Leute aus der SA-Standarte 120, die den Befehl erhalten hatten. Zuverlässig weiß ich, daß der SA-Ortsgruppenleiter von Söflingen, einem westlichen Vorort, es gewagt hatte, sich dem Befehl zu verweigern und seine Leute nicht in die Innenstadt geschickt hatte. Daß Zivilisten an den Ausschreitungen beteiligt waren, ist übrigens nicht bewiesen, denn es war der Ulmer SA befohlen worden, in Zivil zu erscheinen; so macht man es, um von »Volkszorn« sprechen zu können. Die Polizei stand dabei und schaute zu.

Und wie war es Dr. August Nathan ergangen? Viele Jahre später erfuhr ich: er wurde in Baden-Baden verhaftet, wo er sich zur Kur befand, und ins KZ Dachau gebracht. Erst nach einem Jahr, als er nachweisen konnte, daß er mit seiner Familie auswandern würde, wurde er entlassen. Er fühlte sich ganz als Deutscher und Ulmer, hatte er doch seine ganze Jugend in Ulm verlebt, die Reifeprüfung am humanistischen Gymnasium abgelegt (unter meinem Großvater Rektor Hirzel), in Tübingen Jura studiert und war im Ersten Weltkrieg mit dem Regiment 120 ins Feld gezogen. Er wurde verwundet, wurde zum Leutnant befördert und mit dem EK I und der württembergischen Verdienstmedaille ausgezeichnet. Jetzt wurde er, *da er Jude war*, aus seinem Regiment und vielen anderen Vereinigungen ausgeschlossen. Erst kurz vor Kriegsbeginn folgte er seinen Kindern nach England.

Peter berichtet über seinen jüdischen Klassenkameraden Erich Nathan: »Er war jahrelang, während wir im Gymnasium waren, mein bester Freund. Die Freundschaft entstand durch die regelmäßigen Fußballspiele auf dem Exerzierplatz in der Friedrichsau. Erich war der unbestrittene Fußballkönig unserer Klasse und organisierte Wettspiele mit anderen Klassen, auch mit Gruppen anderer Schulen und war nebenbei ein besonders begabter Schüler. Der andere ›König‹ war ebenfalls begabt und ein guter Sportler, und als HJ-Führer wohl in eher pflichtgemäßer Gegnerschaft. Zwischen den beiden 14- bis 15jährigen entwickelte sich eines Tages ein heftiger Boxkampf zwischen den Schulbänken, wobei das Wort ›Judenbüble‹ fiel, und der mit einem Remis endete. Als Erich mit seiner Familie auswanderte, begleiteten ihn einige unserer Klasse zum Bahnhof. Ich hörte von seiner Auswanderung erst, als er nicht mehr da war.« Er kam als Flüchtling zunächst auf die Isle of Man, danach in ein kanadisches Flüchtlingslager, wo auch deutsche Kriegsgefangene lebten, was zu üblen Streitigkeiten führte. Als Spectator Sir Alexander Paterson die Zustände sah, konnte er erwirken, daß jüdische Internierte nach England kommen konnten, falls sie in der britischen Armee kämpften. Dies war längst Erichs Wunsch. Er nahm an der Invasion teil als Fallschirmspringer über Caen und wurde schwer verwundet. Wegen besonderer Tapferkeit wurde er zum Offizier befördert. Er fiel im April 1945 bei der Besetzung Deutschlands nahe Osnabrück.

Die Vorstellung, es seien in Ulm johlende Gruppen durch die Stadt gezogen, die da und dort Scheiben jüdischer Geschäfte einschlugen, ist unrichtig. Von einer Pogromstimmung unter der Bevölkerung kann keine Rede sein. Es ist mir auch nicht zu Ohren gekommen, jüdische Wohnungen seien geplündert worden, auch Hitlerjugend war in Ulm nicht beteiligt. Jeder wußte, daß das Radio- und Zeitungsgeschwätz vom »Volkszorn«, der sich Luft gemacht habe wegen dem Pistolenschuß des Herschel Grynszpan, eine böse Lüge war. Der junge polnische Jude, der einen polnischen Paß besaß, war wie seine Eltern aus Deutschland ausgewiesen, jedoch in Polen nicht eingelassen worden. So saßen seine Eltern an der Grenze hoffnungslos fest. In seiner Wut beging er den Mord in Paris an Botschaftsrat Ernst vom Rath, was mit dem deutschen Judentum gar nichts zu tun hatte. Die SA hatte an zwei Geschäften, bei Modehaus Klein in der

Hirschstraße und beim Tabakhändler Fränzel in der Olgastraße die Scheiben eingeschlagen, jedoch nicht geplündert. In jahrelanger »Schulung« und durch öffentliche Hetzpropaganda, die in wahren Kübeln ausgeschüttet wurde, waren manche Leute – hier die SA – verdummt und verroht, sie prügelten und schlugen blutig, zuweilen entgegen den Befehlen von oben. Ihre mit Tressen und »Affenschaukeln« geschmückten Anführer nannte man »Goldfasanen«.

Damals war dem Bürger unbekannt geblieben, wieviele Ulmer Juden verhaftet und nach Dachau gebracht wurden. Heute lese ich: Es waren neunundzwanzig, zwei der Mißhandelten sind gestorben. Diejenigen in Dachau, die nachweisen konnten, daß sie auswandern würden, wurden als erste entlassen. Schließlich kamen alle wieder frei, sofern sie unterschrieben hatten, sie würden auswandern. So war es in Ulm; über andere Städte sollten andere berichten, z.B. über Frankfurt, Berlin, Fürth, wo viel mehr Juden lebten. Der »Ulmer Sturm« schrieb dazu: »Wenn auch die Entjudung in Ulm große Fortschritte gemacht hat, so wollen wir doch durch unsere Disziplin dazu beitragen, daß das restliche jüdische Pack noch rascher unserer Stadt den Rücken kehrt.« Wo blieb die Reaktion der Wehrmacht? Überrascht worden war jedermann durch diesen Coup. Doch hätten nicht im Nachhinein die hohen Offiziere, die nicht geschult aus Ordensburgen kamen, die die Sache verabscheuten, einer wie der andere zurücktreten müssen, in der Soldatenstadt Ulm z.B. der Stadtkommandant?

Dr. Irmgard Schmidt-Sommer aus Stuttgart hat mir zu dieser Frage geschrieben, nachdem sie die erste Auflage des vorliegenden Buches gelesen hatte. Ich zitiere aus ihrem Brief:

> Mein Vater, Oberstleutnant Axel Schmidt (als ehemaliger kaiserlicher Offizier zwangsweise reaktiviert), war als Abteilungskommandeur im Artillerieregiment V in Ulm stationiert. Zusammen mit seinem Vorgesetzten, Generalmajor Karl Adolf Spang, Kommandeur der V. Artilleriedivision, wurden nach dem Judenpogrom in unserer Wohnung, Neutorstraße 15, auch im Namen anderer Offi-

ziere, Protestbriefe verfaßt und an den ›Führer‹, Gauleiter Murr und Kreisleiter Maier geschickt. Sie sind trotz eingehender Suche nicht auffindbar; wahrscheinlich wurden sie vernichtet, um Gegeneinstellungen nicht zu erhalten. Generalmajor Spang hatte die volle Verantwortung für diese Briefe durch seine Unterschrift übernommen mit der Begründung, er habe keine Familie und könne die Folgen tragen. Diese blieben nicht aus: Er wurde im Januar 1939 strafversetzt und von da ab mehrmals an andere Stellen beordert, so daß er sich 1941 bitter bei seinem Vorgesetzten über die entwürdigende Behandlung beklagt hat, vor allem, daß er nicht an die Front käme. Dies geschah 1944 bei der Invasion in der Normandie. Dort geriet er in amerikanische Kriegsgefangenschaft. Diese Angaben habe ich im Militärarchiv Freiburg ermittelt.

Mit der »Reichspogromnacht« hatte sich etwas ganz Wichtiges abgespielt: Die Judenhetze hatte sich in eine exekutive »Säuberung« gewandelt und in eine starke Beraubung des jüdischen Vermögens (zwanzig Prozent). Dieser Raub – ein Gedanke Görings – war vorbereitet worden, indem durch Gesetz vom 26. April 1938 die Juden ihr gesamtes in- und ausländisches Vermögen zu deklarieren hatten. Das Reichsfinanzministerium unter Graf Schwerin von Krosigk begann nun mit den dazugehörigen Behörden eiskalt und gründlich die Bestimmungen auszuarbeiten, und man wartete nur auf einen Anlaß, um sich am Geld dieser unschuldigen Menschen zu vergreifen. Wer die Verordnungen liest, den muß es schaudern.

Der Schuß des Herschel Grynszpan am 7. November bedeutete ein gefundenes Fressen. Bereits am 9. November kommt es auf Initiative von Goebbels zu den bekannten Ausschreitungen zum Entsetzen des Großteils der Bevölkerung. Und schon am 12. November, es war ja alles trefflich vorbereitet, beschließt die Reichsregierung die zu leistende Kontribution von einer Milliarde RM (circa zehn Milliarden DM) »zur Wiederherstellung des Straßenbildes«. Ebenfalls am 12. November erschienen detaillierte Verordnungen zur Ausschaltung der Juden aus dem Wirtschaftsleben. Selbstverständlich machte sich auf und davon wer irgend konnte. Doch wie schwierig war es! Ganz abgesehen vom Abschied von der angestammten Heimat: Im Heimatland benötigte man Geld für eine »Fluchtsteuer«, im Gastland ebenfalls Geld zum Fußfassen, ein Affidavit und die Einreiseerlaubnis der Konsulate, denen Quoten auferlegt waren und die mit Anträgen völlig zugedeckt waren.

Die Kirchen hatten Angst vor Repressalien. Der einzige württembergische Pfarrer, der am Bußtag, 16. November, eine Lippe gewagt hatte, Pfarrer *von Jan* in Oberlenningen, wurde durch ca. 200 angereiste SA-Männer schwer mißhandelt, auf das Dach eines Schuppens geworfen, verhaftet und verurteilt zu 1½ Jahren Gefängnis und danach aus Württemberg verwiesen. Die Strafanzeige des Oberkirchenrats wegen Landfriedensbruchs hatte keinen Erfolg.

Die »Reichskristallnacht« bedeutete *rückblickend* einen Wendepunkt. Die Polizei, die nicht einschritt, sondern dabeistand und zuschaute, und auch die eher zurückhaltenden Kirchen schufen mittelbar Voraussetzungen zum späteren Völkermord, der nicht spontan durchgeführt wurde, sondern vom Staatsapparat, präzis, kalt, lautlos – und von langer Hand geplant, einem Apparat, der *scheinbar* rechtens funktionierte.

Eindrücklicher jedoch als die Zerstörung der Synagoge war für uns die ständige, ordinäre Hetze. Und dann, ganz handgreiflich, der Wegzug unserer Nachbarn Dannhauser, die sich verabschiedeten durch einen kurzen schriftlichen Gruß in unserem Briefkasten. Die einzigen, uns Kindern bekannten Ulmer Juden, Nathans und Dannhausers, emigrierten nach England und Palästina. Als zu hören war, daß Dannhausers sich nach Palästina wandten, meinte Vater, der empört war über die sogenannte Sühneleistung: »Die Juden sollten ihr Palästina wieder erhalten, das ist ihr Land. Aber, wenn sie auswandern, muß man ihnen ihr volles Vermögen lassen und ihnen zusätzlich ein Übergangsgeld zukommen lassen.« Leider haben wir in diesen scheußlichen Tagen weder Dannhausers noch Nathans aufgesucht. Ich erinnere mich an meine Gefühle: Die Peinlichkeit war mir zu groß, es fehlte mir der Mut.

Bei uns und unseren Bekannten herrschte Empörung, Scham, Bedrückung: Wohin geraten wir, was mag noch passieren? Man war schockiert. Vaters Streichquartettfreunde waren ebenso entsetzt wie Frau Maisch. Sich unterhaltende Gruppen auf der Straße gab es nicht, denn Mißtrauen war geboten. Unsere Familie war von zusätzlicher Sorge bewegt: Die Synagoge war eine Kirche, folglich kann auch unsere Kirche einmal angezündet werden! Da ich es verschmähte, dauernd die Zeitung zu lesen und mich in immer derselben Einheitssprache mit Halbwahrheiten und Lügen tränken zu lassen, erfuhr ich nichts über die Zerstörung des Lebens derjenigen Juden, die hier verblieben waren. Ich sah, daß manche jüdischen Geschäfte schließen mußten und bald andere Inhaber hatten. Oftmals registrierte man erst beim Anblick der geschlossenen Läden, daß die Inhaber Juden gewesen sein mußten. Erst recht nichts war zu erfahren, welche Lebensmöglichkeiten denjenigen geblieben waren, die den Sprung ins Ausland nicht vollziehen konnten. *Heute* weiß man, wie in vielen kleinen Dosierungen ihr Lebenskreis beschnitten wurde, erwürgt, bis auch noch im November 1941 ihre Emigration verboten wurde[18] – jetzt waren sie hilflos Ausgelieferte.

Ein klares Bild über den Umfang der Auswanderungen konnte damals niemand gewinnen. Wer von den Juden irgendwie die Möglichkeit hatte, floh. So lebten vor dem Pogrom am 12. Oktober 1938 nur noch 276 Juden in Ulm; und da es so wenige waren, wurde die Synagoge, obwohl ihre Gesamtsubstanz kaum beschädigt war, abgerissen. Nun hatte man die Juden ihrer heiligen Gegenstände und ihrer Kirche beraubt und sie durch Mißhandlungen verängstigt. Dazuhin sollten sie eine Milliarde RM an das Deutsche Reich bezahlen als »Entschädigung«; der Besuch von Theater, Kino, Konzerten wurde ihnen verboten. Es war eine Katastrophe, wie wir *heute* wissen: vor der nächsten. Dies konnte geschehen, weil wir eine Regierung hatten, die nicht austauschbar war, die keine Opposition hatte;

eine Regierung, die die Menschen vom Ausland und seinen Nachrichten absperrte und durch hauseigene Propaganda einwickelte; die sie durch Terror, Rechtsunsicherheit und Meinungsunterdrückung knebelte und verängstigte, ja sogar – weil sie ohnmächtig wurden – teilnahmslos machte.

Das Ausmaß der Vertreibung wurde erst viele Jahre nach Kriegsende bekannt: Es gab im Deutschen Reich 525 000 Juden; sie stellten nicht einmal ein Prozent der Bevölkerung dar. Von 1933 bis 1937 waren 130 000 ausgewandert, 1938 bis 1939 nochmals 118 000, weitere 30 000 konnten gleich nach Kriegsausbruch noch entkommen. 247 000 waren also noch da. – Nach dem Novemberpogrom nahm die Auswanderung fluchtartigen Charakter an. Bis dahin war es noch möglich gewesen, Umzugsgut und Waren im Wert bis zu eintausend Reichsmark mitzunehmen und Schiffskarten in deutschem Geld zu bezahlen. Nun war Deutschland um viele seiner besten Talente gebracht, seien es Wissenschaftler oder Künstler und Literaten. Ich zitiere aus Karl Wolfskehls Versen:

An die Deutschen (1934)

Euer Wandel war der meine,
Eins mit euch auf Hieb und Stich.
Unverbrüchlich was uns eine,
Eins das Große, eins das Kleine:
Ich war deutsch und ich war ich.
Deutscher Gau hat mich geboren,
Deutsches Brot mich speiste gar,
Deutschen Rheines Reben goren
Mir im Blut eintausend Jahr ...

Dein Weg ist nicht mehr der meine,
Teut, dir schwant, erkoren seist
Du am Nordgrat, nicht am Rheine,
Lug sei, was dich andern eine,
Lug das Lamm in Kreuzespeine,
Blut sei Same, Gift der Geist ...[19]

Wolfskehl emigrierte 1934 und starb 1948 blind und vereinsamt auf Neuseeland. Er war ein hochgelehrter Poet, Übersetzer, Kritiker, und Freund Georges.

So deutlich wie im November 1938 hatte das Regime für jeden erkennbar noch nie seinen wahren Charakter gezeigt. Es war keine Frage der Intelligenz, dies zu sehen. Unser Dienstmädchen Rosa, eine einfache Bauerntochter von der Alb, die z.B. nicht zu telefonieren wagte, sagte oft: »Hitler, der Lump!« (Es war damals ein Zeichen von Fortschrittlichkeit, ein Telefon zu besitzen.) Es wurde viel geschimpft in den Familien und unter guten Freunden, von Lehrern in Andeutungen gespottet, nur noch von »Adolf« geredet. Mit vielen Witzen verschaffte man sich Luft. Dennoch wurde überall, auch in den Rüstungsbetrieben, treu und redlich und intensiv gearbeitet, und die Begeisterung der Massen für den »Führer« war auch nicht durch unverhüllte Barbarei zu erschüttern. Wiederum war zu hören: »Wenn das der Führer wüßte«, dazuhin bei noch so nebensächlichen Veranstaltungen der Partei der Slogan: »Führer, wir danken dir«.

Goebbels, der Meister der Manipulation, kannte die Wirkung von *Massensuggestion.* Da fühlt sich der einzelne vervielfacht, bzw. aufgelöst im Ganzen, aller Bindungen enthoben; der kleine Alltag entschwindet, Kritik und Verstand ebenso, und der einzelne wird ein leichtes Opfer für Demagogen. Massenrausch ist steuerbar: Jubel, Empörung, Haß – alles läßt sich herbeizaubern.

Aber da war noch etwas anderes hinzugekommen. Die NSDAP hatte anfangs in wenigen Monaten, geradezu im Sturm die Macht an sich gerissen. Von Anfang an hatte sie mit der SA eine beachtliche streitbare Macht im Staate. Nach dem kraftvollen Beginn, und nachdem tatsächlich, wie versprochen, die schreckliche Arbeitslosigkeit fast ganz besiegt war, traten viele in den Jahren 1935 und 1936 freiwillig der SA bei, wohl weniger aus ideologischen Gründen als aus dem Gefühl heraus: »Da ist Dynamik, mit denen geht es vorwärts.« Manche traten bei, um eine seelische Heimat zu haben, aus einer Art Vereinsmeierei heraus. Nun, 1938, nach einigen weiteren Jahren, war der ganze Staat durchorganisiert in vielen Gruppen, Kreisen gleich, oft in langen Hierarchien. Der großen Pyramide standen Hitler und Himmler vor. Jede NS-Organisation hatte ihre Rangordnung, hatte oft ihre eigene Uniform, was den Trägern schmeichelte. Zum Rudel, gar zum uniformierten, fühlte man sich zugehörig. Da waren die Turner, Motorsportler, die Reiter, Kraftfahrer, Schwimmer, die Kanufahrer, Modellbauer, Lehrer, die Krankenschwestern, Ärzte usf., und prächtige Uniformen allenthalben! Immer mehr Jugendliche hatten irgendeine Funktion, was aber durchaus nicht heißen soll, daß jeder ein überzeugter Nationalsozialist war.

Stolz und vergnügt grüßten bei den 1. Mai-Umzügen die uniformierten Gruppen die am Straßenrand Stehenden. – Da es Stufenleitern gab mit Vorgesetzten, geriet der einzelne in Abhängigkeit, er konnte getreten werden, aber auch selbst nach unten treten. Man sprach vom »Radfahrer«, der nach unten tritt und – wenn er ehrgeizig ist – nach oben katzbuckelt und sich bei jeder Gelegenheit, etwa durch eine Denunziation, rühmlich hervortut. Es war ein Parteisystem, das automatisch mit jedem Jahr zunehmend den Schlamm von unten nach oben beförderte und den wahren Charakter mancher Menschen erst zur Entfaltung brachte. So war allmählich der Bettelmann aufs Roß gekommen, auch zuweilen der brutale Maulheld. Dazuhin verrohten die Menschen durch die tägliche wüste Judenhetze. Es herrschte die Tyrannei der Gewöhnlichkeit. Bis zur Kenntlichkeit hatte ein Verrat stattgefunden an dem ursprünglichen Ideal, »Qualität in allen Schichten« hervorzubringen. So bestimmte weithin eine pöbelhafte Minderheit den Ton im öffentlichen Leben. Dumme, oft ordinäre und arrogante Sprücheklopfer hatten das Sagen in der Partei und bestimmten zusammen mit Journalisten weithin den Ton im öffentlichen Leben. Es war überall dieselbe Einheitssprache, die sich selbst rühmte und auf andere spuckte und sie bedrohte.

Mit der Einführung des »Staatsjugendtages« Ende 1936 und mit der Pflicht für jeden Jugendlichen, der HJ beizutreten, hatte auch in der HJ die Proletarisierung begonnen. Um ein Beispiel zu geben, erzähle ich, was meine Brüder Hans und Peter kurz vor Kriegsausbruch Ende August 1939 mit Ulmer HJ-Führern in Langenargen erlebten und was 1943 bei den Verhören von Hans durch die Gestapo und durch einen schriftlichen Bericht Peters aktenkundig wurde.

Es gab in der Ulmer HJ eine sehr erfreuliche Institution, nämlich ein Jugendorchester, das ein sympathischer Mann namens Karl Schiller leitete, der seine Sache gut machte. Anstelle des Samstagsdienstes mit Schulung und Exerzieren hatten musizierende Schüler Gelegenheit, diesen Tag mit Orchesterproben – sogar in Zivil – zu verbringen, was meine drei Brüder Peter, Hans und Konrad nutzten. Hans, eigentlich Klavierspieler, war hier Kesselpauker.

Nun der Bericht Peters an die Gestapo 1943:

»Im Sommer 1939 machte das Ulmer HJ-Orchester eine Konzertreise. Dabei benützte es – was das Essen und Schlafen betraf – das Ferienlager Langenargen. Die ›Konzertreisenden‹ wurden von den anderen Jungen dort sofort beneidet und als ›Kulturbolschewisten‹ angefeindet (»Bolschewist« bedeutete seit langem ein Schimpfwort). Um klarzustellen, daß wir der Lagerleitung nicht unterstehen, ging das ganze Orchester nach Zapfenstreich, sehr zum Ärger der Lagerleitung, in die Stadt. Weil Hans wegen Bauchweh allein in den warmen See hinausgelaufen war, wußte er nichts davon und vermutete uns, da er niemanden vorfand beim Rückkehren, im nahen Café. Dorthin folgte mit anderen zusammen der Lagerführer, für den Hans als Pfarrerssohn das richtige Objekt zu sein schien, an dem er seinen Ärger auslassen konnte. Der Lagerführer Eckard war übrigens wegen Schweinereien aus dem Ulmer Gymnasium hinausgeworfen worden und hatte im Dienst stets einen Knüppel bei sich. – Der erste Satz, mit dem mein Bruder angeredet wurde, war eine gemeine Beschimpfung meines Vaters. Hans regte das sehr auf, er blieb aber äußerlich ruhig und begann eine kleine Geschichte zu erzählen: ›Ein Müller hatte drei Söhne ..., der Begabteste wurde Fähnleinführer in Ulm ...‹ Als er gefragt wurde, wo der Witz stecke, sagte er, er habe auch erst nach einiger Zeit gemerkt, daß das ein

Witz sei. Das wurde nun als Beleidigung aller Ulmer Fähnleinsführer aufgefaßt und Hans wurde in einer Weise geprügelt und gewürgt, die nicht als gewöhnliche Keilerei zu werten war. Wochenlang sah man noch die Würgespuren am Hals, und wäre Hans in der Nacht nicht entflohen, und wäre nicht durch den Kriegsausbruch am nächsten Tag alles in den Hintergrund getreten, so wäre er bestimmt nicht ohne ernstliche Verletzungen davongekommen. Obwohl ihm derartiges nur einmal passierte, so war es doch bezeichnend für die Einstellung der HJ gegenüber Hans und mir als Pfarrerssöhnen, die man oft genug zu spüren bekam, und zu der Hans keinen Anlaß gegeben hatte. Sein etwas schwächliches Aussehen und seine geistige Überlegenheit begünstigten die Feindschaft.«

Ein weiteres Beispiel zeigt eine Veranstaltung in Ulm im Jahr 1940, bei der einer jungen Frau öffentlich der Kopf kahl geschoren wurde, weil sie enge Beziehungen zu einem Franzosen unterhielt, der auf ihrem Hof arbeitete. Zunächst wurde sie als Schaustück durch die Stadt geführt; dann hatte sie auf dem Marktplatz vor dem Rathaus auf einem erhöhten hölzernen Podest zu sitzen, so daß Hunderte, die herbeigeströmt waren, den Vorgang miterleben konnten. Fotos dokumentieren dies heute noch. Ein Sondergericht in Geislingen verurteilte sie dazuhin zu einem Jahr Zuchthaus und zwei Jahren Ehrverlust.

Wohl ins Frühjahr 1938 fällt das Ende meiner Zugehörigkeit und Tätigkeit bei den Jungmädeln, die mir, was die Arbeit mit den Kindern betraf, Freude gemacht hatte. Liesel und Sofie Scholl, einige weitere »Führerinnen« und ich wurden in feierlicher Zeremonie in den Räumen der Geschäftsstelle der HJ in der Bockgasse abgesetzt. Den Anlaß bildeten unsere neuen Wimpel, auf die wir nicht, wie üblich, Hakenkreuze, sondern Runen aufgenäht hatten zur Abwechslung und als Nadelstich. Dies bedeutete Verrat. Wir wurden der Treulosigkeit bezichtigt und man sang im geschlossenen Kreis: »Wo wir stehen, steht die Treue ...«

Wo wir stehen, steht die Treue,
unser Schritt ist ihr Befehl,

wir marschieren nach der Fahne,
so marschieren wir nicht fehl.

Wenn wir singen, schweigt die Treue,
sie ist größer als das Lied,
sie trägt schweigend unsre Fahne,
daß sie keiner wanken sieht.

Wenn wir stürmen, singt die Treue,
und ihr Singen zündet an.
Und wir glühen wie die Fahne,
daß ihr jeder folgen kann.

(Hans Baumann)

Gnädig wurde vermerkt durch eine Funktionärin aus Stuttgart, die extra angereist war, wir würden nicht grundsätzlich aus der Hitlerjugend ausgeschlossen, man wolle uns nicht den Lebensweg verbauen, wir dürften fürderhin als »Maiden« dem BDM angehören. Ich fand dies lächerlich und war froh, nichts mehr mit diesen dummen Leuten zu schaffen zu haben. Ich besuchte nun bis zum Abitur die Heimabende einer BDM-Gruppe, die unter der Leitung einer hochgewachsenen »Gisela« mit langen blonden Zöpfen stand. Sie war ein angenehmer, freundlicher Mensch und ließ jede von mir selbst geschriebene Entschuldigung gelten. Ich habe keinerlei Erinnerung an irgendeinen Heimabend.

Erste persönliche Erfahrung von Gewalt bei den Kindern Scholl 1937/38

Am 1. Dezember 1936 war die HJ als einzige Jugendorganisation per Gesetz zur Staatsjugend erklärt worden. Ein knappes Jahr später, im Oktober 1937, wurden alle noch existierenden bündischen Gruppen verboten, und Ende des Jahres die noch bestehenden Reste in einer Aktion wegen »volksfeindlicher Umtriebe« verhaftet, so auch *Hans Scholl* am 13. Dezember

1937 in seiner Cannstatter Kaserne, wo er als Kavalleriesoldat zu dienen hatte. Inge und der jüngste Sohn Werner waren eine Woche lang inhaftiert, auch Sofie kurze Zeit. Mein Klassenkamerad Karl Saur, der der kleinen Gruppe der sogenannten *dj. 1.11.* unter Scholl angehörte, wurde mitten aus dem Unterricht heraus vorübergehend verhaftet. Man stelle sich das vor! Anfang 1938 wurde Hans Scholl aus der Haft entlassen, sein Verfahren im Juli 1938 vor dem Amtsgericht Stuttgart durch Richter Cuhorst niedergeschlagen. Ernst Reden, der der Ulmer Gruppe zugehörte, saß als einziger acht Monate im Gefängnis, anschließend im KZ Welzheim und ist im August 1942 in Rußland gefallen. Sofie hatte mir damals alles genau erzählt, was mich tief betroffen gemacht hatte.

Zur dj. 1.11.: *Tusk*, eigentlich Eberhard Köbel, wurde 1907 in Stuttgart geboren, schloß sich früh den Wandervögeln an und war schon 1928 Gauleiter der »Deutschen Freischar«, einer großen Gruppe, die zur »Bündischen Jugend« gehörte, Nachfolgerin des »Wandervogel«. Am 1. November 1929 spaltete er sich ab, bildete eine Elitegruppe, um mit ihr Volk und Staat zu erneuern. Im Gegensatz zur später eingeführten Hitlerjugend, die Kinder von Arbeitern und eher kleinen Leuten anzog, umgab er sich mit höheren Schülern und Studenten. Auf einer seiner Nordlandreisen hatte er den Namen »Tusk« erhalten. Durch seine Forderungen: bekämpfe den Zeitgeist der Eigensucht und deinen eigenen Egoismus, teile, sei unerschrocken, kämpferisch, schweigsam, bedürfnislos, bilde unermüdlich deine Kräfte aus – durch seinen Elan und begeisternden Charme verbreitete sich seine Bewegung rasch von Stuttgart aus über ganz Deutschland. Es bedeutete ein letztes Aufflackern der deutschen Jugendbewegung. Mir machte Hans Scholls illegale Gruppe damals den wohltuenden Eindruck, politisch uninteressiert zu sein und geistig sehr rege. Immer der Beste und Erste zu sein war der elitäre Anspruch. Sie konnten feiern, aber auch entbehren, sangen Lieder aus der ganzen Welt und wollten sich als ungebundene Weltbürger fühlen. Sie beschäftigten sich mit Literatur und bildender Kunst, nach Möglichkeit auch mit der »entarteten«, der expressionistischen, sie reisten per Autostop durch die Lande, was damals das Allerneueste war und trieben einen gewissen Kult um General Koltschak, der im russischen Bürgerkrieg eine Rolle gespielt hatte. Sie spielten nicht die Klampfe, sondern die Balalaika und nächtigten in runden, schwarzen Zelten, den Koten, die durch ein Feuer innen erwärmt werden konnten, dessen Rauch durch eine Öffnung in der Spitze abziehen konnte. Die Fahrten und Jungenlager bildeten eine große Kraft zur Gemeinsamkeit, schenkten Selbstvertrauen, innere Ordnung und Unabhängigkeit.

1933 wurde die dj. 1.11. liquidiert, d.h. gezwungen, sich in die HJ des Baldur von Schirach einzufügen. Tusk trat eines Tages in die Kommunistische Partei ein, wurde verhaftet und wieder freigelassen, emigrierte nach Schweden und England und starb in der DDR. Er soll auf dem Stuttgarter Pragfriedhof beerdigt sein.

Die Ideen der dj. 1.11. hatten große Bedeutung für alle Scholl-Kinder. So sammelte auch Inge ihre Freundinnen um sich. Wir verehrten Rodin, lasen gemeinsam Rilkes »Kornett«, das »Stundenbuch«, den »Malte Laurids Brigge«, Stefan Zweigs »Sternstunden«, Ernst Wiecherts »Das einfache Leben«, bemühten uns später, etwa 1940, um Jüngers »Marmorklippen«, die heimlich herumgereicht wurden; ein Werk, in dem nebelhaft, geheimnisumwittert gezeigt wird, wie eine Diktatur entsteht und wie Gerüchte ausgestreut werden. Wir lasen auch einmal Ernst Wiecherts Ansprache »An die deutsche Jugend«, die er im Juli 1933 an der Münchner Universität gehalten hatte: »Nicht schweigen, wenn das Gewissen zu reden befiehlt, denn nichts zerfrißt so das Mark eines Menschen wie die Feigheit.« Ich persönlich begeisterte mich an Reisebeschreibungen Kasimir Edschmids, las Fontane, entdeckte Jakob Burckhardt und Shakespeare und hatte viele Anregungen durch den Deutschunterricht meiner Schule. Rilkes »Stundenbuch« erinnert durch seine Titel an ein mittelalterliches Brevier und enthält lauter Gebete.

> ... Wir bauen Bilder vor dir auf wie Wände,
> so daß schon tausend Mauern um dich stehn.
> Denn dich verhüllen unsre frommen Hände,
> so oft dich uns're Herzen offen sehn ...

Nicht nur die Gruppe von Hans Scholl, die ja seit 1933 verboten war, sondern auch der ganze private Kreis um Inge wurde, wie wir meinten, beobachtet. Dabei ist es doch auf der ganzen Welt dasselbe: Junge Leute wollen sich zusammenfinden, miteinander leben und ihre Fragen erörtern. Doch das Besondere dieser Zeit war, daß dies Miteinanderleben verboten war. Es sollten Massenmenschen erzogen werden. Abgesonderte, deren Gedanken nicht gegängelt werden konnten, durfte es nicht geben. Zugegeben, wir wollten uns absondern. Es mißfiel uns das humorlose, seelenlose, großmäulige Getue, der rüde Ton der älteren Führerinnen, die die jüngeren kommandierten, die Selbstbespiegelung und Überheblichkeit. Mir persönlich war es kaum erträglich, daß Frauen andere Frauen kommandierten: »Augen – rechts! Im Gleichschritt – Marsch!« Dem »Führer« wurden allmählich übernatürliche Kräfte zugetraut, er war der Mann mit »schlafwandlerischer Sicherheit«. Der Begriff »Reich« erhielt ein mythisches Gewicht, und die Nazi-Ideologie wurde allmählich zum Religionsersatz, Hitler zum Heilsbringer. Es war aber keine Religion, die vor uns aufgebaut wurde, sondern – Bluff. Wir fühlten, es war eine Welt des Scheins, eine mit Mythos umschleierte Konstruktion. Es gibt eben ein ewiges menschliches Bedürfnis, an Mythen zu glauben.

Die Bande zwischen Sofie und mir wurden nun lockerer. Ich war entschlossen, nach dem Abitur Musik oder Altphilologie zu studieren, war jedoch noch unentschieden. So hatte ich doppelt zu arbeiten: für die Schule und für die Musik. Wichtiger als etwa Rilkes Verse, die mir oft zu weich und verschleiernd klangen, wurde mir die aktive handwerkliche Bemühung um klassische Musik. Anders Sofie. Sie war eng verbunden mit Geschwistern und Freunden und mit ihrer Kindheitsfreundin Lisa. Sie hatte Umgang mit den Ulmer Malern Geyer, Kley, Kneer; sie las viel und kümmerte sich nicht allzusehr um die Schule. Wir wanderten gelegentlich auf der Blaubeurer Alb oder in der Gegend des Hohenstaufen und tauschten dabei unsere Gedanken aus. Was alles sollte sich ereignen in den beiden Jahren der noch verbleibenden Schulzeit! Mit jedem Jahr wurde der Druck von oben stärker und das Gefühl von drohendem Unheil bedrängender. Nicht nur wurde weiterhin gegen die Juden gehetzt, z.B. durch antisemitische Filme wie »Jud Süß« von Veit Harlan und »Die Rothschilds«, 1940. Auch gegen die Polen ging der Haß und – ganz neu – gegen den Bolschewismus als »Weltfeind Nr. 1«, über dessen Charakter wir durch obligaten Klassenbesuch von Wanderausstellungen in Bussen aufgeklärt werden sollten. Da hörten wir von den prophetischen Worten Lenins: »Der erste Weltkrieg gab uns Bolschewisten Rußland, der zweite wird uns Europa geben.« Wir hörten die kommunistische Parole: »Proletarier aller Länder, vereinigt euch!«, hörten von den massenhaften Verschleppungen und Tötungen durch Stalin 1935 bis 1939 und sahen Fotos gequälter Menschen.

Über unsere Schule

Wenn ich an unsere Schule, das humanistische Gymnasium in Ulm, zurückdenke, so kommen mir als erstes die vielen Gefallenen unseres Jahrgangs in den Sinn: Von fünfunddreißig Schülern der beiden Abiturklassen haben vierzehn ihr Leben lassen müssen. Zu den glücklichen Überlebenden der besonders gefährdeten Jahrgänge gehören mein Bruder Hans und seine beiden Freunde Heiner Guter und Franz Müller, was manche ihnen später zum Vorwurf machten. Sie überlebten nicht als Kriegsteilnehmer, sondern in Gefängnissen. Beim zweiten

»Weiße Rose«-Prozeß am 19. April 1943 drohte der Richter Freisler: »An diesem Ulmer Gymnasium ist etwas nicht in Ordnung, dem sollte nachgegangen werden. Doch dies ist nicht Sache des Volksgerichtshofs.« Nun, ein Hort des Widerstands konnte eine Schule nicht sein. Das Schülerleben verlief so gut wie unpolitisch unter Dr. Walter Sontheimer und Dr. Hauser bis zum Jahre 1940, als ein besonders eifriger neuer Rektor namens Hoffmann, ein Neuphilologe, in Aktion trat, den ich aber nicht mehr erlebt habe. – Es gab eine beträchtliche Anzahl von Lehrern, die ihre wahre Gesinnung durchblicken ließen, indem sie beiläufige bissige Bemerkungen gegen das Regime machten und einzelne geschichtliche Fälschungen richtigstellten, obwohl sie, wie die meisten Lehrer, am linken Revers das Parteiabzeichen trugen. Ohne die Zugehörigkeit zur Partei mußten sie fürchten, in ein entferntes Alb- oder Schwarzwalddorf als Volksschullehrer versetzt zu werden. Kaum nötig zu bemerken, daß an unserer Schule keine einzige antisemitische Bemerkung je fiel und jede politische Indoktrination entfiel.

Von *Ruetz*, der, weil er »ein Soze« war, verfrüht in den Ruhestand treten mußte, berichtete ich schon. Der Altsprachler *Alois Wild*, Junggeselle und von umfassender Bildung, sollte des 9. Novembers 1923 gedenken (Tag der »Gefallenen der Bewegung«). »Steht auf! Heute ist ja ein besond're Tag, ihr wißt es ja.« Wir stehen auf, er geht vorne einige Male stumm hin und her, wir wundern uns, einige zwinkern sich vielsagend zu, dann: »Hinsetzen!« Kürzer und verächtlicher konnte er dieses Gedenken nicht abhalten. Da war *Brand*, der, wie jeder wußte, mehrere Monate in einem KZ verbracht hatte und zurückkehren konnte. *Waaser*, Biologielehrer, der als Anthroposoph in steter heimlicher Angst lebte, einer der Schüler würde ihn denunzieren, falls eine unpassende Bemerkung ihm entschlüpfte. *Dr. Stöckle*, katholischer Religionslehrer, in dessen Unterricht – wie unsere Katholiken berichteten –, einmal offen über Tyrannenmord debattiert wurde. Mit Stöckle nah befreundet der unnahbare, gestrenge, aristokratische Mathelehrer *Dr. Neuf-*

fer; beide Junggesellen trugen kein Parteiabzeichen. Dann der katholische Altsprachler *Schwarz*, ein älterer graulockiger Herr, der bereits beim Eintreten ins Klassenzimmer die Finger der linken Hand bei eben den Versen der Odyssee eingeklemmt hatte, die er unverzüglich zu lesen begann, nachdem er zum Hitlergruß knapp ein wenig den rechten Zeigefinger nach oben bewegt und Unverständliches gemurmelt hatte. Erwähnt gehört auch der jüngste Lehrer, der nationalsozialistisch gesinnte *Otto Dinkelacker.* Er war recht beliebt, denn er war immer gut vorbereitet, korrigierte die Arbeiten rasch, war schlagfertig und witzig. Er erzählte nicht nur von den Taten der mittelalterlichen Kaiser, sondern versuchte, soweit es möglich war, die Persönlichkeiten uns vor Augen zu halten. *Hermann Wild* bekannte sich offen als Demokrat. Das Pro und Contra der Lehrer manifestierte sich auch im Besuch der beiden Lehrerzimmer: Die Pros kamen neben dem Rektorat zusammen, die Contras thronten im Lehrerzimmer des obersten Stockwerks. Daß der altsprachliche Unterricht erhalten blieb, ist Rektor *Dr. Sontheimer* zu danken, der deutschnational gesinnt war, aber der NSDAP beitreten und die braune Uniform tragen mußte, um für seine Schule sich einsetzen zu können.

Ich ging gern in meine Schule, denn in den Oberklassen hatten wir gute Lehrer; glücklicherweise hatten meine Eltern mich in die richtige Schule geschickt, denn Sprachen interessierten mich vornehmlich. Deutsch wurde anhand der Literaturgeschichte gelehrt. Die lateinische Sprache gefiel mir durch ihren Klangreichtum, durch die Schönheit der Präzision, es gefiel mir das Auseinanderdröseln der langen beziehungsreichen Sätze. Es faszinierten mich die kurzen geheimnisvollen Sprüche: odi vulgus profanum, suum cuique, sapere aude, mens agitat molem, omnes una manet nox etc. *Dr. Hauser* zeigte uns, indem wir Livius' Beschreibung des Zweiten Punischen Kriegs lasen, das fürchterliche Ringen des Hannibal und seiner Karthager, die nach dem Fall Sagunts von Spanien her loszogen mit 90000 Mann Fußsoldaten, 12000 Reitern und 37 Elefanten, die

die Alpen überquerten, um von Oberitalien aus die Römer überraschend anzugreifen im Bewußtsein, daß im Kampf ums Mittelmeer zwischen Karthago und Rom nur einer übrigbleiben konnte. Welch ein Unternehmen! Rom siegte nicht dank äußerer Stärke, sondern durch seine innere Festigkeit, dank der Bürger, Konsuln, Feldherrn, die sich eins fühlten mit dem Staat. Es siegte mit größten Opfern über ein Söldnerheer und eine reiche Seemacht mit ihrem Hannibal, der eine der größten geschichtlichen Gestalten war, und nach vielen Siegen dennoch der Besiegte. Ich war fasziniert. Mein Wunsch, die wichtigsten Stätten des Kampfes, den Trasumener See und Cannae zu sehen, ging Jahrzehnte später in Erfüllung. – Mit dem Altsprachler *Alois Wild* lasen wir zunächst einen der leichteren Platondialoge, »Kimon«, sowie die »Apologie« des 70jährigen Sokrates. Es waren weihevolle Stunden in trüber Zeit. Mit *Schwarz* lasen wir ein volles Jahr fünf bis sechs Stunden

Vater, der am liebsten auf den schwarzen Tasten spielte.

wöchentlich die Odyssee, und so begegneten wir der wundersamen Nausikaa und dem friedlichen Völkchen der Phäaken auf der Trauminsel Scheria, konnten den »göttlichen Eumäus« kennenlernen, der, obwohl doch ein Sklave und Schweinehirt, edlen idealen Glanz besitzt, sowie die »schönhaarigen Pferde und Schafe« und die würdevolle Eurykleia, die treueste aller Dienerinnen. Alle diese mythischen Urbilder leben nicht im Paradies, sondern man hat das Gefühl, sie lebten hier auf dieser Erde, dabei doch von wunderbarem mythischem Glanz umgeben. Wie schal, häßlich und nichtssagend nahmen sich neben solchen Bildern und solcher Sprache z.B. die Schriftsätze des »Ulmer Sturm« aus oder gar das religiöse Geschwafel eines Gustav Frenssen, der in seinem Buch »Der Glaube der Nordmark« die neue Gottgläubigkeit darlegt, die damals großen Zuspruch fand. Man mag lächeln über diese Gegenüberstellung, doch für uns war sie damals die Wirklichkeit.

Lehrer und Schüler mußten nicht wie heute bestrebt sein, möglichst viele Punkte zu erreichen. Ein »Genügend« genügte in der Tat für jedes Studium. Allerdings erreichten immer jährlich einige nicht das Klassenziel, sie wiederholten dann oder wechselten die Schule. Bei diesem System blieb neben gründlichem Lernen Platz für Schönes und für freiwilliges und begeistertes Lernen. Wo man heute im Griechischen vor allem Prosa liest, weil dies leichter prüfbar ist, durften wir hohe Dichtkunst kennenlernen, und die großen Gestalten der Antike wurden uns vor Augen geführt: Heraklit, Sokrates, Platon, Alexander, Cäsar, der alte Cato, Seneca, Cicero, und selbst für Kunstbetrachtung hatte man Zeit, für die Formen von Tempeln, Säulen und Kapitellen, für Statuen aus allen Epochen. – Und auch die Griechen liebten kurze Sprüche: γνῶθι σεαυτόν und μηδὲν ἄγαν schrieb ich mir auf die Innenseite des Buchdeckels meiner Kägi-Grammatik, um die kostbaren Worte täglich vor Augen zu haben: »Erkenne dich selbst« und »nichts zuviel!«

Im Zeichenunterricht erfuhren wir herzlich wenig über Kunstgeschichte, geschweige über den Expressionismus, denn

Trude Maisch-Schefold (um 1940)

das galt als »entartete Kunst«. Erstaunlicherweise waren Käthe Kollwitz, Gerhard Marks, Albert Scheibe, Fritz Cremer anerkannt, und in Württemberg war man stolz auf Fritz von Graevenitz, den Onkel unseres Altbundespräsidenten Richard von Weizsäcker. Fritz von Graevenitz war Parteigenosse, PG bis 1945, war Leiter einer Bildhauerklasse und 1937 bis 1946 Rektor der Stuttgarter Kunstakademie. Er arbeitete ohne den Ballast aktueller Themen in klaren, durchdachten, sensiblen Formen. – Die Kunst der »Brücke« und des »Blauen Reiters« wurde als »entartet« bezeichnet, und nicht viel anders die nachfolgenden Realisten wie Pankok, Franz Frank und andere. Nolde, der schon 1933 in die Partei eingetreten war, wurde 1937 den »Entarteten« zugeordnet. Daß Künstler ausgegrenzt, verboten waren, erlebte ich eindrücklich, als ich mit Sofie den Grafiker Hans Gassebner besuchte. Er lebte bei einem Albbauern in einem kleinen Zimmer zwischen Bett, Staffelei und

Farbtöpfen. In Ulm waren Kneer und Geyer ausgeschaltet. Als einmal in meiner Schule ein Verlagsvertreter Drucke und Postkarten auf einem der hinteren Tische des Zeichensaals ausbreitete, fand ich die »Blauen Pferde« von Franz Marc, die versehentlich unter die dargebotenen Karten geraten waren. Schnell griff ich zu, eilte überglücklich zu Sofie, um ihr mein Fundstück zu zeigen, das so etwas wie ein Guckloch durch eine Mauer darstellte.

Familiäres

Die äußere Atmosphäre berührte unser *Familienleben* wenig, da es in erster Linie durch die Musik bestimmt war. Ich sehe Peter wie närrisch zu den Schlägen des Metronoms das Perpetuum mobile von Ries üben. Konrad, der bedächtige, traktierte sein Cello, Hans und ich waren Klavierspieler. Es würde zu weit führen, zu berichten über den Klavierunterricht von *Trude Maisch-Schefold.* Doch muß ich erzählen von ihrem Gruppenunterricht, in dem sie vorwegnahm, was vierzig Jahre später durch die Musikschulen und Yamaha eingeführt wurde: musikalisch aufgebauter Unterricht von elementaren musikalischen Vorgängen *in Gruppen.* Es waren rhythmische Übungen und Spiele mit Tamburin und Schellentrommel; wir lernten das Hören von harmonischen Vorgängen, Unterscheiden von Dur und Moll, Unterscheiden von Stilen und Kanon-Singen. Und da unsere geniale Frau Maisch in allen Stilen am Klavier improvisieren konnte, waren es phantasievolle, abwechslungsreiche Stunden. Sie hatte die Ideen zu diesem Unterricht durch Kurse bei dem Rhythmiker und Tänzer Jacques Dalcroze in Genf erhalten.

Ein Fest. Es mag in diesem Jahr gewesen sein, daß Frau Maisch die Eltern ihrer Schüler und einige Freunde in biedermeierlichem Sprachstil einlud zu einem Schülervorspiel in Form einer Schubertiade in den alten Räumen des Oberen Museums. Frau Maisch in schwarzem Hosenanzug als Wiener Professor Sonnleithner empfing zusammen mit seiner Gattin – es war die Violinlehrerin Hedi Kirschmer – die kostümierten Gäste. Der Theaterfrisör bearbeitete die Köpfe der Mädchen, und da wir meist Zöpfe hatten, also lange Haare, hatte er interessante Gestaltungsmöglichkeiten. Die Kostüme stammten ebenfalls vom Theater, und ich kann nicht behaupten, daß ich beim Spielen vierhändiger Brahmswalzer zusammen mit Hans mich in meiner Krinoline und mit meiner Frisur sonderlich glücklich gefühlt hätte, nein, es war gräßlich! Unter den Zuhörern waren auch Beethoven und Schubert, die beide uns lobten; der Musikalienhändler Sailer zeigte sich mit einer Perücke aus langen, roten Haarsträhnen als Rossini. Beim anschließenden Kaffee im Nebenraum, dessen Wände mit Papierblümchen geschmückt waren, hielt unser Vater eine köstliche Rede. Als Pfarrer hatte er es nämlich nicht gewagt, sich wie alle anderen Erwachsenen zu kostümieren. Er bemängelte nun, daß er als einziger in der jetzigen Fastnachtszeit sich verkleidet habe, er stehe da im Gewand des zukünftigen Jahrhunderts, und damit wies er auf seinen Frack, den er den stolzen Spaniern abgeguckt habe. – Nun traten zwei verschiedene Tanzkapellen auf, die im einen Raum mit modernen Tänzen aufspielten, mit Foxtrott, langsamem Walzer, Tango, im anderen Raum für die alte Generation mit Menuetten u.a., die nicht paarweise, sondern in Gruppen getanzt wurden. Der Kaiserwalzer von Johann Strauß mußte unter der Leitung des jungen Musikalienhändlers Nonnenberg mehrmals für alle gemeinsam wiederholt werden.

1939
Im Schlepptau des Angriffskriegs

14./15. März: Hitlers Truppen marschieren in die seit 1919 bestehende Tschechoslowakei ein. Trotz der Garantie der Großmächte will niemand »für die Tschechen sterben«.

20. März: Litauen gibt das Memelland heraus. Deutsche Truppen marschieren ein.

21. März: England gibt Polen ein Beistandsversprechen, gibt also seine Appeasementpolitik auf. 28. April: Hitler kündigt den deutsch-englischen Flottenvertrag. Am 22. Mai Militärpakt mit Italien. Am 23. August Freundschaftsvertrag mit der Sowjetunion; in einem Geheimprotokoll wird Polen aufgeteilt.

1. September: Hitler läßt deutsche Truppen in *Polen* einmarschieren, worauf Frankreich und England Deutschland den Krieg erklären, jedoch Polen militärisch *nicht* unterstützen.

17. September: Die Russen marschieren in Ostpolen ein, wogegen die Alliierten nicht mit einer Kriegserklärung antworten, sondern nur mit einem Protest.

Die letzten *Juden* versuchen aus Deutschland hinauszukommen. Da ihnen oft das Geld fehlt, müssen manche ihre Kinder Hilfsaktionen anvertrauen und fremden Familien im Ankunftsland. »Der Nachrichtendienst der westlichen Alliierten hatte ein recht klares Bild von dem, was während des Kriegs in Deutschland vor sich ging«[20], während der deutsche Bürger registrierte, daß z.B. das Haus des jüdischen Nachbarn leer war, oder daß der Klassenkamerad fehlte. Er mußte annehmen, daß der Nachbar ausgewandert war, was als Ziel dieses Staates ja oft genug proklamiert worden war.

Es wurden in diesem Jahr an Deutschen rund 12 000 politische Todesurteile gefällt. Dazuhin sind bereits in den KZ circa eine Million Menschen durch Erschöpfung, Hunger und Drangsale umgekommen, doch waren die KZ noch nicht die systematisch geplanten Massenvernichtungslager, die sie mit der Wannseekonferenz dann wurden.

Kirche: Im Februar stirbt Pius XI. – Noch am 31. Mai unterzeichnen die evangelischen Bischöfe Marahrens und Wurm ein Schreiben an Reichsminister Kerrl, in dem sie die Nazipolitik der Rassenreinheit ausdrücklich billigen: »Im Bereich des völkischen Lebens ist eine ernste und verantwortungsbewußte Rassenpolitik zur Reinhaltung unseres Volkes erforderlich.« Das Berliner »Büro Pfarrer Grüber«, das Juden bei der Auswanderung hilft, erhält nur private Hilfe.

Widerstand: Das Ziel der militärischen Opposition, einen Krieg zu verhindern, war mit dem Polenkrieg hinfällig. Nach den Ausschreitungen in Polen entstehen *moralische Gründe,* Hitler zu töten. Neue Verschwörer treten zu den alten. Die »Rote Kapelle« bildet sich. – 8. November: Das Attentat des schwäbischen Schreiners Georg Elser im Münchner Bürgerbräukeller mißglückt, weil Hitler überraschend abreist; Elser wird erst 1945 ermordet. – 11. November: Der »Plan von Zossen«, ein Sprengstoffattentat Erich Kordts in Zusammenarbeit mit Brauchitsch, Oster, Halder u.a. schien verraten: Hitler hatte seine Termine geändert. – General Hammerstein, der am 26. Januar 1933 Hindenburg vor einer Kanzlerschaft Hitlers gewarnt hatte, ist bereit, Hitler während eines Frontbesuchs in Polen festzunehmen, doch Hitler sagt überraschend ab. – Trott zu Solz unterrichtet im Sommer die englische Regierung über den deutschen Widerstand. Es wird ihm »eisig« begegnet. Im Oktober gelingt es ihm, die USA trotz der Blockade zu erreichen. »Er wollte der Gleichsetzung zwischen Deutschland und dem Naziregime vorbauen und den Weg für einen Frieden in Vernunft eröffnen.«[21]

Anfang 1939 war deutlich zu spüren, daß ein Krieg vorbereitet wurde. Die Entrümpelung aller Dachböden wurde verlangt, die Volksgasmaske wurde eingeführt, Luftschutzbunker ausgebaut; man wurde aufgerufen, sich Erste-Hilfe-Kursen zu unterziehen. Mit der Ausgabe von Lebensmittelkarten im August war klar, daß der Krieg vor der Tür stand.

Am 26. September 1938 hatte Hitler im Berliner Sportpalast gerufen: »Die Abtretung des Sudetenlandes ist die letzte Revisionsforderung«. Doch im März 1939 brach Hitler das Münchner Abkommen, rückte mit seinen Truppen nach Böhmen, Mähren und in Prag ein. Chamberlain war betrogen, Briten und Franzosen schluckten diesen Vertragsbruch. Hitler wurde von unserer Presse als »genialer Schlafwandler« gefeiert, dem alles »wie im Traume« gelang. Zwar war die Tschechoslowakei nicht erobert, sondern nur verwaltet als Protektorat. Wie das aufgefaßt wurde, zeigten Himmler und Heydrich mit Roland Freisler.

Anlaß zum Einmarsch war ein Konflikt zwischen Tschechen und Slowaken, der als Vorwand diente; doch es war offenkundig, daß Hitler einen Krieg riskierte und als Räuber erschienen war, wennschon er das Land nur verwaltungsmäßig übernommen hatte. Daß auch in diesem neu beherrschten Raum durch den späteren Präsidenten des Volksgerichtshofs, Roland Freisler, die Juden gnadenlos verfolgt wurden, erfuhr die Öffentlichkeit erst nach dem Krieg. – Die Frage nach der Gerechtigkeit dieses Krieges lag in der Luft, und so begann unser damaliger Geschichtslehrer Dr. Hauser, ohne gefragt worden zu sein, von sich aus über andere gewaltsame Landnahmen in der Geschichte zu sprechen: »Kümmert sich heute noch jemand um Englands Kriege gegen Frankreich in Indien, in Amerika (Pitt)? Der fromme Gustav Adolf hatte durchaus nicht nur den Schutz der Protestanten im Sinn, denn im Westfälischen Frieden erhielten die Schweden Vorpommern mit der Odermündung, Wismar, die Herzogtümer Bremen und Verden (Aller- und Wesermündung). Was gingen die Osmanen Syrien, der Balkan mit Istanbul 1453 und Wien an? Was hatte Napoleon zu suchen in Süddeutschland, Ägypten, Russland? Friedrich der Große überfiel Schlesien ohne Grund und wird dennoch verehrt als kluger und gebildeter Herrscher. 1895 bombardierten und besetzten die Franzosen Madagaskar. Ist im höheren Interesse des Staates Expansionismus anzuerkennen?«

Hitlers Geburtstag am 20. April wurde in diesem Jahr zum Nationalfeiertag erklärt. In Ulm fand auf dem Münsterplatz eine Parade der Truppen des Standorts Ulm statt. 1200 politische Leiter wurden vereidigt, und 3000 Parteimitglieder marschierten am Vorabend durch die mit vielen Lichtern geschmückte Stadt. Auch die evangelischen Kirchen in Deutschland feierten kräftig mit durch Glockenläuten, Fürbitte um Gottes Segen: »Gib Gnade, daß sein ganzes Volk immerdar in Treue und Tapferkeit sich um ihn schare, daß unser Heer [...] ihm allezeit freudig diene und daß wir alle [...] sein Werk nach Deinem Willen fördern.«

Die vielen Beistandspakte, all die Erklärungen, Nichtangriffspakte und Militärbündnisse von April bis September 1939 registrierte man dumpf, und die Angst vor einem Krieg wuchs immer mehr. Die Propaganda lehrte uns, wir seien ein gefährdetes Bollwerk gegen den Bolschewismus und wir seien von Feinden umgeben. Ein von der HJ damals oft gesungenes volkstümliches Lied aus dem 17. Jahrhundert lautet:

Wer jetzig Zeiten leben will, muß hab'n starkes Herze.
Es hat der argen Feind so viel, bereiten ihm groß Schmerze.
Da heißt es stehn ganz unverzagt in seiner blanken Wehre,
daß sich der Feind nicht an uns wagt. Es geht um Gut und Ehre.

Geld nur regiert die ganze Welt, dazu verhilft Betrügen;
wer sich sonst noch so redlich hält, muß doch bald unterliegen.
Rechtschaffen hin, rechtschaffen her, das sind nur alte Geigen;
Betrug, Gewalt und List vielmehr, klag du – man wird dir's zeigen.

Doch wie's auch kommt, das arge Spiel, behalt ein tapfers Herze.
Und sind der Feinde noch so viel, verzage nicht im Schmerze!
Steh gottgetreulich, unverzagt, in deiner blanken Wehre,
wenn sich der Feind auch an uns wagt, es geht um Gut und Ehre.

Schon im Frühsommer 1939 war ein Kommen und Gehen auf dem Bahnhofsgelände vor unserem Haus: Truppen- und Waffentransporte quietschten und rumpelten Tag und Nacht vorbei, vollbesetzte Waggons standen stunden- und tagelang auf den Gleisen, so daß durstige Soldaten über den Zaun kletterten, der die Gleisanlagen von der Straße trennte, und bei uns um Wasser baten. Einer von ihnen schenkte mir ein Baumwollsäckchen, das seine eiserne Ration enthielt. Ende August erhielten die Bürger Bezugsscheine für Nahrungsmittel, Schuhe, Kleider, Seife; für Kohle, Benzin – längst war alles vorbereitet. Täglich mußten am Abend die Fenster abgedunkelt werden, was fleißig kontrolliert wurde.

Der Hitler-Stalinpakt vom 23. August verursachte einen tiefen Schock: Was sollte man nur dazu denken! Scheinbar mühelos hatten sich zwei ideologische Todfeinde verständigt. Durch die im geheimen vorweggenommene Aufteilung Polens im Nichtangriffspakt wurde Hitler zum Krieg ermuntert und konnte ungestört einfallen. Schon nach acht Tagen war denn auch der Kriegsausbruch.

Es begann der *Polenfeldzug, 1. September bis 6. Oktober 1939*: Die Sieger des Ersten Weltkriegs hatten 1919 beschlossen, die deutsche Stadt Danzig sei nun eine »Freie Stadt«, eine deutsch-polnische, und unterstehe fortan der Völkerbundkontrolle. Um Polen einen freien Zutritt zum Hafen zu ermöglichen, wurde der »Korridor« geschaffen, der das deutsche Ostpreußen mit der deutschen Stadt Königsberg am Pregel abtrennte. Zugegeben, dies konnte keine glückliche Lösung sein. Es bedeutete dazuhin eine Vergrößerung Polens auf Kosten Deutschlands. Übergriffe waren naheliegend. Wer Hitlers Bestrebungen, »Versailles« zu revidieren, wer seinen Charakter mit seinem unglaublichen Willen kannte, mußte fest damit rechnen, daß er die Auseinandersetzung mit Polen wollte. War es damals möglich, Hitler zu durchschauen? Ich kannte einzig Robert Scholl, den Vater, der mit seinen Kindern es wagte, kontinuierlich ausländische Sender zu hören (und deshalb auch später ins Zuchthaus kam). Doch auch diese Auslandssender, so argwöhnte ich, würden ihre eigennützige Propaganda treiben, würden gewisse Nachrichten verschweigen, andere verstärken, würden vielleicht sogar lügen und falsche Fährten legen. Hitler mit seinem Goebbels schüttete Kübel von Polenhetze aus über den Bürgern, die kaum eine Ahnung von polnischer Geschichte hatten. Man hörte von Übergriffen im Korridor gegenüber Deutschen, hörte von der Ostgrenze, die »eine blutende

Wunde« sei. Vor allem aber forderte Hitler, die Polen sollten die »Freie Stadt Danzig« herausgeben, denn sie sei eine deutsche Stadt (was sie auch war mit neunzig Prozent Deutschen). Er schimpfte, drohte, schrie mit gellender Stimme.

Heute weiß man von einer Erklärung Hitlers vor seinen Generalen im Mai 1939, daß er »[...] den Krieg für unvermeidlich hielt, daß der Lebensraum, der staatlichen Grenze angemessen, die Grundlage jeder Macht ist, daß man eine Zeitlang Verzicht leisten kann, aber dann kommt die Lösung der Probleme so oder so.« Er hatte nun einmal eine Art »Vision« vom »Lebensraum im Osten, den man gewinnen müsse«, da unser Land zu dicht bevölkert sei.

Heinz Kühn: »Das deutsche Volk wollte den Krieg nicht. Durch eine übermächtige Propaganda, Abgeschlossenheit nach außen und durch terroristische Verhinderung einer freien Meinungsbildung wurde es in den Krieg getrieben.«[22] Das fünfte Flugblatt der »Weißen Rose« spricht ebenfalls vom »Krieg, der nie ein nationaler war«.

Als der Krieg am 1. September 1939, 4:45 Uhr durch Hitler vom Zaun gebrochen wurde, glaubte man an den fingierten Anlaß, der Sender Gleiwitz sei von polnischen Soldaten besetzt worden. Es waren in Wirklichkeit SS-Leute in polnischen Uniformen. Obwohl die meisten meiner Klasse Hitler vorsichtig-kritisch gegenüberstanden, begannen sie wohl doch an die behauptete Notwendigkeit des Kriegs zu glauben oder versuchten es wenigstens, nachdem er wegen der Frage Danzig und polnischer Korridor nun einmal ausgebrochen war. In unzähligen Schulungen, Reden, erzwungenen Besuchen von Wanderausstellungen wurde uns schon in den Jahren zuvor »die bolschewistische Gefahr, der Weltfeind Nr. 1« vor Augen geführt. Ganz gewiß wollten meine Mitschüler diesen Krieg auch nicht. Aber an Diskussionen in meiner Klasse kann ich mich nicht erinnern. Und ganz allgemein: Wozu diskutieren, wo es nichts zu entscheiden gibt, und da man ja gezwungen war, Soldat zu werden? Wer sich weigerte, wurde erschossen oder zu besonders schwerem Einsatz herangezogen, zu einem sogenannten »Himmelfahrtskommando«, zum Beispiel Minenräumen. Vater, der eine Zeit lang als Gefängnispfarrer zu wirken hatte, kam eines Tages tief beeindruckt nach Hause. Er hatte lange mit einem 18jährigen jungen Mann gesprochen, der als Zeuge Jehovas den Kriegsdienst verweigert hatte und dessen Todesdatum wenige Tage später feststand. – Viele dachten vom Krieg, wenn er nun einmal da sei, sollte man sich nicht drücken. »Mein Vaterland, zu ihm will ich halten in guten und schlechten Tagen. Jetzt gehört man zusammen und muß sich bei den Aufgaben, die kommen, bewähren.« So dachten nicht wenige. Andere überlegten, bei welcher Truppe sie ihr Leben am besten bewahren könnten. Viele meldeten sich freiwillig zum Militär, weil man dadurch, nach abgeleistetem verkürztem Reichsarbeitsdienst (RAD), eine Waffengattung beim Militär wählen konnte, die wenig gefährlich schien. Nur ja nicht zur Infanterie! Die meisten jungen Leute, oft brave Bauernburschen, die an Hitler glaubten, setzten sich restlos mit Leib und Seele ein. Manche meldeten sich zur Waffen-SS, weil sie meinten, bei dieser Elitetruppe sich den härtesten Bewährungsproben stellen zu können. Doch alles in allem: Kriegslust oder gar Begeisterung war nicht zu spüren. Die mit speziellen Fanfarentönen vermeldeten Siege wurden oft mit Zweifel aufgenommen, und dennoch: sollte man sich nicht freuen über Siege, die die Ehemänner, Söhne, Väter, Brüder erfochten? Sollte man ihnen die Niederlage wünschen? Irgendwie mußte es doch eine gerechte Sache sein, für die unsere Soldaten kämpften. Und wer da miesmachte, war der nicht als Verräter anzusehen? So waren die Gefühle damals recht zwiespältig, und man darf annehmen, daß bei einer demokratisch gewählten Regierung, der eine Opposition gegenüberstand, und bei der Möglichkeit, sich zu informieren, dieser Krieg nicht befürwortet worden wäre. – Zwei Tage nach Kriegsbeginn erklärte Hitler in einem *Aufruf an das deutsche Volk*: »Wer sich an der Einigkeit versündigt, hat nichts anderes zu erwarten, als daß er als Feind der Nation vernichtet wird.« Nun mußte man sich doppelt hüten vor Denunziation; wegen geringster Zweifelsäußerungen wurde man in Schutzhaft genommen.

Ab erstem September wurde per Erlaß verboten, ausländische Sender zu hören. Mit dem »Volksempfänger« (50 RM) und dem »Kleinempfänger« (35 RM) waren ausländische Sender im allgemeinen nicht zu erreichen. Doch gab es eine Vielzahl hochleistungsfähiger Geräte, mit denen man weit entfernte Auslandssender empfangen konnte. Nun, mit Kriegsbeginn, war das Hören ausländischer Nachrichten, das »Schwarzhören«, streng verboten und mit sehr harten Strafen bedroht.

Hitlers Truppen marschierten in Polen ein, worauf Frankreich und England Deutschland den Krieg erklärten, jedoch nicht Polen militärisch unterstützten. SS und Gestapo mußten auf Befehl Hitlers die von ihm so genannte volkstümliche Ausrottung (Adel, polnische Intelligenz und Juden) übernehmen, bei der die Wehrmacht teilweise zum Komplizen wurde.[23] Wir hörten darüber erst nach dem Krieg. Am 17. September marschierten in Ostpolen die Russen ein, wo Stalin mit blutiger Gewalt durch seine Militärbehörden vorging. Jetzt durchschaute man den Nichtangriffspakt schon viel besser. Den Alliierten konnte nicht unbekannt sein, daß sowjetische Militärbehörden vermutlich über eine Million Zivilisten mit äußerster Grausamkeit nach Inner-Rußland und Sibirien verschleppt hatten, 200 000 der polnischen Streitkräfte festgenommen und Tausende von ihnen bei Katyn erschossen wurden; später beim Nürnberger Prozeß fungierten dann die Sowjets als Ankläger. Die Erschießung polnischer Offiziere bei Katyn wurde nach Beginn des Rußlandfeldzuges der Weltöffentlichkeit bekanntgemacht, von Stalin jedoch den Deutschen zugeschrieben. Erst durch Gorbatschow wurde die Wahrheit bekannt, obwohl man im Ausland im Bilde war.

Bereits am 28. September war dieser Blitzkrieg abgeschlossen, und Polen zwischen Deutschland und der Sowjetunion aufgeteilt. Die 360 000 im Ghetto eingeschlossenen Juden waren, teils tapfer kämpfend, teils in ein KZ abtransportiert, fast alle umgekommen. Erst nach Kriegsende war darüber zu hören. Das von den Russen besetzte Ostpolen war von den Polen erst 1921 im Friedensvertrag von Riga den Russen entrissen worden und war nur zu einem Drittel von Polen besiedelt. Den Rest bildeten sechs bis acht Millionen Ukrainer und zwei Millionen Weißrussen. Obwohl nach Kriegsende das Abkommen mit Hitler hinfällig war, und Stalin dies eingeräumt hatte, gab er die besetzten Gebiete Ostpolens nicht wieder zurück, es war seine »Westukraine«. So wurde Polen »entschädigt« durch Schlesien, Hinterpommern, Westpreußen mit Danzig und einem Teil Ostpreußens, und Stalin versprach, die Alliierten in Ostasien zu unterstützen.

1940
Vorboten des noch Schlimmeren

Die militärischen Erfolge ermuntern Hitler zu neuen Plänen im Westen, nachdem er zuvor, ab 9. April, Dänemark und Norwegen hatte besetzen lassen, um einem alliierten Flottenunternehmen – wie in einer Denkschrift Churchills vom 19. September 1939 geplant – zuvorzukommen.

Am 10. Mai beginnt die Offensive gegen *Frankreich* nach dem »Sichelschnittplan« General Mansteins, der auch Gedanken Hitlers enthielt, auf die er sich viel zugute tat, weil sie zu raschem Erfolg führten. Er wird immer eigenwilliger. Man beginnt zu sehen, daß er größenwahnsinnig wird, seine Tobsuchtsanfälle häufen sich. Mit ihm zu reden sei, »wie in den Kokosläufer beissen«. Am 10. Mai werden die neutralen Staaten Belgien, Luxemburg und Holland überfallen. Schnell kapituliert Rotterdam am 14. Mai, am 17. Brüssel. Dünkirchen fällt am 4. Juni; das vernichtend geschlagene englische Expeditionsheer flieht über den Kanal mit 848 in aller Eile zusammengezogenen Schiffen und hinterläßt seine gesamte Ausrüstung.

Am 10. Mai tritt Chamberlain zurück, Churchill regiert mit einem Koalitionskabinett. Er gibt am 11. Mai den Bombenkrieg im deutschen »Hinterland« frei. Hitler warnt vergebens und beginnt am 6. September im Gegenzug mit der Bombardierung britischer Städte.

Am 10. Juni tritt Italien in den Krieg ein.

Am 14. Juni wird Paris kampflos besetzt; im Wald von Compiègne muß Frankreich den Waffenstillstand unterschreiben.

Im August verlieren die Briten bei Luftkämpfen über dem Kanal 505 Flugzeuge; doch gelingt es den Deutschen nicht, das Unternehmen »Seelöwe«, das heißt die Landung in England durchzuführen. Es ist die erste Niederlage Hitlers.

Nach Gesprächen am 13. November mit *Molotow*, der Hitler ein Bündnis anbietet, argwöhnt Hitler, die Sowjets planten einen Krieg gegen Deutschland. Sie haben Ziele in Finnland, Rumänien, Bulgarien und in der Türkei, die deutschen Interessen widersprechen. Schon am 8. Dezember wird der Ostfeldzug »Barbarossa« geplant.

Hitler hat jetzt sein Volk in eisernem Griff. Im Selbstverständnis, im Machtanspruch des Regimes *ist* er die »Rechtsquelle«; jede Kritik kann tödlich sein, auch Fragen gibt es nicht, denn Fragen wird als heimliches Kritisieren aufgefaßt.

Der sogenannte *Gnadentod* soll von unnützen Essern und kostspieligen Pfleglingen den Staat befreien. Nach Einspruch verschiedener Einzelpersönlichkeiten wie Bischof Graf Galen, Bischof Wurm und Pastor Braune hört diese Aktion beinahe auf, jedoch war bei diesen allzu späten Einsprüchen die anvisierte Zahl von Tötungen nahezu erreicht.

In Stuttgart kleinere Fliegerangriffe, Kohlemangel; Bäder und einige Schulen müssen schließen.

Widerstand: Goerdeler ist Mittelpunkt ziviler Widerständler (Popitz, Kaiser, Leuschner, Freiburger Wissenschaftler). Popitz und von Hassel arbeiten an einem Verfassungsentwurf. – Der Kreisauer Kreis (Moltke, Yorck, Bernd von Haeften, Haubach, Reichwein, Mierendorf, Delp, Gerstenmaier) lehnt jedes gewaltsame Vorgehen ab. Ihr Fernziel ist ein europäischer Gesamtstaat.

Als unsere Doppelklasse im Februar 1940, wenige Monate nach Kriegsbeginn, Abitur machte, waren schon drei unserer Mitschüler gefallen. Man nahm die Abiturprüfung angesichts des Krieges nicht allzu ernst, auch nicht die Prüfenden, und so war auch keiner durchgefallen. Die schriftliche Prüfung erstreckte sich über die Fächer Deutsch, Latein, Griechisch, Mathematik. Ob auch Geschichte schriftlich geprüft würde, sollten wir erst bei der Eröffnung erfahren. Da Geschichte mir als ein unermeßliches Feld erschien, spekulierte ich und hoffte, Geschichte würde entfallen. Ich konzentrierte mich auf Mathematik, wobei ich in meinem drei Jahre jüngeren Bruder Hans einen guten Helfer hatte. Tatsächlich hatte ich dann Glück und überhaupt einen guten Tag, so daß ich besonders in Latein (Tacitus) und Griechisch (Thukydides) sehr guten Erfolg hatte, was mich in meinen Erwägungen, alte Sprachen und alte Kunstgeschichte zu studieren, ermutigte.

Im Frühjahr 1940, vor der Abiturprüfung, war ich für den Reichsarbeitsdienst RAD gemustert und tauglich befunden worden. Eine allgemeine Frauenarbeitsdienstpflicht gab es erst seit September 1939, doch wurden nur 100 000 Mädchen benötigt, d.h. viele wurden für überzählig erklärt. Ab Juli 1942 dann, als wegen des Kriegs immer mehr Arbeitskräfte auf dem Land fehlten, wurden 130 000 eingesetzt. Doch wer studieren wollte, hatte ihn auf jeden Fall abzuleisten (»He, gerade ihr sollt auch mal körperliche Arbeit kennenlernen!«). Sofie als künftige Studentin war nach dem Abitur in derselben Lage wie ich. Wir wünschten sehr, dem gemeinsamen Leben in Heimen oder Baracken, dem Leben in Schlafsälen, der Schulung am Abend, dem Flaggenhissen, der gewaltsamen Scheinwelt entgehen zu können. – Heute unterhalte ich mich zuweilen mit Frauen meines Alters und bin erstaunt: Alle waren gern bei ihren Bäuerinnen! Das sei doch eine gute Sache gewesen. Es habe Freude gemacht und Befriedigung verschafft, den überlasteten Bäuerinnen, denen die Männer wegen des Kriegs fehlten, helfen zu können. Außerdem sei diese Zeit für ihre persönliche Entwicklung wichtig gewesen.

Die Idee eines *freiwilligen Arbeitsdienstes* war keineswegs von Hitler und seinen Genossen erfunden, sie war schon nach dem ersten Weltkrieg, schon von Rathenau, Erzberger und Wirth erwogen und geplant worden. Die Jugendbewegung hatte den idealen Gedanken gemeinsamer Arbeit »am Boden« verbreitet als Mittel zu gemeinschaftlicher Erziehung, gegen Klassenkampf. Ende 1932 gab es etwa 250 000 Freiwillige. Es beteiligten sich der evangelische soziale Hilfsdienst, das katholische Heimatwerk, der »Stahlhelm« und viele andere Organisationen. In der NSDAP hatte sich schon 1923 *Oberst a.D. Hierl* mit einer Denkschrift für den freiwilligen Arbeitsdienst eingesetzt, damals, um Arbeit besonders für entlassene Soldaten zu beschaffen. Mit der Machtübernahme durch Hitler gab es spürbare organisatorische Fortschritte, wobei Hierl als Staatssekretär verantwortlich war und dabei bemüht war, die ursprünglichen Grundlagen zu bewahren. Der freiwillige Arbeitsdienst unterstand formal nicht der NSDAP, war aber unter ihrem Einfluß. Immerhin wurden Arbeitsdienstleiter aus früheren Verbänden, die nicht Parteimitglieder waren, ohne Probleme übernommen.

Am 1. August 1933 wurde der bis 1945 bestehende Reichsarbeitsdienst unter Hierl begründet. Am 26. Juni 1935 wurde das RAD-Gesetz beschlossen, nach dem für alle Männer zwischen achtzehn und fünfundzwanzig Jahren die RAD-Pflicht festgelegt wurde. Die Arbeit umfaßte Kultivierungs- und Rodungsarbeiten, Entwässerung, Wege- und Autobahnbau, später Arbeiten am Westwall und anderen Befestigungen.

Sofie hatte erfahren, daß junge Mädchen, die einen sozialen Beruf ansteuerten, wie etwa den der Krankenschwester oder Kindergärtnerin, von der Pflicht zum RAD entbunden wurden. Dies war jedoch kein allgemein gültiges Gesetz, von dem etwa in der Zeitung zu lesen gewesen wäre, es war eher eine Handhabung. So meldeten wir uns im »evangelischen Fröbelseminar Ulm-Söflingen« an, nur, um dem RAD zu entgehen. Hier lernte ich nun Sofie auf neuer Entwicklungsstufe kennen, denn wir sahen uns jetzt täglich.

Sofie, dunkelhaarig und dunkeläugig, war für mich eine helle Gestalt. Kritisch und neugierig blickte sie aus den Augen, hatte einen klaren Kopf und ein mutiges Urteil. So jemand war eine kostbare Seltenheit. Durch schreiende Propaganda von allen Seiten und falsche Informationen in den Zeitungen wurden wir sozusagen »einbalsamiert« und es war unmöglich, die Lage zu durchblicken und sich ein Urteil zu bilden. Ausländische Zeitungen waren nirgends zu erhalten; sie aber wollte sich ein Urteil bilden. Oft sprachen wir zusammen über die öffentlichen Probleme. Sofie hatte zusätzlich zu ihrer Intelligenz große

Sofie Scholl (1940/41)

innere Freiheit, stand immer in Gedankenaustausch mit ihrem Vater, ihren Geschwistern und ihren Freunden, die zum Teil älter waren als sie selbst. – Wie ihre Mutter hatte sie eine leise Stimme, wirkte zuweilen fast sanft, konnte aber auch, wie früher in ihrer burschikosen Phase, knabenhaft keck und übermütig sein. Sie war geradlinig, offen und ehrlich, manchmal leicht ironisch, verschwiegen in privaten Angelegenheiten. Auffallend war ihre elementare Naturliebe, ihre einfache Freude an den großen Gaben der Natur: an warmen Sonnenstrahlen, an einer Wiese voller Blumen, an Kindern, am Wandern durch Feld und Auen. Aus dieser Empfänglichkeit heraus entstanden religiöse Fragen, entstand Verantwortungsgefühl und Furcht, *timor dei*, und ihre großartige Unbedingtheit, die mich fesselte. In der Natur hörte sie Harmonie, doch die Menschen störten diese Harmonie.

Ich zitiere ein uns damals wichtiges Gedicht Rilkes, in dem dargestellt wird, wie durch den Eindruck von Schönheit religiöse Motivation entstehen kann.

Archaischer Torso Apollos

Wir kannten nicht sein unerhörtes Haupt,
darin die Augenäpfel reiften. Aber
sein Torso glüht noch wie ein Kandelaber,
in dem sein Schauen, nur zurückgeschraubt,

sich hält und glänzt. Sonst könnte nicht der Bug
der Brust dich blenden, und im leisen Drehen
der Lenden könnte nicht ein Lächeln gehen
zu jener Mitte, die die Zeugung trug.

Sonst stünde dieser Stein entstellt und kurz
unter der Schultern durchsichtigem Sturz
und flimmerte nicht so wie Raubtierfelle;

und bräche nicht aus allen seinen Rändern
aus wie ein Stern: *denn da ist keine Stelle,*
die dich nicht sieht. Du mußt dein Leben ändern.

Sofie Scholl (1940/41)

Allzufrüh, siebzehnjährig, hatte sie und ihre Geschwister Erfahrungen gemacht mit Denunziation, Gewalt und Terror. Sie durchschaute die gängigen Phrasen und Heucheleien, fühlte stärker als andere die gewalttätige Atmosphäre, wogegen sich ihr gerechtigkeitsliebendes Herz auflehnte. So war sie jetzt mit neunzehn Jahren eine entschiedene Gegnerin Hitlers geworden, äußerte sich zuweilen in gefährlichem Freimut und fühlte sich oft in allzu großer Sicherheit.

»Man sollte sich in die höchsten Ämter hinaufdienen und dann Stück für Stück diesen Riesen-Nazi-Schwindel aufdekken«, meinte sie einmal. Das klang für mich recht theoretisch: das würde doch viel zu lange dauern, längst würde der Verlauf des Krieges manches entschieden haben! Und wie sollte ein solches Aufdecken vor sich gehen? Was würde die Wehrmacht, die einzig neben der Polizei Gewalt hatte, dazu sagen? Immer wieder war ich erstaunt, zuweilen auch mißtrauisch ihrem sicheren Urteilen und ihren Nachrichten gegenüber, die sie von ausländischen Sendern erfahren hatte. Ich überlegte: War diesen mehr zu glauben als den eigenen? Wohl schon; doch auch sie trieben sicherlich ihre täuschende Propaganda.

Sofies Schulkameradinnen, und nun in diesem Jahr die Seminarkolleginnen, hielten sie für arrogant. Doch war es ein falsches Urteil. Sie war zurückhaltend, weil sie sich unverstanden, fremd fühlte, vielleicht sogar einsam im Kreis dieser zum Teil harmlosen jungen Frauen. Ihr eigentliches Leben vollzog sich mit anderen. Sie war das vierte Kind von fünfen in ihrer Familie, ich war die Älteste von sechsen, und als Älteste neben den Seminaraufgaben zu Hause stark verpflichtet, wollte dazuhin noch Klavierüben, kurzum: zum Lesen hatte ich kaum Zeit. Sofie hingegen las unaufhörlich und reichte mir eines Tages ein Buch von Kardinal Newman. »Was? Den kennst du nicht? Da steht dir eine herrliche Welt bevor!« Doch mich sprach diese religiöse Literatur gar nicht an, und ähnlich ging es mir mit anderen Büchern, die Sofie mir ans Herz legte (Bernanos und Claudel). – In ihren politischen Äußerungen war sie sehr

Hans Hirzel (1942)

freimütig, um nicht zu sagen »leichtsinnig«. Während meiner Schulzeit meinte einer meiner Klassenkameraden: »Du wirst sehen, die Scholls landen noch am Galgen.« Als Sofie gelegentlich bei uns im Hause war, schockierte sie oft durch ihre Äußerungen unsere Mutter, die sich ängstigte um ihre Kinder, sie könnten durch Sofies Einfluß und Äußerungen in Gefahr geraten. Dies ließ mich vermehrt zu Sofie halten.

Der Frankreichfeldzug ab 10. Mai berührte uns wenig. Er ging rasch vor sich, und es gab nur einzelne Todesmeldungen. Er berührte jeden früheren Soldaten, der jahrelang vor Ypern und Verdun im Schlamm der Schützengräben den Stellungskrieg aushalten mußte.

Auch wer kein Nazi war, mußte die Leistungen unserer Soldaten bewundern, und Hitlers Prestige wuchs wieder einmal ungeheuer. Daß er so ganz nebenbei Holland und Belgien überfallen hatte, darüber wurde nur im Hause Scholl gesprochen.

Obwohl 1940/41 die Todesmeldungen auf der letzten Seite des »Ulmer Sturm« sich häuften, (»für Führer, Volk und Vaterland gab sein Leben ...«) und das Geräusch der Flugzeuge als ständige Begleitmusik uns in den Ohren lag, war es eine fröhliche Zeit, denn wir hatten mit Kindern zu tun. Dies Jahr einer intensiven »weiblichen« Ausbildung war schön und sehr arbeitsreich, denn wir beide hatten als Abiturientinnen die Chance, das vielseitige Pensum von zwei Jahren in einem Jahr zu absolvieren. Geschenkt wurde uns dabei nichts, so daß die vorgeschriebenen Praktika in den Ferien durchgeführt werden mußten, Praktika in einem Privathaushalt, in einem Hort, in einem zweiten Kindergarten und in einem Säuglingsheim. Die Leiterin Emma Kretschmer, Schwester des Tübinger Psychiaters und Direktors der Psychiatrischen Klinik, Prof. Ernst Kretschmer, war eine kluge Person, die nach außen selbstverständlich die ›richtige Flagge‹ vorweisen mußte. Sie zeigte sich völlig undurchsichtig, was bei dem nahen Kontakt mit den Schülerinnen beachtliche Selbstkontrolle erforderte. Ihr theoretischer Unterricht, z.B. über Oberlin, Fröbel, Montessori, war hervorragend, besonders wichtig war Pestalozzi, dessen »Stanzer Brief« gründlich durchgearbeitet wurde. Er bietet eine Sicht des Menschen, die in unserer heutigen Aufgeklärtheit immer noch bedeutsam ist und uns schützen kann vor fanatischen Verzerrungen. – Erholung fand ich nicht wie Sofie im Gedankenaustausch mit Geschwistern und Freunden, sondern in der Abwechslung durch andere Arbeit und im Klavierüben. Ich hatte mich nun zum Musikstudium entschlossen, nicht, weil meine Neigung zur Musik tiefer gewesen wäre oder ich mich fähiger gefühlt hätte. Nein, ich wünschte mir einen *freien* Beruf, denn eine Welt ohne Hitler konnte ich mir 1940/41 nicht vorstellen, und mit einer altsprachlichen Ausbildung wäre ich Lehrerin, Staatsangestellte geworden. Keinesfalls wollte ich in meinem Leben in eine so peinvolle Zwangslage geraten wie einige meiner Lehrer.

So bereitete ich mich abends auf die Aufnahmeprüfung vor mit Beethovenvariationen, Bach und den »Papillons« von Schumann. Durch dieses eingeschobene Jahr verzögerte sich meine ohnehin spät begonnene Berufsausbildung, was gerade für das Musikerhandwerk besonders nachteilig war. Daß es allen jungen Leuten gleich erging, war kein Trost, doch mußte man eben lernen, sich zu fügen und war sich dabei klar, daß verlorene Zeit nie nachgeholt werden kann. Die persönliche Stimmung war noch nicht verzweifelt, die allgemeine noch voll Siegeszuversicht, denn die Truppen eilten von Erfolg zu Erfolg in Polen, Norwegen und Frankreich, und die Radios verbreiteten mit ihren Fanfarenklängen ständige Hochstimmung. Konnte denn der Normalbürger anderes wünschen als einen raschen Sieg und damit ein Ende des Kriegs und die Heimkehr der Söhne und Ehemänner?

Die sogenannte Euthanasie-Aktion. In den Jahren 1940/41 wurden im Deutschen Reich, wie man heute weiß, etwa 80 000 Geisteskranke getötet, darunter viele Kinder; allein in Württemberg wurden 18 000 »erlöst von ihrem sinnlosen Leben«, wie es hieß, und gleichzeitig der Staat von nutzlosen Essern befreit. – Welch eine Begründung! Das Argument »Rassereinheit« konnte im Fall der Behinderten nicht herhalten. Es gab ja längst Gesetze zur Sterilisation geistig Behinderter. Mir schien es unglaubwürdig, daß der kleine Bevölkerungsanteil der Behinderten die gesamte Ernährungslage beeinflussen könnte. Wer die Nachricht bekam, daß der Onkel in Stetten oder Weißenau an Grippe verstorben sei, glaubte zunächst an die Todesursache. Da aber Fehlleistungen unterliefen, wurde man mißtrauisch, z.B. wenn als Todesursache Blinddarmentzündung angegeben war, obwohl der Blinddarm in der Kindheit bereits entfernt worden war. Solche Fälle wurden jedoch erst allmählich bekannt. Die württembergischen Geisteskranken erlitten ihren Tod in Grafeneck, einem Schlößchen nahe Münsingen, auf einem isolierten, bewaldeten Bergkegel der Schwäbischen Alb gelegen. Es gab nicht wenige, die diese Vorgänge bejahten. Dr. Marie Rueff, eine angesehene Ulmer Ärztin, deren Bruder, einst der beste Freund unseres Vaters, mit 18 Jahren schizophren, nun getötet worden war, meinte: »Für ihn war es gut so. Was seinen Fall betrifft, muß ich diese Aktion bejahen.« Die gewalttätige Bevormundung durch den Staat bejahte sie in ihrem Fall, weil sie es nicht über sich gebracht hätte, ihren Bruder selbst zu töten. Die meisten jedoch, die von diesen Aktionen erfahren hatten, waren entsetzt über diese kriminellen Maßnahmen. Die Staatsmacht erlaubte sich nach eigenem freien Ermessen Menschen zu töten und bemäntelte dies auch noch durch Lügen nach außen. Durch den Film »Ich klage an« (Regie Wolfgang Liebeneiner) wurde 1941 an einem Fall von multipler Sklerose Propaganda für den »Gnadentod« gemacht. Die Absicht, »Minderwertige« auszurotten, sickerte tröpfchenweise durch, doch wurde das tatsächliche Töten nur wenigen bekannt.

Ein entfernter Verwandter von uns lebte in der Anstalt Weissenau. Durch vertraulichen Anruf des couragierten Anstaltsarztes benachrichtigt, wurde es möglich, ihn mit knapper Not den Klauen der Mörder zu entreißen und ihn in Weidenstetten auf der Ulmer Alb unterzubringen bei unserem früheren Dienstmädchen Marie, wo er noch zwei Jahre friedlich leben konnte. Marie berichtete uns in späteren Jahren, er sei blitzgescheit und unterhaltsam gewesen, habe aber allerlei fixe Ideen gehabt, die er in Briefen unbekannten Adressaten, z.B. Ministern und Professoren, darlegte. Dies war gefährlich, denn es konnte entdeckt werden, daß er aus einer Anstalt entkommen war. So wurde einer der beiden dörflichen Postangestellten gebeten, seine Briefe zu vernichten, was dieser gerne tat, aber heimlich geschehen mußte, denn sein Kollege war ein Nazi. Vater klärte seine beiden Ältesten, mich und Peter, über diese furchtbaren Vorgänge in seinem Arbeitszimmer auf.

Heute meint man vielfach, die Beendigung dieser Maßnahmen sei den beiden Kirchen zu verdanken. Ein Vorstoß des Pastors Paul Gerhard Braune, des Leiters der Lobedorfer Anstalten, durch eine Denkschrift an Hitler (die er vermutlich nie erhalten hat), ein Brief des hochangesehenen württembergischen Landesbischofs Dr. Theophil Wurm am 19. Juli 1940 an Innenminister Dr. Frick (jedoch keine Kanzelverlesung) schienen Wirkung zu zeigen. Dr. Wurm schrieb auch an Heinrich Lammers, den Chef der Reichskanzlei, an Justizminister Gärtner, Staatssekretär Conti und an das Oberkommando der Wehrmacht – dabei immer seine Loyalität betonend. Die Behinderten in Bethel konnten bis auf einige Hundert gerettet werden. In Württemberg gelang dasselbe Pfarrer Breuning in Schwäbisch Hall. Doch diese spärlichen Aktionen erfolgten spät, und die Vernichtungsmaßnahmen, über die die Bischöfe und prominente Priester informiert waren, wurden eingestellt, nachdem das anvisierte Ziel (circa 70 000) inzwischen bereits erreicht war. Die Deutsche Evangelische Kirche (DEK) und die Bekennende Kirche (BK) mit ihren Bischöfen hatten sich nicht geäußert, weil sie sich nicht einig waren (so Denzler/Fabrizius), obwohl sicher viele Christen einen Protest von der Kanzel erwarteten, in dem die Dinge beim Namen genannt wurden. Beide Kirchen und besonders die katholische waren stärker im Volk verankert als heute. Es waren *einzelne Geistliche*, die öffentlich protestierten auf katholischer Seite, wie der Münsteraner Bischof Graf Galen, der eine starke Gemeinde hinter sich hatte. Ihm folgten die Bischöfe von Hildesheim und Trier. Galen wurde nicht behelligt. Tausende seiner Predigten wurden heimlich vervielfältigt und gingen von Hand zu Hand. »Der offizielle Stopp der Aktionen wurde entsprechend der Geheimhaltungsverpflichtung durch Flüsterpropaganda vorbereitet und auf der Habenseite des Führers verbucht, weil dieser sich besonders stark für eine Beendigung eingesetzt haben soll.«[24]

Sehr aktiv war in Ulm ein katholischer Klassenkamerad und bester Freund von Hans, *Heinz Brenner*, der zusammen mit einigen katholischen Jugendlichen drei Predigten des Bischofs Galen sowie einen Brief Galens an den Chef der Reichskanzlei, Dr. Lammers, vervielfältigt hatte, Schriften, die er vom Ulmer Pater Eisele erhalten hatte. Eisele arbeitete am katholischen Lehrlingsheim in der Glöcklerstraße und stand den Jugendlichen nahe. Das Vervielfältigen war damals eine schwierige Angelegenheit. Man benötigte einen Apparat, Matrizen, Papier, Druckerschwärze, Geld für Porto. Brenner produzierte im Oktober 1941 einige hundert Vervielfältigungen, schickte einen Teil an ausgelesene Ulmer Adressaten, einen anderen Teil brachte er mit seinem Freund Max B. in Rucksäcken per Bahn nach Stuttgart, wo sie die Briefe in öffentliche Briefkästen steckten. Es war eine gefährliche, aber damals noch nicht lebensgefährliche Leistung. Auch bei Scholls kam im Spätherbst ein Galen-Brief ins Haus, und Hans Scholl, der ihn während eines Fronturlaubs las, meinte: »Einen Vervielfältiger sollte man haben.«

Ein kleines Ereignis in der Klasse von Hans: Ein Schüler namens Mack hatte in der Deutschstunde zu referieren über »Meister Ekkehart«, ein Thema, über das unser Mythosstifter Rosenberg schon gearbeitet hatte. Mack, ein katholischer stiller, braver Junge, erlaubte es sich, über Rosenbergs »Mythos« eine Lippe zu riskieren, was prompt die Deutschlehrerin der Partei oder Gestapo meldete. Mack hatte nun die Wahl, vor Gericht gestellt zu werden oder einem »Himmelfahrtskommando« zugeteilt zu werden. Er entschied sich für letzteres und ist gefallen.

Die katholischen Geistlichen Weiß in Söflingen und Eisele in Ulm, auch Religionslehrer Dr. Stöckle, waren ungleich mutiger als die protestantischen Pfarrer. Damals erklärte ich es mir mit ihrer Ehelosigkeit, die ihnen größere Unabhängigkeit gewährte. Dazuhin aber hatten sie Deckung durch das Konkordat, in dem Papst und Hitler sich gegenseitige Duldung zugestanden hatten. Auch waren sie in einer weltweiten Organisation mit ihrem Papst als Oberhirten eingeschlossen. Aber auch die Katholiken insgesamt waren dem Widerstand eher zugeneigt, waren eher als zuverlässig und schweigsam einzuschätzen, denn sie waren an Schranken gewöhnt. Heinz Brenner wandte sich im Oktober 1944 als Deserteur deshalb von Bamberg aus, fußwandernd und als blinder Passagier in Güterzügen, nach dem katholischen

Oberschwaben, wo er bei Bauern und Pfarrern sich bis Kriegsende versteckt halten konnte. Entdeckt wäre er erschossen worden. Warum hat kein einziger Staatsanwalt Anklage erhoben gegen die »Gnadentöter«? Nach den bestehenden Gesetzen war doch das Töten von Menschen aus medizinischen Gründen, der sogenannte Gnadentod, verboten. Man muß antworten: Das Verfahren wäre niedergeschlagen, der betreffende Staatsanwalt wäre suspendiert oder verhaftet worden unter irgendeinem Vorwand. Und warum protestierten nicht die Juristenverbände? Ein Kollektiv hätte jedenfalls nicht viel riskiert. Es wurde doch stets, neben der Willkür, durch die Justiz nach den überkommenen Gesetzen geurteilt. Wäre es nicht möglich gewesen, nach dem Krieg unsere Staatsanwälte zu belangen? Naziverfolgung war eben bald nicht mehr ein wichtiges Thema, nachdem die Alliierten entgegen der Volksmeinung sich eine deutsche Wiederbewaffnung wünschten.

Im Jahr 1992 besuchte ich zusammen mit einer Gruppe evangelischer Theologen das Schlößchen Grafeneck. Wir erfuhren dabei, daß bis auf drei der Getöteten die Namen aller circa 10 000 Württemberger Getöteten später ermittelt werden konnten. – Auf meine Frage, in welchem Zustand die Behinderten waren, erfuhr ich, daß manche durchaus imstande waren, Briefe zu schreiben und ihren Angehörigen Andeutungen gemacht hatten von ihrem wohl bevorstehenden Tod. Die beiden Heizer, die die Leichen zu verbrennen hatten, wurden nach Abschluß der Aktion »in den Osten« beordert (d.h. zu weiterer entsprechender Tätigkeit in einem der im Aufbau befindlichen Vernichtungslager). Auf meine Frage, wer die Verbrennungsöfen bestellt habe, erhielt ich die Antwort: »Der Landrat von Münsingen, der den Befehl von oben erhalten hatte. Er mußte nach dem Krieg drei Jahre in einem Arbeitslager verbringen.« Er hatte es für möglich halten müssen, daß er bei einer Weigerung in Schutzhaft genommen worden wäre, vielleicht auch seine Kinder von der Mutter getrennt und in Heime verschickt worden wären.

Erwähnt gehört noch der Bischof von Berlin, der aus Bayern stammende Konrad von Freysing. Er schrieb 1937 einen Hirtenbrief und beriet im gleichen Jahr beim Weltrundschreiben »Mit brennender Sorge« mit. 1942 verfaßte er einen Hirtenbrief über Menschenrechte, der im Londoner Rundfunk und im amerikanischen Senat verlesen wurde. 1945 wurde von Preysing zum Kardinal ernannt.

Die Euthanasieaktion betrachte ich als Pendant zur späteren Massenvernichtung der Juden, die am 30. September 1941 in Auschwitz begann, was ja damals niemand wußte. Ich könnte mir denken, man wollte wohl ausprobieren, ob die Verheimlichung jener Aktion gelänge und wie die Menschen reagierten, falls sie doch davon erfahren würden. Sie hätten es niemals gebilligt, wären aber machtlos gewesen. So wurden nun im Osten Lager eingerichtet.

1941
Was wir ahnten – was wir wußten

30. März: Hitler sagt vor etwa 250 Offizieren, ein künftiger Rußlandfeldzug sei als »Vernichtungskrieg« zu führen. Erbitterte Auseinandersetzungen mit den Generalen.

April: Weil Italien mit Jugoslawien und Griechenland im Krieg steht, können deutsche Truppen rasch Jugoslawien und Griechenland erobern. Fallschirmjäger bezwingen Kreta in verlustreichen Kämpfen.

Vergebliche Luftangriffe auf London bis Mai 1941.

10. Mai: Rudolf Heß startet in Augsburg und kehrt aus Schottland nicht mehr zurück. Geheimauftrag? Flucht? Wahnsinn?

Am Sonntag, 22. Juni, beginnt der deutsche Angriff gegen Rußland zusammen mit Italien, Rumänien, Finnland, Ungarn und der Slowakei – mit circa 3 Millionen Mann. Rasch werden große Geländegewinne erreicht, doch kann die Russische Armee ihren Zusammenhang bewahren.

Im Juni verlangt der »Kommissarbefehl« die Liquidierung politischer Kommissare in der UdSSR, d.h. die Wehrmacht wird zu Verbrechen aufgefordert, hat aber nachweislich nahezu überall den Befehl ignoriert.[25]

Die Heeresgruppe *Nord* dringt über den Peipussee gegen Leningrad vor. Die *mittlere* Gruppe besiegt bei Briansk und Wjasma starke sowjetische Kräfte (328 000 Gefangene bei Bialystock und 310 000 bei Smolensk). Entgegen den Vorstellungen des Generalstabs stellt Hitler den Plan, Moskau einzunehmen, zurück, um das Donezbecken, also die Ukraine mit Kiew, zu gewinnen und damit die Ölzufuhr aus dem Kaukasus abzuschneiden. Nach der Kesselschlacht östlich Kiew dringen deutsche Truppen bis zum Asowschen Meer vor. Die Gruppe *Mitte* bleibt 30 Kilometer vor Moskau stecken in Schlamm und Eis und schwerer Kälte. Am

Jahresende muß Hitler erkennen, daß ein Wendepunkt erreicht war. Heeresoberbefehlshaber v. Brauchitsch nimmt am 19. Dezember seinen Abschied, Hitler übernimmt den Oberbefehl.

7. Dezember: Japan, das in langwierigen Verhandlungen mit den USA wegen Flottenstärken sich übel behandelt fühlt, überrascht die Amerikaner durch einen See- und Luftangriff auf Pearl Harbour. Er wirkt auf die Amerikaner elektrisierend. 8. Dezember: Kriegserklärung der USA und Großbritanniens an Japan. 11. Dezember: Kriegserklärung Deutschlands und Italiens an die USA.

Wegen immer größerem Mangel an Arbeitskräften werden in den KZ und in ihrer Umgebung Fabriken errichtet und dorthin Fremdarbeiter eingeliefert, z.B. Strafgefangene aus besetzten Ländern. Da dort auch politisch Verdächtige festgehalten werden, sind schließlich in den östlichen KZ viele Nationen und Schichten vertreten. Das Kapo-System wird ausgebaut, und *ein Gürtel des Schweigens wird um die KZ gezogen.* Nachdem das Lager *Auschwitz* ausgebaut ist, werden aus dem Lager Sachsenhausen 30 Berufsverbrecher nach Auschwitz gebracht, die in Zukunft die Stamm-Mannschaft bilden. Am 23. September wird mit den Massentötungen begonnen.

Martin Bormann und Alfred Rosenberg sind als Chef-Ideologen zu Macht gelangt. Ihre ausführenden Helfer sind Himmler und Heydrich. Nun wird die Mordapparatur von Eichmann und Heydrich in Gang gesetzt und funktioniert geheim und lautlos. Hierzu ein Zitat Gersteins, dessen Erlebnisse ins Ausland dringen: »Diese ganze Angelegenheit ist eine der geheimsten Sachen, die es zur Zeit überhaupt gibt, man kann sagen, die geheimste. Wer darüber spricht, wird auf der Stelle erschossen. Erst gestern sind wieder zwei Schwätzer erschossen worden.«[26]

Im Innern: Die Zahl der »Schutzhäftlinge« steigt ins Riesenhafte, denn jeder, der am sogenannten »Endsieg« Zweifel äußert oder sonstwie vorsichtigste Kritik übt, muß damit rechnen, in ein KZ zu kommen. Noch mehr: allein schon, wer verdächtig ist; auch ein gerichtlich nach überkommenen Gesetzen Verurteilter, der in den Augen der Partei zu milde beurteilt wurde, wird oft durch die Gestapo erneut verhaftet und gefangen gesetzt.

Die nicht ausgewanderten *Juden* müssen von diesem Jahr an den »Gelben Stern« tragen, sind somit stigmatisiert und werden scheußlich behandelt. Portiönchenweise wird ihr Leben erstickt und ihnen schließlich am 23. Oktober die Auswanderung verboten. – Zum Jahreswechsel gibt es große Worte: Mit starkem Herzen, mit gläubiger Zuversicht, mit unauslöschlichem Dank an unseren Führer. Ein neu geschaffenes Wort ist zu hören: »Endsieg« – und »er ist unser«.

Kirche: Ein öffentliches Anklagen der Entrechtung der Juden, ein Engagement für sie gibt es nicht.

In *Ulm* häufen sich die Todesanzeigen in der Zeitung. Die Rüstungsfirmen arbeiten mit Hochdruck, viele ehrenamtliche Helfer beteiligen sich an den Sammlungen fürs »Winterhilfswerk«, d.h. Kleidung, Skiausrüstung, Pelze für die vor Moskau liegenden Soldaten. Auch Schallplatten, Handschuhe und Socken werden gesammelt, und die Bevölkerung wird in wuchtigen Worten aufgefordert zu Opferbereitschaft.

Widerstand: Henning von Tresckow baut eine Widerstandsgruppe in der Heeresgruppe Mitte auf.

Zwei Hauptereignisse charakterisieren das Jahr 1941: Der Beginn der Judendeportationen am 15. Oktober 1941 und der Angriff Hitlers gegen die Sowjetunion. Er erklärt ihn mit der – vielleicht zutreffenden – Begründung, er habe einer bevorstehenden Offensive der Sowjetunion zuvorkommen müssen. Hierüber findet gegenwärtig eine noch nicht abgeschlossene Diskussion von Fachleuten statt. Die gegen Rußland kämpfenden Soldaten glaubten einem wohlgerüsteten, den Angriff planenden Gegner zuvorzukommen und gegen den aggressiven Kommunismus zu kämpfen. Von dieser Gefahr war die Mehrheit unserer Bevölkerung überzeugt.

Im Juni 1941 wohnte ich als Musikstudentin bei meinem Stuttgarter Onkel Walter Hirzel, Stadtkämmerer der Stadt Stuttgart. Am 22. Juni saßen wir zusammen beim Frühstück, als wir Hitlers unheimliche, grollende Stimme im Radio hörten mit der Kriegserklärung an Rußland. Mit tiefem Ernst sagte mein Onkel: »Nun ist der Krieg verloren, dieser Wahnsinnige!« Viele ahnten bzw. waren sich klar darüber, daß nun der Krieg verloren war. Es verschlug einem den Atem, Ahnungen von noch viel schlimmerem Unheil als dem bisherigen stiegen auf. Der Volksempfänger mit seinen Fanfarenklängen ließ weiterhin nur von Siegen hören; einzig, wer ausländische Sender hörte, wußte genaueres. »Doch waren diese Nachrichten nicht ebenfalls gefälscht?«, dachte ich wieder. Sofie hatte ja einmal gemeint, man müsse versuchen, den »Durchschnitt« zu finden! Dieses sogenannte Schwarzhören war eine schwierige Sache. Zudem war es nahezu unmöglich, den genauen Verlauf der Fronten zu verfolgen, den Propagandanebel ein wenig zu durchdringen. Auch mit einem guten Gerät, mit einem guten Atlas (beides besaßen nur wenige) und mit beträchtlichem Zeitaufwand wäre eine klare Sicht schwer zu gewinnen gewesen. Doch das Haupthindernis bildete die Gefahr, beim Hören oder durch eine unkontrollierte Bemerkung ertappt zu werden. Diejenigen, die dann Meldung erstatteten, meinten in braver Gesinnung, es sei ihre Pflicht zu denunzieren. Den Grad der allgemeinen Depression zeigt auch ein Ausspruch unseres in vielem als Vorbild verehrten Großvaters in der Weihnachtszeit 1940: »Die Wahrheit weiß ich, kann sie aber nicht ertragen, weil ich ohnmächtig bin. So ziehe ich es manchmal vor, mich durch falsche Meldungen einduseln zu lassen.« Diese zutiefst erschreckende Äußerung des 75jährigen meinem Bruder Peter und mir gegenüber zeigte uns seine völlige Verzweiflung und zeigt uns Heutigen seine frühe Einsicht in das Kommende. Später, wenn er bei Fliegeralarm in den Keller ging, trug er Gift bei sich für den Fall, daß er verschüttet würde und noch lebte.

Doch man war nicht nur deprimiert, man war auch zunehmend mißtrauisch. So wollte man z.B. der Nachricht vom Tod der beiden »abgestürzten« Volkshelden, den Fliegern Ernst Udet und Werner Mölders keinen Glauben schenken. (Udet hatte sich am 17. November 1941 erschossen.) Allmählich merkte der deutsche Michel, wie er belogen wurde.

In der Heimat wurden mit doppelter Wucht und Niedertracht die *Juden* beschimpft. Auch sie wurden ja wie die Geisteskranken als minderwertige Geschöpfe dargestellt, die von nun an durch den »Judenstern« gekennzeichnet wurden, das heißt einen gelben, schwarz umrandeten Davidsstern, den sie am linken Revers zu tragen hatten. Dieser Stern bedeutete u.a., daß die Juden sich auf Anlagebänken nicht niederlassen, sich im Schwimmbad, Kino, Theater – in allen öffentlichen Räumen nicht zeigen durften. Sie durften keinen Bus betreten, nur zu bestimmten Zeiten einkaufen, erhielten weniger Essensmarken etc. Sie waren Verfemte, der letzte Dreck. Im einzelnen erfuhr man nichts von diesen Maßnahmen, und auf der Straße waren wenige Juden mit dem Stern zu sehen. Genau dies war bezweckt. Schon seit 1935 war an vielen Ortseinfahrten der Judenstern auf einer Tafel zu sehen mit dem zusätzlichen Text: »Die Juden sind unser Unglück und daher in [...] unerwünscht.« Eine derartige Tafel wurde nicht von einem durch die Bürger gewählten Gremium aufgestellt, sondern durch die kleine, im Rathaus herrschende Clique, jedoch mit Zustimmung einer ungewissen, undurchschaubaren Zahl von gleichgeschalteten Mitläufern, die bereit waren, denjenigen zu denunzieren, der es gewagt hätte, die Tafel zu entfernen. Der geringste Widerstand gegen den »Willen des Führers« wurde schwer geahndet. Mein damals 17jähriger Bruder *Hans* war über diesen gelben Stern und seine Bedeutung entsetzt. Dieses Erschrecken ließ ihn immer kritischer werden und veranlaßte ihn wenig später zu seinen eigenen Aktivitäten.

Der Berliner Strafrechtler Prof. Gerhard Werle schreibt in »Auschwitz vor Gericht«:

> »Das real geltende Recht des Dritten Reiches hat die Juden nicht nur als Opfer definiert, diskriminiert und entrechtet, ihren bürgerlichen-rechtlichen Tod verfügt. Das NS-Recht ging auch den letzten Schritt: *Für das Recht des Dritten Reichs war der Völkermord rechtmäßig, weil er vom Willen der politischen Führung gedeckt war.* Die Nachkriegsjustiz ist vom Vorliegen eines mündlichen Vernichtungsbefehls Hitlers ausgegangen. Ein Befehl Hitlers galt im nationalsozialistischen Rechtssystem als verbindlich. Der Führer-

wille war nach der damals maßgeblichen Rechtsauffassung Rechtsquelle und Ausgangspunkt des gesamten NS-Rechts […] Auch der unveröffentlichte Befehl konnte Recht setzen. Der Geheimbefehl war nach diesem Verständnis kein Exzeß. Der Geheimbefehl legte vielmehr den Lebensnerv des NS-Rechts frei: Weil der Führerwille Rechtsquelle ist, *kann auch ein geheimer Führerbefehl Recht setzen.* Und so hat die damalige Justiz den Geheimbefehl Hitlers als Recht akzeptiert.«[27]

Dem größeren Teil der Juden war es gelungen, ins Ausland wegzuziehen. Es begann im Herbst 1941, daß Juden in »Nacht- und Nebelaktionen« (dies war damals ein gängiger Ausdruck) aus ihren Wohnungen geholt und – wie es hieß, und wie viele von ihnen selbst glaubten – in Arbeitslager weit im Osten verschleppt wurden. Ich fragte neulich eine mir befreundete gleichaltrige Ulmerin, was ihrer Meinung nach die Leute in ihrem Umkreis darüber dachten. »Nun«, meinte sie, »sie dachten, die Juden müßten jetzt eben auch mit den Händen arbeiten.« Die KZ waren ja umgeben von Industrieunternehmen, das hatte man gehört.

Ich erfahre durch die Ulmer Chronik:

»Bereits seit Ende 1940 wurde damit begonnen, Städte und Dörfer »judenfrei« zu machen, und die Juden auf wenige Orte im Land zu konzentrieren. Die jüdischen Gemeinden Buchau, Laupheim, Haigerloch usw. erhielten durch zwangseingewiesene Juden aus Stuttgart, Heilbronn und anderen Städten erheblichen Zuwachs […] Auch wurden sogenannte jüdische Altersheime eingerichtet, in die aus allen Teilen des Landes vorwiegend ältere Juden eingewiesen wurden.«[28]

Auf diese Weise konnten ganze Gruppen ziemlich unbemerkt abgeholt werden, leichter als aus ihren Wohnungen da und dort. Teile der Ulmer Juden kamen in das Schlößchen von Oberstotzingen und ins jüdische Kinderheim in Herrlingen.

Heute hört man zuweilen junge Leute sagen: »Man hat doch von der Verschleppung gewußt, man konnte doch die überfüllten Züge sehen, das Bahnpersonal war doch im Bilde, auch

Ministerien und Verwaltungsbeamte!« Doch wie war es für den Bürger: Eines morgens entdeckte man, daß die Wohnung des jüdischen Nachbarn leer war. Ich weiß von niemandem, der einen Transport, menschenüberfüllte Waggons, gesehen hat. Auch nicht unsere Familie, die direkt neben den Bahnanlagen Ulms gewohnt hat. Doch durch Bahnbeamte hatten manche, durch Hörensagen mit vor dem Mund gehaltener Hand, davon gehört. So »wußten« manche zwar vage von Transporten, aber nur ganz wenige hatten sie gesehen, weil sie in der Nacht vor sich gingen. Man hörte jedoch, die Juden kämen »in den Osten« in Arbeitslager, wo sie gemeinsam nach ihren Sitten leben könnten. Eine andere, viel wichtigere Frage, die kaum gestellt wird, lautet: »Wußte man von den *Morden*?« Von mir selbst kann ich sagen: In einem »Weiße Rose«-Flugblatt, das mir Hans im Herbst 1942 in aller Eile heimlich gezeigt hatte, las ich flüchtig von Morden in Polen, hatte aber damals den Standpunkt: »Ich glaube nur noch, was ich selbst sehe und nicht an das, was mir über fünf Ohren zugetragen wird«, hielt allerdings das Schlimmste für möglich. – Sehr wohl erinnere ich mich an die Nachkriegszeit, wo die Verbrechen offenbar wurden durch Fotos der Besatzer und durch die Nürnberger Prozesse, und wo unsere Mutter in größter Empörung meinte: »Das glaube ich einfach nicht! Schon wieder wird man belogen, diesmal von den Siegern.« Auch Vater hätte durch seine Besuche in der Gemeinde von Morden erfahren können, wußte aber mit Sicherheit nichts davon, denn er hätte mit seinen erwachsenen Kindern, nun mit Hans und Konrad, offen darüber gesprochen, ebenso wie damals über die »Gnadentötungen« mit Peter und mir. Die Nürnberger Prozesse wurden auch deshalb so spektakulär durchgeführt, um der Bevölkerung die Verbrechen ihrer Regierung vor Augen zu führen. Offensichtlich meinten die Besatzer, es bestünde Aufklärungsbedarf. Derselben Meinung war auch *Kurt Gerstein*. Man muß auch fragen: Warum eigentlich wurden die Morde streng geheim gehalten? Offenbar befürchtete man Unruhen. Von einem demokratischen deutschen Parlament wären diese Schreckenslager und Massenmorde niemals befürwortet worden. Wenn heute manche Journalisten vom »abgrundtiefen Judenhaß der Deutschen« sprechen, so liegen sie völlig daneben.

Es waren auch viele »arische« Bürger im Lager verschwunden. Speziell das KZ Buchenwald sollte ursprünglich nur »arischen Deutschen« vorbehalten sein, was jedoch zunehmend durchkreuzt wurde. – In Süddeutschland wurden die, die dem Regime nicht paßten, nach Dachau gebracht. Manche, denen man nur einen Schrecken einjagen wollte, wurden nach kurzer Zeit, andere wieder nach langer Zeit entlassen, wie etwa unser Geographielehrer Brand. Deshalb ließ man sich nicht auf die Vorstellung ein, daß in den Lagern Menschen umgebracht würden. Brand übrigens kehrte in den Schuldienst zurück und hat über seine Erlebnisse geschwiegen »wie ein Grab«.

Ich selbst war im Jahre 1943 mehrere Wochen in derselben Zelle mit einer Frau, die vier Jahre lang in verschiedenen Lagern auf deutschem Boden gelebt hatte. Da sie annahm, ich käme in ein KZ, ermunterte sie mich und sagte: »Wenn du gesund bleibst und im Freien arbeiten kannst, so kannst du's aushalten, vor allem, weil du an den Achselklappen der Hemden die Politischen von den Kriminellen unterscheiden kannst und bei den Politischen gute Freunde finden wirst.« Kein Wort sprach sie vom Morden; es wurde bis kurz vor Kriegsende außerhalb unserer Grenzen durchgeführt; die Namen Auschwitz, Belzec hörte man erst nach dem Krieg. Doch die Kirchenprominenz war im Bilde. Warum schwiegen die Kirchen? Damals bei den Euthanasie-Aktionen 1941 hatte die Württembergische Kirche durch Bischof Wurm Einspruch erhoben, weil das Personal der Anstalten, die Ärzte, Schwestern, Hausmeister und andere der Kirche angehörten: vor allem aber, weil die Fürsorge für Behinderte zur Diakonie gehörte, zum innersten Auftrag der Kirche. Zwei Jahre später, in denen Himmler und Heydrich an Macht gewonnen hatten, schwieg sie bei den Judendeportationen, und bis Kriegsende wurde am Schluß jedes Gottesdienstes gebetet: »Gott beschütze Führer, Volk und Vaterland.« In diesem Zusammenhang zitiere ich einige Verse aus dem Feldgesangbuch:

> Ein Haupt hast du dem Volk gesandt,
> und trotz der Feinde Toben
> in Gnaden unser Vaterland
> vereint und hoch erhoben;
> mit Frieden hast du uns bedacht,
> den Führer uns bestellt zur Wacht
> zu deines Namen Ehre.
>
> Verwirf, Gott, unser Flehen nicht,
> laß' auf des Führers Wegen
> dein huldvoll heilig Angesicht
> ihm leuchten, uns zum Segen,
> und salbe ihn mit deinem Geist,
> daß er sich kräftig stets erweist
> zu deines Namens Ehre.
>
> Du reicher Gott, in Gnaden
> schau her vom blauen Zelt,
> du selbst hast uns geladen
> in dieses Waffenfeld.
> Laß uns vor dir bestehen
> und gib uns heut den Sieg!
> Die Christenbanner wehen,
> dein ist, oh Herr, der Krieg.
>
> *(aus: Heinrich Kling, Nr. 62 und 63)*

Ein *öffentlicher* Protest beider Kirchen, zu gemeinsamem Zeitpunkt von allen Kanzeln herab, wäre damals 1941, bei der fortgeschrittenen Macht von Himmler und Heydrich, und unter Kriegsrecht, vergebens gewesen. Allein der Versuch zu einem gemeinsamen Schritt wäre mißraten. Hätte er aus moralischen Gründen versucht werden sollen? Es hätte massenhafte Verfolgungen gegeben, wohl auch Märtyrer und Einschränkungen in den kirchlichen Einrichtungen. Die Verbrechen an den Juden hätten sich aber nur verzögert.

Die Kirchen hatten Angst vor immer weiteren Beschränkungen. Delekat, ein damals bekannter Kirchenherr, äußerte sich gegenüber dem Dresdener jüdischen Romanisten Viktor Klemperer, man habe Angst vor einem gänzlichen Verbot der Bekennenden Kirche.

Den Ausgrenzungen schon 1934, den Pogromen 1938 und den Verschleppungen ab 1941 war ja etwas wichtiges vorausgegangen: Die Diffamierung. Von Beginn an ist das deutsche Volk und ebenso sind die Kirchen auf die Agitationen eingegangen, sie haben sie im wesentlichen hingenommen, ebenso die folgenden tausend kleineren und größeren Schändlichkeiten. Das mag zunächst dem Laufenlassen, dem Schlendernlassen zuzuschreiben sein, dem jeder mehr oder weniger unterworfen ist. Doch das Gewaltsystem nistete sich in die feinsten Verästelungen der Gesellschaft ein, so daß bald einerseits berechtigte Angst entstand vor dem Sich-Widersetzen, und andererseits die ideologische Beeinflussung wirkte. In diesem Sinne gab es »willige Vollstrecker« in Massen.

Jede neue Generation muß sich schockiert fragen: Wie war es möglich, daß diese Verbrechen in den Lagern geschahen? Aus Werle/Wandres' Bericht über die Frankfurter Prozesse 1963 bis 1965, »Auschwitz vor Gericht«, erhält man Einblicke in die Maschinerie der Vernichtung, die wohl auch für die anderen Lager im Osten gelten. In Auschwitz waren zunächst die aus dem KZ Sachsenhausen zugezogenen dreißig Schwerverbrecher, die ich Seite 115 schon nannte, die bald die Stamm-Mannschaft darstellten. Die Aufsicht über einen »Block« hatte jeweils der Blockälteste, d.h. ein Häftling. Die Arbeitskommandos wurden wiederum von Häftlingen, den »Capos« gebildet, die, weil sie Vorrechte besaßen und überleben wollten, bestrebt waren, ihre Posten zu behalten und ihren vorgesetzten SS-Leuten gefällig zu sein. So wurden Juden von Juden befehligt und mißbraucht. – Rohlinge, die zu allem fähig sind, gibt es immer; sie entfalten sich erst richtig in Kriegszeiten und bei solch perversen Tätigkeiten, wobei dazuhin in den einzelnen

Lagern keine Kontrolle ausgeübt wurde. Jedes Lager hatte nämlich seine eigenen Ordnungen und Abhängigkeiten. Die Aufseher und Ärzte waren als SS-Leute zum Gehorchen und Kommandieren und zu äußerster Härte gegen sich und andere dressiert, sie folgten den Befehlen und – wie sie sagten – »taten ihre Pflicht«; dabei entarteten sie. Der Lagerkommandant wurde nach dem Entschluß Hitlers von Himmler und unmittelbar vom Reichssicherheitshauptamt (RSHA) beauftragt, die Voraussetzung für eine massenhafte Tötung zu schaffen. Als SS-Leute waren alle auf Hitler eingeschworen: »Treue bis zum Tod!« Das klingt geradezu nobel. Sie waren aber verbrecherische Karrieremacher, bei denen jedes menschliche Gefühl abgetötet war; sie waren Punktesammler, die sich einredeten, Rohheit sei männlich und ihr Gewissen mit Alkohol beruhigten. Sehr wohl hätten sie die Befehle verweigern können; doch sie genossen Vorzugsverpflegung, konnten sich bereichern am Hab und Gut der Toten und waren – das war wohl das wichtigste – dem gefährlichen Soldatsein enthoben. Viele hatten sich bereit gefunden zu morden.[29]

Unser Altbundespräsident Richard von Weizsäcker sagte in seiner berühmten Rede zum 40. Jahrestag des Kriegsendes: »Wer sich informieren wollte, dem konnte nicht entgehen, daß Deportationszüge rollten. Die Phantasie der Menschen mochte für Art und Ausmaß der Vernichtung nicht ausreichen. Aber in Wirklichkeit trat zu den Verbrechen der Versuch allzu vieler, nicht zur Kenntnis zu nehmen, was geschah.« Es wird dem Bürger also vorgehalten, er hätte aktiv sich um Information bemühen müssen. Ich will zunächst mich selbst fragen, wie ich mich hätte informieren können. Hätte ich mich beispielsweise, gänzlich naiv, fragend an die Kreisleitung gewandt, so hätte ich etwa gehört: »Die Juden müssen arbeiten, zum Teil hart. Sie können überzeugt sein, daß nach dem Willen des Führers gehandelt wird.« Und von nun an, da ich offenbar ein kritischer Mensch war – und Kritiker waren alles andere als geschätzt, sie waren verfolgt – wäre ich unter Beobachtung gestanden und beim nächsten geringsten Anlaß in ein Lager geschickt worden bzw. auch ohne Anlaß oder unter erfundenem Vorwand der Willkür preisgegeben gewesen. Nun aber angenommen, ich hätte zuverlässig irgendwoher die Wahrheit erfahren, was hätte ich *dann* tun müssen, was wäre sinnvoll, wirkungsvoll gewesen? Noch niemand hat darauf eine Antwort gewußt. Ein Dilemma. Ich zitiere Haffner (»Von Bismarck zu Hitler«, München 1987): »Nach der Abschaffung allen politischen Lebens hatten die Deutschen kein Mittel mehr, ihren Widerwillen praktisch zur Geltung zu bringen oder gar politisch durchzusetzen.«

Ein schwäbischer Zeitgenosse, dessen Vater Jude war, sagt dazu im Juli 1997: »Die Juden, die noch da waren, mußten im Januar 1942 bemerken, daß man mit manchen der ›Evakuierten‹ nicht mehr korrespondieren konnte, oder man erhielt aus Frankreich die Nachricht, die Tante sei ›verschieden‹. Ähnliche Hinweise kamen ab Juli 1942 aus Treblinka, Izbica. Man begann zu ahnen. Von den Massenerschießungen erfuhren *auch wir Juden* erst nach dem Krieg.«

Ohne von uns ablenken zu wollen, ist auch zu fragen: Was wußten die Alliierten? Dazu Rothfels: »Es läßt sich nachweisen, daß der Nachrichtendienst der westlichen Alliierten ein recht klares Bild von dem hatte, was während des Krieges in Deutschland vor sich ging.« Hier muß ich vorgreifen auf das Jahr 1942. Von August bis Dezember '42 erhielten die westlichen Nachrichtendienste direkt oder indirekt die eingehenden Berichte *Kurt Gersteins*. Gerstein, geboren 1905, war Bergingenieur und hatte einige Semester Medizin studiert. Intensiv war er engagiert in der evangelischen Jugendarbeit. Entsetzt über den »Gnadentod« seiner Tante entschloß er sich, in die SS einzutreten, um dem Teufel auf die Spur zu kommen und geriet dabei regelrecht in »Teufels Küche« und in größte Konflikte, weil er in Kürze Entseuchungsoffizier und Giftbeschaffer im Lager Belzec wurde. Seinen eingehenden Bericht über die Massentötungen konnte er zunächst dem Sekretär der schwedischen Botschaft in Berlin übergeben, Baron von Otter. Allerdings berichtet H. G. Dahms: »Ein Versuch Gersteins, die schwedische Regierung zu alarmieren, scheiterte an der Passivität des schwedischen Kabinetts.«[30] Gersteins ausführlicher Bericht gelangte auch an Bischof Dibelius in Berlin, an die Familie Niemöller, mit der er nah befreundet war, an den Presseattaché der Schweizer Gesandtschaft in Berlin, Dr. Hochstrasser; auch an das Büro des Jüdischen Weltkongresses in Genf und damit an den amerikanischen Staatssekretär Sumner Welles, den außenpolitischen Berater Roosevelts, sowie an viele in- und ausländische Privatpersonen. Sein polnischer Kurier *Jan Karski* wurde von Eden empfangen, und der Papst erfuhr über den apostolischen Nuntius der Slowakei sowie über Graf Preysing, Erzbischof in Berlin, von Art und Umfang der Vernichtungen. Der 82jährige Jan Karski war am 26.1.1997 in den ARD-Mittagsnachrichten zu sehen. Er sagte wörtlich: »Eden und Roosevelt waren hilflos und gleichgültig.« Gerstein hatte sich vorgestellt und hatte von den Briten gefordert, sie sollten die Bahnlinien und Zufahrtsstraßen zu den Lagern bombardieren und in Tausenden von Flugblättern das deutsche Volk aufklären. Dann, so glaubte er, würden Bürger sich zusammenschließen zu einem Widerstand. Herrn von Weizsäckers Ansicht, man hätte sich informieren können, hätte sich erübrigt. – Doch es geschah, wie wir wissen, nichts. Das christliche Abendland ließ die Ausrottung der Juden geschehen; seine Eliten hatten im Unterschied zum deutschen Normalbürger sichere Informationen.

Gerstein war tief enttäuscht. Er schrieb (zit. nach Friedländer): »Welches Vorgehen gegen den Nationalsozialismus konnte man von einem gewöhnlichen Bürger verlangen, wenn sich selbst der Stellvertreter Jesu auf Erden weigert, etwas zu unternehmen, obwohl Zehntausende von Menschen täglich ermordet werden, und obwohl es mir verbrecherisch erschien, auch nur einige Stunden zu warten. Sogar der Nuntius in Deutschland weigerte sich, sich unterrichten zu lassen über diese ungeheuerliche Verletzung der Grundlage der Gebote Jesu: ›Liebe deinen Nächsten wie dich selbst.‹«

An ein öffentliches Engagement der evangelischen Kirchen gegen die Rechtlosigkeit der Juden kann ich mich nicht entsinnen. Im Unterschied zu den dänischen Kirchenbehörden, die dazu aufforderten den Juden zu helfen, resignierte die evangelische Kirche in Deutschland aus großer Angst. Der Württembergische Landesbischof Wurm entschied sich für den Weg vertraulicher Briefe an Träger des Regimes, so an Innenminister Frick oder an Hitler persönlich (16. Juli 1943); er protestierte jedoch nicht öffentlich.

Die oft leichtfertig gestellte und doch berechtigte Frage: »Habt ihr denn nicht davon gewußt, warum habt ihr nichts dagegen getan?«, wird vorwiegend von denen erhoben, die das Dritte Reich nicht erlebt und auch keine andere Diktatur kennengelernt haben. Wir, d.h. Familie und Freunde, wußten vage von Transporten nach Osten, und wir konnten nicht annehmen, daß es den Juden dort besser ging als zuhause. Von den Morden erfuhren wir erst nach dem Krieg. Doch was hätten die wenigen Bürger, die schon vorher hinreichende Informationen hatten, tun können? *Eine Revolution von unten, vom Bürger her, war unmöglich,* erst recht im Krieg. Denn wie hätte man Polizei und Gestapo und das ganze Parteigefüge überwinden sollen? Nur im kleinsten Freundes- und Familienkreis wagte man es, seinem Herzen Luft zu verschaffen, wie sollte da eine Organisation möglich sein? Wir fühlten uns vereinzelt und eingeschüchtert; denn viele waren verschwunden in Zuchthäusern oder Lagern, und viele andere wurden zu Verhören zur Gestapo befohlen und waren mit dem Schrecken davongekommen. Viele dachten auch: »Nun haben wir Krieg. Ihm muß alles untergeordnet werden. Dann aber, wenn wir heimkehren, und der Krieg zu Ende ist, wird vieles anders werden, dann jagen wir die Kerle zum Teufel!« So dachte auch unser Vater. Welche Illusion! Einzig das Militär hatte Gewalt und damit die Möglichkeit, etwas zu ändern – und blieb trotz vieler Anläufe erfolglos. Lese ich heute die klassischen Werke über den Widerstand, so vermisse ich die Darstellung der *Schwierigkeiten*, welche die telefonische und persönliche Überwachung mit sich brachte, und die Darstellung der Gefahr, vom »Horcher an der Wand« denunziert oder durch einen läppischen Zufall entdeckt zu werden. Mit Erfolg war es vielen Leuten weisgemacht worden, gerade jetzt im Krieg sei es eine vaterländische Tugend, andere anzuzeigen, und seien es auch die eigenen Eltern. (Die Ahnen, die weit entfernten, sollte man ehren, die eigenen Eltern aber durchaus anzeigen.)

So ist es kaum faßlich, wie z.B. Stauffenberg es verstanden hat, trotz der Überwachung etwa 200 Gleichgesinnte um sich zu scharen und sie in seine Pläne einzubinden. Nur wenige Widerständler sind heute populär und werden geehrt. Will man alle die andern vergessen, weil man sie immer noch als Verräter betrachtet oder weil sie erfolglos, also fruchtlos waren, oder weil ihr Anderssein einen Vorwurf bedeutet? Ihre vergebliche Leistung muß hoch eingeschätzt werden, und man sollte darum wissen. Es ist zu fragen: Gelang es denn anderen Völkern und gelang es internationalen Institutionen, den Massenmorden an Juden Einhalt zu gebieten? Heute, wo ich endlich Zeit habe, mich mit diesen Fragen zu beschäftigen, lese ich, daß nicht nur Kurt Gerstein über die KZ Aussagen gemacht hat, sondern ebenso auch zumindest drei aus Auschwitz Entflohene: Vrba, Wetzler und Jerzy Tabeau. Diese Informationen stammen von Werner Maser; und er kommt zu einer Reihe weiterer Ergebnisse[31], die ich in folgenden Aussagen wiedergebe:

– Papst Pius XII weigerte sich konsequent, die Vernichtung der Juden zu verdammen.
– Britische Ministerialbeamte glaubten nicht den, wie sie meinten, übertriebenen Berichten. Großbritannien erklärte sich außerstande, eine größere Zahl von Juden unterzubringen.
– Das Internationale Rote Kreuz war nicht bereit, seine Schutzansprüche auf die Juden auszudehnen, die sich in KZ befanden.

– Fünf Millionen US-amerikanische Bürger haben sich in einer Weise zurückgehalten, die schwer verständlich erscheint. Junge jüdische Aktivisten versuchten vergeblich, das Repräsentantenhaus dazu zu bewegen, mehr als nur die bisher festgesetzte Zahl von 150 000 Emigranten einreisen zu lassen.
– Die Sowjetunion hätte die Ausrottung der polnischen Juden möglicherweise verhindern können.

Und wie stand es mit Informationen aus deutschen Besatzungsgebieten? Von der Verschleppung holländischer Juden zum Beispiel hörte ich weder vor noch nach meiner Verhaftung irgendetwas. Dazu Wollenberg:

> »In Holland wurden von 15. Juli 1942 bis 13. September 1944 107 000 Flüchtlings- und holländische Juden nach Auschwitz und Sobibor verschleppt in 87 Eisenbahnzügen. Etwa 5 % von ihnen kehrten zurück [...] Diese Aktionen wurden von Deutschen durchgeführt unter Führung von Österreichern, wobei die holländische Zivilverwaltung *ohne Stockungen* mitgearbeitet hat.«[32]

Wer solche Aussagen von Historikern liest, die diese Dinge über Jahrzehnte erforscht haben, muß bestürzt sein. Wir selber lebten unter einem seit Jahren aufgebauten Spitzel- und Terrorsystem. Viele Scheußlichkeiten haben wir geduldet, schwere Verbrechen wurden von einer deutschen Regierung ersonnen und zum größten Teil von Deutschen ausgeführt. Diese Anschuldigungen bleiben bestehen und behalten ihr Gewicht. Und doch sind andere Völker wie auch internationale Organisationen in die Verpflichtungen miteingebunden und sollten sich zu ihrem Teil zu den Anschuldigungen bekennen, jedenfalls aber sich dazu äußern.

Persönliches 1941. Während meine Brüder Hans und Konrad das Gymnasium besuchten und ich inzwischen das Fröbelseminar, hatte sich *Peter*, Jahrgang 1923, wie fast alle seine Klassenkameraden, freiwillig zur Wehrmacht gemeldet, weil man dadurch den gefürchteten Arbeitsdienst verkürzt (nur zwei

Monate lang) ableisten konnte und dazuhin beim Militär die Waffengattung wählen durfte. Infanterie und Pioniere wurden als Kanonenfutterlieferanten angesehen; dorthin sich zu melden, war nicht zu empfehlen. – Er erhielt im Februar 1941 sein Not-Abitur und kam zum Arbeitsdienst nach Budweis.

»Es war ein düsteres Erlebnis. So übte man z.B. in einer auserlesenen Gruppe von durchweg 1,80 Meter großen jungen Männern drei Wochen lang ausschließlich den ›Achtungsmarsch‹ und den berühmten ›Spatengriff‹, der alles spätere Wehrmachtsexerzieren in den Schatten stellte. Er sollte am 20. April in Prag dem Führer zum Geburtstag vorgeführt werden, doch kam der Balkankrieg dazwischen.«

Peter hatte sich beim Militär wegen der besseren Überlebenschance und als guter Reiter zur bespannten Artillerie gemeldet. Die ideologische Dummheit äußerte sich auch dort wieder in sinnloser Schleiferei. So mußten sie zum Beispiel mit der Gasmaske vor dem Gesicht im Laufschritt rennen und dazu singen: »Die Vöglein im Walde, die sangen so wunderwunderschön.« In den drei militärischen Ausbildungsmonaten in Neu-Ulm hatte er ganze sechs Schuß auf eine Zielscheibe geschossen, konnte weder ein MG noch das Geschütz richtig bedienen. So kam er nach zwei Monaten RAD und drei Monaten sogenannter Ausbildung zu einer »Marschkompanie« nach Braunschweig und wurde, nunmehr 18jährig, im September 1941 nach Rußland verladen.

Es war eine wochenlange Bahnreise in einem endlos langen, langsam fahrenden Zug, in unerträglicher Enge, nämlich jeweils zu vierzehn in einem kleinen Abteil mit zwei schmalen Bänken. Von Kiew aus wurden die jungen Soldaten in einer alten Ju 52 nach Taganrog vor Rostow geflogen, immer im Tiefflug. Bei ihrer Ankunft herrschte Schneesturm, bei den Ankommenden und Wartenden Krisenstimmung. »Weit ist der Weg ins Heimatland, so weit, so weit ...« war ein vielgesungenes Lied.

Es gelang Peter dort, sich zur »motorisierten Artillerie« zu melden und auf diese Weise zur 13. Panzerdivision zu kommen, wo man nicht zu Fuß gehen mußte, sondern gefahren wurde und meist sich *hinter* der Front aufhielt. Sie lebten nun von November 1941 bis Mai 1942 vor Rostow in Erdhöhlen, die sie aus dem gefrorenen Boden herausgesprengt und mit Brettern und Erde zugedeckt hatten. Ihre Zahl schmolz rapid zusammen, hauptsächlich durch Flecktyphus, Erfrierungen, Unglücksfälle. In Todesgefahr war in erster Linie der »vorgeschobene Beobachter«, der per Telefon das Feuer der Artillerie leitete und immer wieder ersetzt werden mußte. Von der 250 Mann starken Batterie waren im Frühjahr 1942 nur noch 35 Mann übrig. Wie er erzählte, debattierten sie damals schon in ihren kalten Erdhöhlen, ob der Krieg wohl bald verloren sei. Damals hofften sie, die in der Erde kampierten, auf die Amerikaner, die hoffentlich den »Iwan« nach Europa nicht hereinlassen würden. Nach der Stalingradniederlage kämpften sie, um zu verzögern, daß der Russe in die Heimat vordringe. Die Hoffnung auf die Amerikaner verstärkte sich – laut Peter –

Konrad, 13jährig

gegen Kriegsende sozusagen als letzter Hoffnungsanker. Diese Amerika-Freundlichkeit wurde dann allerdings relativiert durch die unmenschliche Behandlung deutscher Kriegsgefangener in den amerikanischen Gefangenenlagern auf deutschem Boden.

Frage: »Warum liefen so wenig über, da man den Krieg als verloren ansah?« – *Peter*: »Ein deutscher Überläufer wäre als ein von Kapitalisten verführter Genosse behandelt worden, der einem ungewissen Schicksal, z.B. in einem sibirischen Bergwerk arbeiten zu müssen, ausgeliefert gewesen wäre. Es rieselten zuweilen, zum Beispiel als Neujahrsbotschaft, Flugblätter vom Himmel, die zum Überlaufen aufforderten, doch von einer unversehrten Rückkehr nach Kriegsende war darin nicht die Rede.« – *Frage*: »Und was war mit dem fanatischen Militarismus der deutschen Soldaten?« – *Peter*: »In *meiner* Umgebung habe ich ihn nicht erlebt. Die deutsche Bevölkerung hatte ja von Anfang an auf den Rußlandkrieg mit depressiver Skepsis reagiert.« – *Frage*: »Wo hat dich der Kommissarbefehl erreicht, welche Folgen hatte er?« – *Peter*: »Ich kann mich nicht an ihn erinnern, doch wurde bei unserer Truppe nie in seinem Sinn vorgegangen. Wir hatten einmal den Befehl, *einen* Tag lang keine Gefangenen zu machen, weil an unseren Toten bestialische Grausamkeiten verübt worden waren. Aber dies hat mit dem Kommissarbefehl nichts zu tun.« – *Frage*: »Hast du Plünderungen erlebt?« – *Peter*: »Ja, ein einziges Mal. Einer unserer Leute hatte in Rostow Silberzeug an sich genommen. Er kam vor ein Standgericht und wurde sofort erschossen.«

Im Frühjahr 1941, am Ende der Seminarzeit, hatte ich mich zum Musikstudium entschlossen mit Hauptfach Klavier und Nebenfach Violoncello. Was den Arbeitsdienst betraf, so gehörte ich zu den Glücklichen, die überraschend als überzählig erklärt wurden. Das 1938 eingeführte »Pflichtjahr« für 14- bis 25jährige Mädchen und der »Reichsarbeitsdienst« bildeten die »Front der schaffenden Mädels«. Es waren zunehmend Zwangsorganisationen. Anfang März bestand ich die Aufnahmeprüfung in Stuttgart und wurde auch, meinem Wunsch entsprechend, von Prof. Hans von Besele angenommen, einem hervorragenden Pädagogen und noblen Menschen. Frau Maisch, der ich meinen

Erfolg erzählte, freute sich riesig. Ich sehe sie vor mir, wie sie an der Balustrade ihres Balkons gelehnt über unsere Stadt Ulm hinunterblickte und sie, als wir uns über die politische Lage unterhielten, sagte: »Ich kann gar nicht beschreiben, wie ich diesen Menschen (Hitler) verachte und hasse. Er verdirbt unsre ganze Kultur und unser ganzes Ansehen auf der Welt.« – Es war unser letztes Zusammensein. –

Ganz anders als mir an der unpolitischen Stuttgarter Musikhochschule unter *Direktor Prof. Hugo Holle* erging es *Sofie* mit ihrem Studium an der Universität München. Dort wurde die Kindergärtnerinnenausbildung als Ersatz für den Arbeitsdienst nicht anerkannt. In der »Hauptstadt der Bewegung« verlangte die Uni als Voraussetzung zum Studium den abgeleisteten Arbeitsdienst, der dann für Sofie durch den bald hinzugefügten »Kriegshilfsdienst« noch um ein weiteres halbes Jahr verlängert wurde. Fast nur in brieflichem Gedankenaustausch mit Geschwistern und Freunden, in einem Milieu, von dem sie sich tief

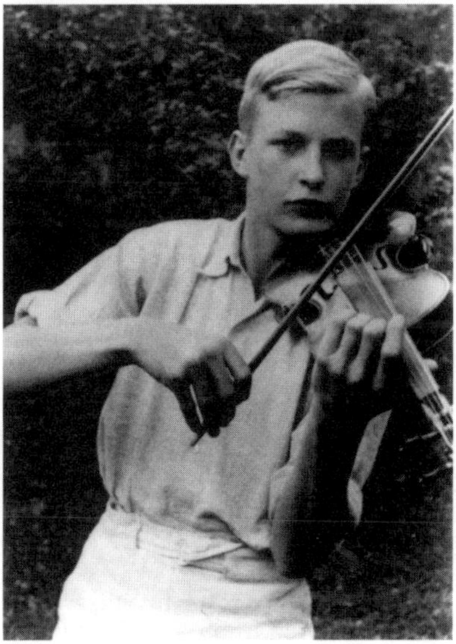

Peter, kurz vor der Einberufung (1940)

abgestoßen fühlte, war es wohl ihr schwerstes Jahr. Selbst die Freizeit war reguliert, so daß das Lesen im Bett mit der Taschenlampe ihr einziger Freiraum war. Aus ihren Briefen ist zu ersehen, welchen Weg sie dabei gegangen ist. Als ich sie während eines Urlaubs zu Hause traf, meinte sie: »Ich könnte nicht leben ohne die ›Bekenntnisse des Augustinus‹.«

Nach der Immatrikulation im Großen Saal der Musikhochschule hatten wir Studenten nah an einem langen Tisch vorüber zu gehen, an dem wir uns als Mitglieder des NS-Studentenbundes einzutragen hatten. Dem war nicht zu entgehen wegen der absichtlich hervorgerufenen Enge. Ich unterschrieb, nannte aber als Tag des Eintritts ein fernes Datum, war somit nie Mitglied, bezahlte keinen Pfennig Beitrag, wurde auch nicht gedrängt, an den Zusammenkünften teilzunehmen, kurz: ich blieb ungeschoren. Derartiges war möglich unter Direktor Holle. – Sofort belegte ich als Nebenfach Violoncello, und obwohl ich noch eine blutige Anfängerin war, wurde ich vom Cellisten des Wendlingquartetts, *Prof. Alfred Saal*, angenommen. Er war ein großartiger Kammermusiker und ein Lehrer von hoher Autorität und wegen seines Humors und seiner Herzensgüte ganz besonders beliebt. Am Ende des Festkonzerts zu seinem 60. Geburtstag im Weißen Saal des Neuen Schlosses war der Flügel mit Rosen- und Rittersporntsträußen überhäuft, und es wurde erzählt, er habe beim nachfolgenden Festgelage zum Beweis seiner Rüstigkeit auf dem abgedeckten Tisch einen Handstand gemacht. Obwohl er PG und Dozentenführer war, schrieb er 1943 an die Gestapo ein mich begünstigendes Zeugnis und besuchte mich sogar im Gefängnis Gotteszell bei Gmünd, wobei er mir alle möglichen Grüße ausrichtete (von den Professoren Hermann Keller, Hans von Besele, Carl Wendling und der Sekretärin Frau Burkhard) – es war eine bewegende Begegnung. Als er mir den allzu frühen Tod meiner Klavierlehrerin Trude Maisch-Schefold mitteilte, war ich mit meiner Fassung am Ende, und er konnte mich nur noch väterlich in die Arme schließen.

Von April 1941 bis Ende 1942 erlebte ich eine schöne Zeit: Angesichts der bedrückenden Zeitumstände war es ein besonderes Geschenk, studieren zu dürfen, sich mit Musik beschäftigen zu können. Nichts von den hohlen kämpferischen Phrasen der Nazis war an der Musikhochschule zu hören, nichts vom tierischen Ernst, wie weggepustet war das ganze Geschwätz, und ich fühlte mich wohl in diesem Haus an der Urbanstraße. In diesem Zeitabschnitt wurden in Stuttgart zum ersten Mal Juden auf dem Killesberg versammelt und in Zügen weggeschickt. Ich erfuhr darüber nichts. Auch im Pfarrhaus Rudi Daur, wo ich damals wohnte und wo freiweg geredet wurde, hörte ich nichts darüber.

Zunächst wohnte ich bei meinem Onkel Walter Hirzel, konnte jedoch dort nicht Klavier üben. So zog ich in die Dobelstraße, wo ich ein großes Zimmer samt Klavier mieten konnte, nur leider gab es keine Kohlen, um zu heizen. So übte ich Klavier mit einem elektrischen Öfchen unter dem Hocker, mit kalten Fingern, schlief nachts, da kein Bett vorhanden war, auf einem ausziehbaren Ledersessel, wärmer angezogen als tagsüber auf der Straße. Das konnte nicht lange dauern. Ich fand Anfang 1942 bei Freunden meines Vaters, bei *Pfarrer Rudi Daur*, Unterkunft in der Römerstraße. Rudi Daur war damals Präsident des Weltversöhnungsbundes, stammte aus einem pietistischen Pfarrergeschlecht, war jedoch, da er aus der Jugendbewegung kam, ein höchst liberaler Pfarrer, ähnlich unserem Vater. Als hochgebildeter und ehrlicher Theologe und auch als begabter Rhetoriker hatte er aus der ganzen Stadt riesigen Zulauf und konnte als offener und hilfsbereiter Mensch vielen mit Rat und Tat helfen. Als mein Zimmer wegen Kohlenmangels nicht mehr beheizt werden konnte, meinte er: »Komm zu mir in mein Arbeitszimmer. Da kannst du zwar nicht Klavier, aber Cello üben. Ich bin schon imstand, mich zu konzentrieren, wenn ich weiß, daß du nichts von mir willst.« So traktierte ich also mein Cello, während er neben mir eine Predigt oder eine Hochzeit oder eine Beerdigung vorbereitete.

1942
Sollte man auf die Niederlage hoffen?

20. Januar 1942: In der geheimen Wannseekonferenz unter Heydrich soll einer größeren Zahl von Staatssekretären und Parteifunktionären, darunter Roland Freisler, mitgeteilt worden sein, die Grenzen seien gesperrt und die »Endlösung« für elf Millionen Juden in Europa (einschließlich der russischen und englischen Juden) werde vorbereitet.

Am 23. Februar übernimmt der »Bomber-Harris« das Kommando der englischen Royal Air Force mit dem Ziel, die deutsche Bevölkerung und mit ihr die Fabrikarbeiter zu zermürben. Die Zerstörung Kölns am ersten Juni zeigt, daß die deutsche Luftüberlegenheit vorbei ist.

Am 26. Mai Bündnis zwischen Sowjetunion, England und Frankreich.

Am 23. Juli wird Rostow erobert, viele Schwaben sind daran beteiligt. Im Juli fällt die Festung Sewastopol auf der Krim. Die 6. Armee erreicht den Don westlich von Stalingrad, das Ende Oktober zu 90 % erobert ist. Doch die Offensive bleibt stecken. Einen zunächst noch möglichen Ausbruch aus dem durch die Russen gezogenen Ring um die Stadt verbietet Hitler.

Im August wird Freisler Vorsitzender des Volksgerichtshofs.

In Afrika gelingt es Rommel nicht, das Niltal zu erreichen. Montgomery durchbricht die deutschen Stellungen. Am 7. November landen britische und amerikanische Truppen in Marokko.

Himmler meldet am 29. Dezember an Hitler, die SS habe im August 31 246, im September 165 282, im Oktober 95 735 und im November 70 948 Juden allein in Rußland-Süd, in der Ukraine, in Bialystok »exekutiert«.[33]

In *Stuttgart* werden (laut Stuttgarter Amtsblatt vom 20.8.1992) im April, Juli und September insgesamt 1100 Juden abtransportiert, nur 4,64 % von ihnen überleben. Die »evakuierten« Juden sollten angeblich im Osten Siedlungsgebiete zugewiesen bekommen, die sie wirtschaftlich entwickeln und in denen sie ihr religiöses und kulturelles Eigenleben führen konnten. Daß dies eine infame Täuschung war, ahnten viele. Die Vorstellung jedoch, die Deportation habe die Vernichtung zum Ziel, erscheint so ungeheuerlich, daß sie nur wenige für realistisch halten. – Die heimlichen Hörer von Auslandssendern erfahren nichts über das, was an manchen Stellen im Ausland bekannt war.

Kirche: Die deutschen evangelischen Bischöfe lassen einen Hirtenbrief verlesen: »Wir möchten ganz besonders betonen, daß wir nicht nur für religiöse und kirchliche Rechte eintreten, sondern auch für menschliche schlechthin. Ohne ihre Gewähr muß der ganze Bau westlicher Kultur zusammenfallen [...]« – Viele Pfarrer werden verhaftet.

Widerstand: Im Februar wird eine linke Widerstandsgruppe in Berlin um Beppo Römer und Roland Uhrig zerschlagen: 45 Todesurteile. Ähnliches mit einer Aktion »Revolutionäre Sozialisten« in Bayern und Österreich. Im Herbst wird der Kreis um Schulze-Boysen und Arvid Harnack, die »Rote Kapelle«, aufgedeckt: Über 50 Hinrichtungen. Seit Mitte 1942 plant Tresckow mehrere Attentate, die an den Umständen scheitern. Münchner Studenten versenden im Frühsommer ihre ersten Flugblätter.

Vermittlung: Im Mai trifft Bonhoeffer in Stockholm Bischof Bell von Chichester und übergibt ihm eine Botschaft des Kreisauer Kreises (Ziele, Namen) an Eden, den Außenminister Churchills. Eden entgegnet, eine Antwort liege nicht im nationalen Interesse Englands. – Kurt Gerstein, engagierter evangelischer Christ, als SS-Mann Entseuchungsoffizier in Belzec, übermittelt ab August Informationen über das dortige Vernichtungslager an ausländische Regierungen und internationale Institutionen.

Schon zu Beginn des Krieges waren Essensmarken und Bezugsscheine ausgegeben worden, deren Rationen im Laufe des Krieges immer mehr gekürzt wurden. Nun, Anfang 1942, herrschte in Haushalten und Schulen Kohlenmangel. Und es sollte noch länger als drei Jahre dauern, bis der Krieg zu Ende war. Dazuhin kam, daß zunehmend unsere Städte bombardiert wurden. Die

Bombardierung Kölns zeigte, daß die anfängliche deutsche Luftüberlegenheit vorüber war. In vielen Städten gehörte nun das Heulen der Sirenen zum Alltag, und die Luftschutzkeller wurden oft zu Menschenfallen. Erinnern wir uns an die Silbervögel, die bei Tag in Pulks von 32 und mehr Maschinen in großer Höhe dahinzogen, mit kaum hörbarem Dröhnen, doch glaubte man, die Luft zittere ein wenig.

In Stuttgart fielen 1942 immer wieder Sprengbomben, jedoch keine Brandbomben. Das Rennen in den Keller empfanden wir eher lästig als beängstigend, obwohl man doch ganz leicht durch eine lächerliche Bombe hätte das Leben verlieren können. Rudi Daur, bei dem ich wohnte, dessen einziger Sohn im Winter 1941 vor Moskau gefallen war, meinte schon im Frühjahr 1942: »Wir können nur auf das Eingreifen der Amerikaner warten.« Auf dem Klo lag ein englisches Wörterbuch. Wir benutzten das bescheidene Bröselchen Zeit am stillen Örtchen, um einige Wörter dazuzulernen.

Wie die Bevölkerung durch die Propaganda gelenkt wurde, zeigt ein Bericht der Ulmer Bilderchronik. Die NSDAP ruft alle Volksgenossen auf, bei der »Liedarbeit« kräftig mitzuwirken. In der Volksgemeinschaft müßten gewisse Lieder innerhalb weniger Monate Allgemeingut werden. Folgende Pflichtlieder seien zu erlernen: »Siehst du im Osten das Morgenrot ...« – »Nur der Freiheit gehört unser Leben ...« – »Vorwärts nach Osten ...«, ein neues, schnell geschaffenes Rußlandlied.

Wir Musikstudenten waren noch 1941 intensiv bei der Arbeit, mit erhöhtem Lebensgefühl, in fatalistischem Erwartungszustand, beeindruckbar und begeisterungsfähig. So erinnere ich mich an eine Aufführung von Mozarts »Requiem« in der Stiftskirche durch die Musikhochschule, wo am Ende der Tenor Karl Erb von Studenten auf den Schultern von der Empore ins Schiff hinuntergetragen wurde, und wir Chorsänger uns grüppchenweise gegenseitig nach Hause begleiteten bis in den frühen Morgen. – Bei meinem Onkel Karl Thibaut, einem Nachfahren des Heidelberger Juristen und Musiktheoretikers Friedrich

Justus Thibaut, fand ich mich zu regelmäßigem privaten Chorsingen ein, zu einem Freundeskreis von etwa zehn Personen, der sich um Palestrina, Gabrieli, Lechner u.a. bemühte. Dort wurde nie politisiert, während die Proben mit meinen Streichquartettkollegen 1942 zunehmend in politische Diskussionen ausarteten: *Wer* konnte *was* erfahren durch Schwarzhören? Offen sprachen wir vom ersehnten Ende des Krieges und des Regimes (lebensgefährlich für Denunzierte) und hofften auf ein Eingreifen der Amerikaner, die dann endlich im November 1942 in Nordafrika landeten.

Doch Anfang 1942, mit der mißglückten Offensive auf Moskau, mit den großen Verlusten an U-Booten, wo mit jedem Boot mindestens 100 Matrosen 2000 Meter tief auf den Grund des Atlantik versanken, als wir uns zunehmend bestätigt sahen, daß (wie vorausgesehen) mit der Kriegserklärung an Rußland und der Kriegserklärung Hitlers an die USA im Dezember 1941 der Krieg verloren war, und als die Todesanzeigen in den Zeitungen sich häuften, da fiel uns allen das Üben, jedes Spielen von Musik sehr schwer. Ich verlegte mich deshalb vermehrt auf theoretische Fächer und legte schon nach drei Semestern Prüfungen ab in Musikgeschichte, Formenlehre, Instrumentenkunde und Ästhetik, letzteres eine Spezialität von Professor Keller. Die Stimmung der Menschen, mit denen ich zu tun hatte, war schlecht. Wir fühlten uns ohnmächtig, gefesselt, gefangen wie unter einer riesigen Glocke durch eine Besatzungsmacht, wobei die Besetzer Deutsche waren. Ein Schimpfwort auf Hitler wurde rasch populär: Der »Gröfaz«, der größte Feldherr aller Zeiten. Was konnten wir tun, wenn wir erkannt hatten, daß der Krieg nicht nur verloren, sondern von einem Verbrecher geführt war? Sollten wir im Ästhetischen Zuflucht suchen, in der Literatur, in der Musik? Wir wandten uns in kleinen Gruppen der Bibel zu (Lukas 9, Vers 26): »Was hülfe es dem Menschen, wenn er die ganze Welt gewönne und nähme doch Schaden an seiner Seele?« Verse von Reinhold Schneider gingen von Hand zu Hand; man las den »Großtyrann und das

Gericht« von Werner Bergengruen (erschienen 1935). Man besann sich zunehmend auf ethische Werte.

Die Soldaten im Osten hatten zunächst geglaubt, wie es ihnen von langer Hand eingetrichtert worden war, sie kämpften gegen den Bolschewismus, gegen die »Rote Gefahr«, sie müßten dem hochgerüsteten Stalin zuvorkommen. Später, in den Zeiten des Rückzugs, wollten sie verhindern, daß »der Iwan« in die Heimat eindringe. Dafür haben viele ihr Leben gegeben und gleichzeitig, ohne spezielle Motivation, Hitlers Macht verteidigt. Nicht wenige echte Gegner Hitlers wurden gezwungenermaßen Soldaten und mußten ihr Leben lassen. Allzu selten wird von ihnen gesprochen.

Es war schwierig, meinen Bruder Peter zum Erzählen über seine Soldatenzeit 1940 bis 1945 zu bringen. »Millionen haben dasselbe oder ähnliches erlebt und die trauernden Angehörigen sind längst tot. Wozu also?« Dennoch berichtete er mir bis zu seinem Unfall und später wieder vom Ende seines Soldatenlebens:

»Schon im Frühjahr 1942 wußten wir, daß der Krieg ein Eroberungskrieg war, und daß er verloren war. Wir hofften auf einen Waffenstillstand, bevor unser Land besetzt wird, doch ein Waffenstillstand lag nicht im Interesse der Alliierten. Nach dem Fall Rostows, Ende Juli 1942, an dessen Eroberung wir nicht beteiligt waren, durchfuhr unsere Panzerdivision die Stadt und fuhr weiter ohne größeren Aufenthalt durch Nordkaukasien. Eines Morgens erblickten wir mit staunenden Augen die mächtigen Fünftausender des Kaukasus, die vor unseren Augen ausgebreitet dalagen, und deren schneebedeckte Gipfel in der Sonne glänzten. Trotz Krieg und Besetzung erlebten wir, ähnlich wie bei den Ukrainern, jetzt bei den Georgiern, von denen sich viele freiwillig unserer Truppe angeschlossen hatten, eine gewisse Deutschfreundlichkeit. Ein Georgier schenkte mir Maisschnaps ein mit den Worten: ›Stalin nix gut, Hitler nix gut, du und ich heim zu Mama.‹ Sein Deutsch war eindeutig besser als mein Russisch.

Am Terek erlitt ich einen schweren Unfall. Weil die Russen heranrückten, mußten unsere Geschützrohre höher gedreht werden, was zur Folge hatte, daß unsere Geschosse an einer nahen Stromleitung explodierten, und einige unserer Leute durch Splitter verwundet wurden. Da die Infanterie Sperrfeuer anforderte, mußten die Drähte entfernt werden, eine Aufgabe, die mir als dem Benjamin der Abteilung angelastet wurde. Die Drahtschere band ich an mich, kletterte barfuß den Mast hinauf und kniff die Drähte ab. Plötzlich traf ein Granatsplitter den Mast, so daß der obere Teil mit mir herunterstürzte. Obwohl ich mich mit Füßen und Beinen an den Porzellanknöpfen festgeklammert hatte, gelang es mir, mich vom Mast zu trennen und auf den Füßen zu landen, erlitt aber eine schwere Gehirnerschütterung, Hand und Fuß waren gebrochen und die Wirbelsäule beschädigt. In Dnjeprodserdschinsk wurde ich von einer russischen Ärztin operiert und erlebte die große Freundlichkeit des russischen Personals. Die NS-Verbände, d.i. die Feldgendarmerie und der SD (Sicherheitsdienst) hinter der Front taten leider das Menschenmögliche, die Bevölkerung zu Haß und Partisanenkrieg zu treiben, indem sie Zivilisten, hauptsächlich Frauen, aufgriffen zu Zwangsarbeit, und indem sie russische Gefangene in manchen Lagern unmenschlich behandelten. Ein solches Lager mit völlig zerlumpten und verelendeten Menschenmassen habe ich gesehen. Für einige Zeit kam ich ins Krankenhaus von Mährisch-Ostrau und konnte auf dem Weg dorthin, nahe Lemberg in Polen, im Vorbeifahren einen Blick auf ein riesiges Gefangenenlager werfen, wo die gefangenen Russen nicht etwa in Gruppen herumlagen, sondern in Haufen, völlig zerlumpt, halb nackt und wohl halb verhungert. – Schließlich landete ich bei einer ›Genesendenkompanie‹ in Magdeburg, später in Haldensleben, wo ich zur Bewachung eines riesigen Areals eingesetzt wurde, das man zur Justierung von Beutegeschützen benutzte. In Magdeburg besuchte ich eine zeitlang eine Offiziersschule, wurde dort im Zusammenhang mit der ›Weiße Rose‹-Affaire durch ein Kriegsgericht verhört, bekam kein Verfahren, wurde aber von der Offiziersschule entlassen. Dies war mir völlig egal, denn ich besaß keinen Ehrgeiz. Im übrigen bedeutete es meine Rettung vor dem Soldatentod. Trotz meiner schweren Verletzungen am rechten Hand- und Fußgelenk konnte ich später wieder Violine spielen, Musik studieren und den Beruf als Orchestermusiker ausüben.«

Der Gedanke vieler Soldaten: »Nach dem Krieg muß alles anders werden«, war abstrus: Die Macht der Braunhemden wäre mit einem Sieg ins Unsinnige gewachsen. Das stellte sich niemand vor, und der Gedankenschwenk: »Folglich muß der

Krieg verloren werden, je rascher, desto besser«, bedeutete einen allzu großen Schritt, bedeutete geradezu Unmoral, Verrat, wo doch Millionen von Vätern und Söhnen größte Entbehrungen erdulden und oft den Tod erleiden mußten. Was sollte man hoffen? Konnte man sein Vaterland lieben und dennoch seine Niederlage wünschen? In keinem europäischen Volk wäre dies damals möglich gewesen. Oft sprachen wir jungen Leute in der Heimat miteinander in leichtsinniger Offenheit, waren erbittert und verzweifelt, wütend über die hohen Generale, die doch wußten, daß ein Hinauszögern des Endes viele sinnlose Verluste fordern würde. Sie waren oben in der Machtpyramide, nur sie hatten doch die Möglichkeit, mit Gewalt einzuschreiten, nur für sie war es sinnvoll, zu überlegen, was mit Aussicht auf Erfolg getan werden konnte. So fühlten wir uns in einem endlosen Wartezustand, oft auch in deprimierter Teilnahmslosigkeit. Von den privaten und militärischen Versuchen, Widerstand zu leisten, den vielen Überlegungen in allen möglichen Gruppen, und von hingerichteten Widerständlern hatte ich nichts gehört, – und welche Ermutigung hätte es bedeutet, davon zu wissen, wenn ihre Versuche mißlangen. Viele Menschen versuchten, all das Positive sich vor Augen zu halten, das Hitler im Inneren zustande gebracht hatte, fühlten aber durch die Phrasen der deutschen Einheitssprache das Unwirkliche und Verlogene, wodurch das Positive längst besudelt war. Wiederum andere, selbst immer noch versklavt in Arroganz, hielten sich an die großtönenden Sprüche der Partei- und Radiosprecher. Man ahnte den Abschied von unserer Kultur, und es entstanden Sprüche wie:

Das Volk der Dichter und Denker,
ein Volk der Richter und Henker.

Wir jungen Studierenden wußten, daß unsere Augen geblendet waren und wir quasi nur durch Schlitze sehen konnten. Im Inneren, im Alltag erlebten wir die geistige Fesselung und Täuschung, die Beherrschung der Menschen, indem ihre Seelen verängstigt werden; es gab keine Meinungsfreiheit, sondern nur Gängelung und Anpassung aus berechtigter Angst. Wir sahen die wachsende Verrohung, die Arroganz und Aggressivität der öffentlichen Schreihälse, die Diffamierung und Vertreibung der Juden, die widerliche Rassenlehre. Dies alles hat unsere Gedanken zum Widerstand gelenkt. Außenpolitisch konnten wir uns schwerlich ein Urteil erlauben, wir konnten nur mißtrauisch sein. Wir sahen in Hitler und seinem Himmler und Goebbels die stärkste politische Kraft in Europa. In Wirklichkeit aber gibt es eine ungeheure Fülle von Ursachen und Wirkungen; es gibt Persönlichkeiten, die zunächst da sind, die dann aber abgelöst werden, wie Chamberlain durch Churchill; auch Eigendynamik kann sich entwickeln in zwischenstaatlichen Beziehungen, die der einzelne Bürger schwerlich erkennen kann, bei der damals völlig mangelnden Information *unmöglich* erkennen konnte.

Fromme Verse von Reinhold Schneider oder Gedanken wie die von Ortega y Gasset, vervielfältigt mit der Schreibmaschine auf dünnem Papier, wurden von Hand zu Hand gereicht:

Allein den Betern

Allein den Betern kann es noch gelingen,
Das Schwert ob unsern Häuptern aufzuhalten
Und diese Welt den richtenden Gewalten
Durch ein geheiligt Leben abzuringen.

Denn Täter werden nie den Himmel zwingen:
Was sie vereinen, wird sich wieder spalten,
Was sie erneuern, über Nacht veralten,
Und was sie stiften, Not und Unheil bringen.

Jetzt ist die Zeit, da sich das Heil verbirgt,
Und Menschenhochmut auf dem Markte feiert,
Indes im Dom die Beter sich verhüllen.

Bis Gott aus unsern Opfern Segen wirkt
Und in den Tiefen, die kein Aug' entschleiert,
Die trocknen Brunnen sich mit Leben füllen.

(Reinhold Schneider)

»Das Leben ist – vermöge seines eigenen Wesens – ein ständiger Schiffbruch. Aber schiffbrüchig sein, heißt nicht ertrinken. Der arme Sterbliche, der sich im Abgrund versinken fühlt, rudert mit den Armen, um sich über Wasser zu halten. Diese Reaktion auf die Gefahr seines eigenen Untergangs, diese Bewegung der Arme, ist die Kultur, eine Schwimmbewegung. Solange die Kultur nichts ist als dies, erfüllt sie ihren Sinn, und der Mensch steigt auf über seinem eigenen Abgrund. Aber zehn Jahrhunderte kontinuierlicher Kulturarbeit haben neben nicht geringen Vorteilen die große Unzuträglichkeit mit sich gebracht, daß der Mensch sich in Sicherheit glaubt, die Erschütterungen des Ertrinkens vergißt und seine Kultur mit gedunsenem Schmarotzerwerk belastet. Darum muß irgendeine Unstetigkeit eintreten, welche in dem Menschen das Gefühl des Verlorenseins – die Substanz seines Lebens – erneuert. Es ist nötig, daß alle Rettungsringe um ihn her versagen, daß er nichts findet, woran er sich klammern kann. Dann werden sich seine Arme wieder rettend regen. Das Wissen um den immer drohenden Schiffbruch, da es die Wahrheit des Lebens ist, bedeutet schon die Rettung. Darum glaube ich einzig an die Gedanken Scheiternder.«

(Ortega y Gasset)

Bei meinem Bruder *Hans*, geboren 1924, zeigten sich früh vielerlei Interessen, denen er mit großem Eifer nachging, und da er alles gründlich nahm, gehörte er schon früh zu denen, deren Zeit rar ist. Mathematik fiel ihm so leicht, daß er als 15jähriger mich auf mein Mathe-Abitur vorbereitete. Er konnte sehr rasch lesen und behielt den Inhalt lange in seinem ausgezeichneten Gedächtnis. Er war ein sehr guter Klavierspieler, auch im Ensemble, freute sich damals schon an gut pointierten und schönen sprachlichen Formulierungen. Er hatte rasch Mitgefühl, wenn er Unrecht sah und war leicht erregbar. Immer etwas unruhig, zog er sich gerne zurück, besonders wenn Gäste erschienen. So hatte Frau Maisch ihn einmal eingeladen, einige Wochen in ihrem Haus zu verbringen, wo mehr Raum und Ruhe gegeben war. Bis zum Herbst 1941 hatte er sich wenig für Politik interessiert. Musik, Mathematik und die auf Quantentheorie und Relativitätstheorie aufbauende neue Kosmologie waren seine Hauptinteressen. Furcht kannte er wenig und wegen seiner großen Wahrheitsliebe empörte er sich schon früh über die Unterdrückung einer Meinung.

Anstöße für politisches Interesse hatte er aber schon in der Grundschule erhalten, durch die Freundschaft mit seinem jüdischen Schulkameraden *Heinz Weglein*, der 1934 nicht ins Gymnasium eintreten durfte, und dessen Vater Sigi Weglein Hans gegenüber seine Bitterkeit und Empörung zum Ausdruck gebracht hatte darüber, daß ihm, der Soldat im Ersten Weltkrieg war und oberschenkelamputiert, nun das Recht abgesprochen wurde, sich als Deutscher zu fühlen. – Ein weiterer Anstoß kam von Robert Scholl. Wegen der britischen Luftangriffe gegen Wehr- und Industrieanlagen hegten unsere Eltern die rasch als unrealistisch erkannte Befürchtung, unsere Familie sei in Gefahr, weil unser Haus in nächster Nähe der Bahn lag. Einige Wochen lang wurden Peter und Hans von Scholls, deren Haus am Münsterplatz stand, aufgenommen, wohl 1939. Bei abendlichen Gesprächen übte Vater Scholl starke Kritik nicht nur an Hitler, sondern an dessen diktatorischem Regierungssystem und bezeichnete ein parlamentarisches System nach westlichem Muster als die einzig mögliche Staatsform in heutiger Zeit. Von Hans weiß ich, daß er sich dies sehr aufmerksam anhörte, sich aber vorerst keine diesbezügliche Meinung bildete, erst ab 1941 wurden solche Gedanken für ihn ein Thema.

Im Jahr 1941, als 17jähriger, erkannte er, daß bei uns zwei Faktoren das politische Leben charakterisierten: Einmal der ausdrückliche Verzicht darauf, sich durch sorgfältige Prüfung unter strenger selbstkritischer Kontrolle für eine bestimmte Richtung zu entscheiden. Statt dessen wurde »blinder Gehorsam« und »fanatischer Glaube« gefordert. Zweitens wurde ausdrücklich auf Fairneß gegenüber dem Andersdenkenden verzichtet. Fairneß wurde als Schwäche hingestellt und mit der Bezeichnung »Humanitätsduselei« belegt, was als Schimpfwort gemeint war. Damals hatte Hans auch Sofie kennengelernt. Die Beziehung verstärkte sich, als Sofie im Herbst 1941 vorübergehend bei der Schraubenfabrik Fervor arbeitsverpflichtet war und, um Zeit zu sparen, über Mittag bei Hirzels war. Sie empfahl Hans einige Bücher, darunter Ernst Jüngers »Auf den Marmorklippen«, und – noch wichtiger – das Buch »Machtstaat und Utopie« des Historikers Gerhard Ritter, das vorsichtige, aber deutliche Kritik an den Verhältnissen im Hitlerdeutschland enthielt.

Sofie, die inzwischen bemerkt hatte, daß Hans eine starke Neigung zu Hitler-Gegnerschaft entwickelt hatte, brachte ihn mit ihrem Bruder Hans Scholl in Verbindung. Anfang 1942, als Hans Scholl als Mediziner für ein Semester vom Frontdienst beurlaubt war, machten die beiden in winterlicher Landschaft einen längeren Spaziergang, bei dem sie sich über Politik aussprachen. Hans Scholl berichtete damals von Massenerschießungen in Polen durch die deutsche Staatsmacht, von schweren Verbrechen, die nach seiner Ansicht uns nach einem verlorenen Krieg schwer angelastet würden. Wie sollte man sich unter solchen Umständen verhalten, mußte man praktisch gegen den eigenen Staat handeln, der sich im Krieg befindet? Hans Scholl verneinte dies damals, er meinte, als junge Leute stünden wir zu weit weg von den Zentren der Entscheidung, wir seien zu jung, eine solche Eigenmächtigkeit stehe uns nicht zu. Er meinte, es sei frevelhaft, »ins Rad der Geschichte« eingreifen zu wollen; es sei sogar Sünde, im Krieg die Ordnungsstrukturen des Staates anzugreifen. Als Hans bemängelte, zuerst einmal müsse man aus erster Hand genaues wissen über die Verbrechen, man müsse beweiskräftige Dokumentationen haben, wurde Hans Scholl wütend, dies sei nicht nötig, mehr als genug sehe doch jedermann, was »die Nazis für Leute seien«. Hans genügte dies nicht; doch er meinte, man dürfe nicht darauf verzichten, wenigstens mit einer Geste zu reagieren und dabei klar zu machen, daß solche Dinge, wenn sie denn wahr wären, nicht mit Wissen und Billigung des deutschen Volkes geschähen, denn wir würden sonst nach dem Krieg haftbar gemacht. Wenn sich die Dinge bewahrheiteten, so seien sie durch die deutsche Staatsmacht begangen worden. Wenn wir uns nach dem Krieg verteidigten, wir hätten nicht Bescheid gewußt und als Zivilisten auch keinerlei Einfluß gehabt, so würde man uns nicht glauben, jedenfalls würde es uns wenig nützen. Die beiden trennten sich, ohne daß die Meinungsverschiedenheiten bereinigt worden wären, dennoch freundlich. Das war im Februar 1942.

In den kommenden Monaten bis zum Sommer erhielt Hans Flugblätter der »Weißen Rose« (siehe S. 178 f. und Anhang) in Form anonymer Briefe, die in München abgestempelt waren. Im ersten Flugblatt entdeckte Hans die Formulierung »ins Rad der Geschichte eingreifen«, hier aber nicht mehr an die Aussage geknüpft, man sei dazu nicht berechtigt, sondern entgegengesetzt, man dürfe auf das Recht dazu nicht verzichten. Damit war für Hans ziemlich klar, woher diese Flugblätter rührten. Das Interesse an der Frage, wie man sich zum Krieg und Hitler-Regime verhalten solle, war inzwischen bei ihm aufs äußerste geweckt, da er spätestens in einem Jahr zur Wehrmacht eingezogen würde – er war 17 Jahre alt – und dem Zwang zur Entscheidung nicht ausweichen könne. Er hielt sich allerdings bei weitem für zu jung, eine solche Entscheidung zu treffen, und war sich bitter bewußt, daß ihm eine unlösbare Aufgabe gestellt war. Dies war die Situation von Millionen junger Leute.

Er ging nun folgenden Weg: Er stand in Gegnerschaft zum Hitler-Regime und dessen Kurs, wußte aber nicht, ob er sich nicht doch fatal irrte. Er dachte, seine Gegnerschaft beruhe nicht auf spezieller Information, sondern im wesentlichen auf einem Wissen, das jedermann haben konnte. Die meisten unterstützten entweder mit großer Aktivität das Regime oder betätigten sich mindestens nicht als Gegner. Es galt nun herauszufinden, ob dieses Verhalten aus besseren Gründen und richtigerem Denken beruhte, als es ihm selbst zu Gebote stand. Von Frühjahr 1942 bis zu seiner Verhaftung war es sein Lebensinhalt, wo immer er konnte, bei anderen Menschen verschiedenen Alters und Berufs das Gespräch auf die politische Lage zu bringen, um festzustellen, auf welche Überlegungen die andern ihr meist zustimmendes Verhalten stützten. Das Resultat war erschütternd: Es waren in der Regel derart schwache Gründe, daß sie kaum ernst genommen werden konnten. Es ergab sich für ihn das Bild, daß das Volk, dem er angehörte, sich auf eine furchtbare Katastrophe hinbewegte und den Prozeß, der dahin führte, selbst unterstützte, weil es ohne vernünftige Überlegung in dieses Verhalten hineingeschlittert war. Es war für ihn überraschend, daß er nicht in einem einzigen Fall auf einen »Bilderbuch-Nationalsozialisten« stieß. Jeder machte sich vielmehr einen eigenen Vers auf die Situation, weil der Krieg und die Frage wie er ausgehen würde, der wichtigste Faktor war.

Nach der unbegreiflichen Kriegserklärung Hitlers an die USA Ende 1941 konnte jedermann aus allgemein zugänglichen Unterlagen entnehmen, daß die Kriegsgegner Deutschlands bei weitem die Überlegenen waren; Ende 1942, als die Sommeroffensive in Rußland keinen durchschlagenden Erfolg gehabt hatte, war der Zweite Weltkrieg für jedermann, der den Realitäten ins Auge sah, verloren. Gleichzeitig war es Hans durch seine vielen Gespräche deutlich geworden, daß die deutschen Kriegsanstrengungen keine vernünftige Rechtfertigung hatten. So erlebte er das Jahresende 1942 in tiefer Depression.

Inzwischen hatte sich die Beziehung zu Scholls gewandelt. Am 22. Juli war Hans nach München gereist. Für den Fall, daß er von der Gestapo nach dem Grund der Reise gefragt worden wäre, hätte er eine harmlose, gut begründete Erklärung parat gehabt. Mit Scholls hatte er einen Termin vereinbart, fand aber in der Wohnung von Hans Scholl nur eine Notiz vor mit der Bitte, eine dort angegebene andere Adresse aufzusuchen.

Dort nun traf Hans unvorbereitet auf den Kreis um Prof. Huber mit Hans Scholl, Christoph Probst und vielen anderen, auf eine Versammlung von etwa dreißig Personen. Es war der Abschiedsabend für junge Mediziner, Angehörige einer sogenannten Studentenkompanie, die nach einigen Monaten Studium am nächsten Tag wieder zur Front abreisen mußten. Der Kreis befand sich mitten in einer lockeren, sehr angeregten Diskussion von unbezweifelbar massiv umstürzlerischer Tendenz. Hans wurde von Scholl mit dem vollen Namen vorgestellt. Irgendeine Abstimmung, wie man die Teilnahme an dieser gefährlichen Veranstaltung notfalls begründen könne, gab es nicht.

Bald darauf besuchte Hans in München Christoph Probst, dessen gelassene Haltung bei der Versammlung ihn sehr beeindruckt hatte. Probst war ganz gegen Hitler eingestellt, ohne jeden Selbstzweifel, war aber zu diesem Zeitpunkt Gegner irgendeines wie auch immer gearteten Widerstandsaktes, lehnte den »Aktivismus« Scholls ab aus genau den religiösen Bedenken, die Hans Scholl bei seinem »Wintergespräch« mit Hans Anfang 1942 geäußert hatte.

Von Sommer bis Jahresende, bis zur Übergabe der Flugblätter durch Sofie Anfang 1943, gab es noch mehrere Besprechungen zwischen Hans und Sofie, bzw. Hans und Hans Scholl. Von Sofie erfuhr er, daß nach der nächsten Rückkehr der Studentenkompanie vom Fronteinsatz ein neues Flugblatt erarbeitet werden solle mit viel grundsätzlicherem Inhalt. Ohne viel Worte wurde beiderseits vorausgesetzt, daß Hans bei der Verteilung mitwirken würde. Hans hatte zweimal gegenüber Hans Scholl die Frage des Risikos angesprochen, welche Vorkehrungen man treffen müsse, z.B. welche abgestimmten Falschaussagen für den Fall, daß der oder jener verhaftet und ausgefragt würde. Hans Scholl reagierte jedesmal unwillig, wegwischend, ging auf solche Überlegungen nicht ein. Hans sah dies als Mangel an; er nahm für sich, mit noch nicht 18 Jahren, nicht in Anspruch, im handwerklichen Sinn ein guter Verschwörer sein zu können, hatte aber vorausgesetzt, daß Ältere, unter denen sich sogar ein Universitätsprofessor befand, in dieser Hinsicht gewissenhafte Könner seien. Daß sie das offenbar nicht waren, auch nicht sein wollten, bedeutete einen wesentlichen Einwand für Hans, dem im übrigen das geistige Niveau und der Idealismus der Gruppe sehr imponierte.

Sofie war vorsichtiger gestimmt. Zwischen ihr und Hans waren zwei Warncodes vereinbart, die unverdächtig brieflich

Diesen Flugblatt-Entwurf (rechtes Bild) entdeckte die Gestapo im Haus eines Freundes (vergleiche Seite 226)

oder telefonisch durchgegeben werden konnten und dem Empfänger wenigstens sagten, daß eine Gefahrensituation entstanden war; einmal: »Hans hat Halsweh,« zum andern: Der Titel des Buches von Ritter »Machtstaat und Utopie«.

Von Hans Scholl hatte Hans über Sofie 80 RM erhalten (heutiger Wert etwa 600 DM), um damit einen Vervielfältiger zu erwerben. Es gehört erwähnt, daß Hans überraschend beim Einkauf seinen Namen nennen sollte. Bei einem solchen Kauf sei Identifizierung Vorschrift, wurde ihm bedeutet. Hans nannte sich Georg Friedrich. Glücklicherweise wurde ein Ausweis nicht verlangt.

Durch einen Schulkameraden hatte Hans dessen Bruder Albert Riester kennengelernt. Sowohl Peter als auch Hans waren als Besucher öfters im Hause R. gewesen, und Hans glaubte, Albert R. positiv einschätzen zu können: Jurist, Katholik, aus der katholischen Jugend kommend, sogar einmal in Kontakt mit dem Münchner Erzbischof Kardinal Faulhaber, Hitlerkritisch und gleichzeitig mit einer vertraulichen Verbindung zur Gestapo. Hans glaubte, durch ihn die Flugblatt-Aktionen absichern zu können: Falls die Gestapo gegen die Münchner Gruppe ermitteln würde, hätte die Verbindung zu R. vielleicht lebensrettend sein können. Deshalb versuchte er in einem vertraulichen Gespräch, ihn zu gewinnen.

Kurze Zeit später erfuhr Hans durch Inge, daß der »Schuß hintenhinaus« gegangen war, weil durch R. Informationen über dieses Gespräch zur Gestapo gelangt waren; Inge hatte davon durch ihren Bruder Werner erfahren. Hans überlegte, ob er sich nun nicht gänzlich aus Widerstands-Aktionen heraushalten sollte und entledigte sich vorsorglich des Vervielfältigers, indem er ihn bei Nacht von einer Donaubrücke ins Wasser warf. Zurück blieb aus dieser Angelegenheit ein auf Matrize geschriebener Entwurf eines antinationalsozialistischen Flugblatts, das Hans im unzugänglichen chemischen Labor eines Freundes, der im Feld war, versteckt hatte. Er besuchte Riester ein zweites Mal und entwertete sein erstes Gespräch, in dem er es als Versuchsballon darstellte, was es in gewissem Sinn auch war.

Aus dieser Sache ergab sich keine Anfrage der Gestapo an Hans und keine Vorladung. Als Hans später aufgrund ganz anderer Zusammenhänge tatsächlich durch die Mühle der Gestapo gedreht wurde, fiel beim ganzen Verfahren kein Wort über die Verbindung von Hans zu Albert Riester. Erst lang nach dem Krieg erfuhr er, daß dieser ihn tatsächlich bei dem Ulmer Gestapo-Beamten Rechtsteiner denunziert hatte. Rechtsteiner war später derjenige, der Hans als erster vernahm und – dicht hielt. Das spätere Urteil gegen Hans vor dem Volksgerichtshof hätte viel schlimmer ausfallen können, wenn Rechtsteiner nicht geschwiegen hätte. Diese Geschichte zeigt immerhin, daß es damals auch Gestapo-Leute gab, die anständig waren.

Als ich im Herbst 1942 gelegentlich ein Wochenende zu Hause verbrachte, zeigte mir mein Bruder Flugschriften, die ich sehr eilig überflog. Es konnte für mich kein Zweifel sein, aus welcher Ecke sie kamen. Ich warnte ihn: »Paß bloß auf, allein der Besitz dieser Blätter kann dich das Leben kosten.«

Auszüge aus den Flugblättern der »Weißen Rose« vom Jahr 1942

Das erste Flugblatt im Frühsommer 1942: »Wer von uns ahnt das Ausmaß der Schmach, die über uns und unsre Kinder kommen wird, wenn einst der Schleier von unseren Augen gefallen ist und die grauenvollsten Verbrechen ans Licht getreten sind? [...] Wenn das deutsche Volk so zerfallen ist, daß es den freien Willen preisgibt, die Freiheit, selbst mit einzugreifen in das Rad der Geschichte, dann verdient es den Untergang. [...] In langsamer systematischer Vergewaltigung hat man den einzelnen in ein geistiges Gefängnis gesteckt und erst als er gefesselt lag, wurde er sich des Verhängnisses bewußt [...] Leistet passiven Widerstand, wo immer möglich [...]«

Das zweite Flugblatt im Frühsommer 1942: »Schon in ihrem ersten Keim war die NS-Bewegung auf den Betrug des Mitmenschen angewiesen. Die Mehrzahl der Gegner und die deutsche Intelligenz flüchtete in ein Kellerloch [...], jetzt kommt es darauf an, sich gegenseitig wiederzufinden, aufzuklären von Mensch zu Mensch [...] Wenn viele mitmachen, dann kann in einer letzten Anstrengung dieses System abgeschüttelt werden [...] Wenn der Deutsche nicht protestiert, nicht mitleidet mit den 300 000 in Polen umgebrachten Juden, dann ist er mitschuldig! Es ist die heiligste Pflicht eines jeden Deutschen, diese Bestien zu vertilgen! [...]«

Das dritte Flugblatt im Herbst 1942: »Unser ›Staat‹ ist die Diktatur des Bösen. Eine Domäne des Rechts nach der andern lassen wir uns rauben, bis nichts mehr übrigbleiben wird als ein mechanisiertes Staatsgetriebe, von Verbrechern und Säufern kommandiert. Ist es nicht unsere sittliche Pflicht, dieses System zu beseitigen? Ein einziges Mittel steht uns zur Verfügung: Der passive Widerstand, Sabotage!«

Das vierte Flugblatt im Herbst 1942: »Gibt es für dich, der du ein Christ bist, ein Zögern? Gott selbst gibt uns die Kraft. Ohne den wahren Gott sind wir wehrlos gegen die Dämonen des Bösen. Gibt es für dich ein Zögern, ein Hinausschieben? [...] Wir müssen das Böse dort angreifen, wo es am mächtigsten ist, in der Macht Hitlers. [...] Obgleich wir wissen, daß Hitlers Macht militärisch gebrochen werden muß, suchen wir eine Erneuerung des schwerverwundeten deutschen Geistes von innen her zu erreichen. Dieser Wiedergeburt muß die klare Erkenntnis aller Schuld [...] vorausgehen.«

Während meines Sommersemesters 1942 kam ich wegen Examensvorbereitungen wenig nach Hause, immerhin zwei bis dreimal und traf dabei auch mit Sofie zusammen, die nun endlich in München studieren konnte. Begeistert erzählte sie mir von den Leibnizvorlesungen Prof. Hubers, von dem lebenslustigen Freund ihres Bruders Alex Schmorell und von einem katholischen Prof. Muth, den sie sehr verehrte. (Muth war Herausgeber und Leiter der katholischen Monatszeitschrift »Hochland«.) Zusammen füllten wir in unserem Garten eine Kiste mit Äpfeln für Muth, der, weil er keinen Garten und keine Beziehungen zu Bauern hatte, sehr kärglich nur zu essen hatte. – Mein Bruder Hans hielt seine Beziehungen zu Sofie und zur Münchner Gruppe vor mir vollständig geheim.

Nach einigen Wochen, als ich wieder einmal nach Hause kam, rückte Hans heraus. Er erklärte mir, er habe die Münchener Gruppe aufgesucht und kennengelernt. Er wolle mit ihr zusammen tätig werden, obwohl seine Ansichten sich nicht in jedem Fall mit denen der Gruppe deckten. Hans glaubte nämlich durchaus an die kommunistische Gefahr und an die Gefährlichkeit Stalins. Doch völlige Einigkeit sei wohl nicht möglich, wenn man mit einer Gruppe zu tun habe, Kompromisse müsse man eben schließen. »Meine Einberufung steht bevor. In der Wehrmacht zu kämpfen, heißt für Hitler kämpfen. Dies ist nicht nur sinnlos, sondern falsch, denn ich setze mich damit zwangsläufig für Hitler, einen Verbrecher, ein. Lieber riskiere ich mein Leben im Widerstand.« Dies konnte ich vollauf verstehen. Als er mich fragte, ob ich mich entschließen könnte, mich daran zu beteiligen, entgegnete ich: »Nur indirekt. Du kannst in meinem Zimmer arbeiten, übernachten, dich oder Gegenstände verstecken – in diesem Sinne.« Mir schienen die Ziele: Aufrütteln, Aufklären einleuchtend, doch die Erfolgsaussichten einer *Tat* angesichts der immensen Kriegs- und Propagandamaschinerie ganz und gar fragwürdig, und das Risiko zu hoch. Außerdem würde eine Zusammenarbeit mit der Münchner Gruppe, die ich ja noch gar nicht kannte, alle meine Kräfte schlucken – und es war doch bisher mein ganzes Bemühen gewesen, trotz aller Beschwernisse so rasch wie möglich voran und weg von Vaters Tasche zu kommen. Und würde man im Zusammenwirken mit mehreren oder vielen sich auf jeden verlassen können, wenn es hart auf hart ging? Würde sich nicht einer gelegentlich verplappern? Würde man nicht Angehörigen und Freunden schaden?

Ende Dezember besuchte mich Sofie von München aus in meiner Stuttgarter Wohnung im Haus Daur bei der Markuskirche, während Hans Scholl einen Freund Vater Scholls aufsuchte. Vorsichtig versuchte sie, mich für ihren Freundeskreis zu interessieren. Sie erzählte, nach langen Überlegungen seien sie zu dem Entschluß gekommen, Flugblätter herzustellen und sie zu verbreiten in Form von Briefen. Wie man später wußte, wollte die Gruppe über den Jahreswechsel Freunde gewinnen zur Mitarbeit, um auf breiterer Basis zu stehen und in größerem Umfang Flugblätter verbreiten zu können.

Dem Versuch, Mitarbeiter zu gewinnen, war wenig Erfolg beschieden, denn jedem der befragten Freunde schien das Risiko zu hoch. Auch Willi Grafs umfangreiche, gefährliche Bemühungen blieben ohne Resultat. Allein schon die Verständigung innerhalb einer vergrößerten Gruppe war kaum möglich. Es konnte nur improvisierte Aktionen geben.

Sofie nun sprach mich nicht direkt an, hatte aber vor, mich zur nächsten Zusammenkunft ihres Kreises, zu einem Leseabend nach München, einzuladen. Hans Scholl rief nämlich gelegentlich Freunde und Bekannte zu Leseabenden zusammen mit wechselnden Referenten, wobei bis zu 35 Leute sich versammelten. Es waren literarische Abende ohne feste Zielsetzung, an denen auch seine politisch gleichgesinnten Freunde teilnahmen.

Sofie und ich begaben uns nun zum Café »Rosenstöckl« in der Calwer Straße, um dort ihren Bruder zu treffen bei einer Tasse Kaffee. Als wir zusammen die Römerstraße hinunterschritten, meinte sie: »Ich bin entschlossen, etwas zu tun. Wenn jeder nur eine Meinung hat gegen dieses System, aber nicht handelt, so macht er sich schuldig. Diese ganze Katastrophe ist nur möglich, weil keiner schreit, und die Soldaten draußen, wie die Leute drinnen, brav arbeiten und dadurch ihr Leben einsetzen für diesen Staat. Ich jedenfalls will nicht schuldig werden.« Sie meinte noch: »Wenn jetzt Hitler daherkäme, und ich eine Pistole hätte, würde ich ihn erschießen. Wenn es die Männer nicht machen, muß es eben eine Frau tun.« Das wollen Hunderte, dachte ich, doch wie will man's erreichen? Ich entgegnete: »Er kommt nicht, und du hast keine Pistole. Wäre er weg, so stünde sofort Himmler für ihn da. Ich kann mir nicht vorstellen, daß die Kriegsmaschinerie durch zivile Kräfte aufzuhalten wäre.« Es war mir klar, daß es das Fernziel der »Münchner« war, Hitler zu beseitigen. Meine Bedenken glitten völlig an ihr ab. Sie lebte auf einer anderen Ebene, fühlte sich von ihrem Gewissen gerufen und hatte, so schien es mir, bei ihren Überlegungen ihr eigenes Sterben miteinbezogen. Man weiß heute von ihrem Ausspruch: »Es fallen so viele *für* diese Regierung, es müssen auch einige *gegen* sie fallen.« – Wir trafen uns mit Hans Scholl im Café. Weil er bei Eugen Grimminger, einem Freund seines Vaters, Geld erhalten hatte, war er voll hochgemuter Freude. »Bald werden es die Spatzen von den Dächern pfeifen, daß wir von Verbrechern regiert werden. Wenn es viele, sehr viele einsehen, könnte daraus eine Tat entstehen und die Fackel, die wir werfen, könnte neue Fackeln entzünden.« Ich hatte den Eindruck, daß er einen aus der Gesinnung vieler entstehenden Erfolg, etwa einen Aufstand mit Barrikaden oder ein Attentat, für möglich hielt und sah meinerseits eine Lücke klaffen zwischen der Meinung vieler und einem Erfolg, denn die Netze von Gestapo, SS und Polizei waren dicht und stark. Es ist im vierten Flugblatt zu lesen, nur mit militärischer Gewalt sei Hitlers Macht zu brechen; dennoch rief später das fünfte Flugblatt zur Tat auf, zu einem »neuen Befreiungskrieg«. Die Münchner Gruppe wollte durch eine Tat, um der Ehre und Moral willen, ein Zeichen setzen, auch sich selbst von der Schuld des Schweigens und der Untätigkeit befreien. Sie mußten etwas tun. Wie schon in der Vergangenheit wunderte ich mich über ihre Sicherheit. Erfüllt von der Richtigkeit ihrer Ansichten verkehrten sie nur mit Gleichgesinnten, überschätzten deren Stärke und hörten zu wenig auf Andersdenkende. Selbst mutig, erwarteten sie von anderen den gleichen Mut, kannten als junge Leute noch nicht die Schwäche der Menschen. Konnte man denn einen wahrscheinlichen Mißerfolg vor den Angehörigen verantworten?

Ich war sehr aufgerüttelt durch diese Begegnung und besprach mich zunächst mit meinen drei Streichquartettkollegen. Sie waren einer Meinung: »Wir würden uns sofort bei einer Flugblattaktion oder ähnlichem beteiligen, wenn wir nicht mit Sicherheit wüßten, daß der Erfolg gleich Null wäre und nur wir selbst den Kopf verlieren würden.« Ich führe dies an, um zu zeigen, wie man Ende 1942 nicht nur mit besten Freunden, sondern auch mit Kollegen offen redete, denn die Stimmung war überall verzweifelt, voll Empörung und Angst. Durch Auslandssender war schon im Dezember durchgedrungen, daß mit Stalingrad eine fürchterliche Niederlage auf uns zukomme, daß Hitler, indem er einen Ausbruch aus der russischen Umklammerung untersagte, Zehntausende in den Tod schickte. Wer nachdachte, wurde in seinen Empfindungen heftig umhergeworfen, und hinzu kamen die Fliegerangriffe. Man hatte erkannt, daß Hitler ein *größenwahnsinniger Verbrecher* geworden war, alles Maß überschritten hatte, sein eigenes Volk und andere Völker unbedenklich ihrer äußeren und inneren Freiheit beraubte, daß er bereit war, das deutsche Volk zu opfern. Jeder

Protest und was irgend als Kritik oder Zweifel gedeutet werden konnte, wurde in Gefängnissen und Lagern erstickt. Man dachte, das Kriegsende stünde nahe bevor, man sehnte sich danach, doch wie lange ließ es auf sich warten!

Ich befragte auch Rudi Daur: »Was hältst Du vom Austeilen von Flugblättern, die aufklären, aufrütteln sollen?« Er meinte: »Durch Flugblätter lassen sich die Menschen nicht ändern, und die Militärmaschinerie sich nicht aufhalten. Ich selbst kann als Pfarrer zum Nachdenken, zu innerer Einsicht anregen und kann praktische Hilfe leisten. Doch mehr ist mir nicht gegeben. Ich muß warten auf die Amerikaner.«

Nachdem die Studenten der »Weißen Rose« im Frühsommer 1942 schon in kleinerem Umfang Flugblätter verbreitet hatten, in denen sie alle Deutschen zu passivem Widerstand aufforderten, war es ihnen jetzt klar, daß nicht nur der Krieg verloren war mit katastrophalen Folgen für uns Deutsche, sondern auch, daß ein Sieg Hitlers – wenn er möglich gewesen wäre – für das Deutschtum keine geringere Katastrophe bedeutet hätte.

Wenn viele Deutsche sie als »Verräter« ansahen und manche Ältere dies heute noch tun, verkennen sie zweierlei: erstens, daß die militärische Niederlage unabwendbar war, und zweitens, daß das Hitlersche Prinzip, alles auf die Karte der Gewalt zu setzen und dafür sämtliche sittliche Grundlagen preiszugeben, bei einem Sieg Hitlers unsere Kultur zerstört hätte. Viele Deutsche dachten wohl in anderen Kategorien, etwa wenn sie sich an die Regel: »nur nicht aus der Reihe tanzen« hielten oder sich an die Hoffnung klammerten: »wenn nur mein Sohn (oder Ehemann) lebend zurückkommt«, und anderen Erwägungen keine Aufmerksamkeit schenkten.

Seit den drei nationalen Trauertagen, Anfang Februar 1943, wodurch die Stalingradkatastrophe bestätigt wurde, mußte es eigentlich auch dem letzten Deutschen klar sein, daß der Krieg verloren war.

1943
Unsere Taten, unsere Strafen

Am 24. Januar 1943 wird in der Konferenz zu *Casablanca* die Forderung der »bedingungslosen Kapitulation« anerkannt. Die Propaganda der Nazis nutzte diese Forderung für sich. Nun hieß es: »Kampf bis zur letzten Patrone!«

Die Heeresgruppe Nord, die über ein Jahr lang Leningrad belagert hatte, wird über den Peipussee zurückgedrängt. Die Heeresgruppe Mitte muß ihren rechten Flügel nach Westen zurücknehmen. Schon Ende November 1942 konnten Schwarzhörer die Katastrophe von Stalingrad kommen sehen, als 284 000 Mann durch die Rote Armee eingeschlossen waren, und ein von General Paulus vorgeschlagener Ausbruchsversuch verboten worden war. Ein Entsatzversuch schlug fehl, die Luftversorgung war völlig unzureichend, und so mußten nach heroischen Anstrengungen am 31. Januar und 2. Februar die Deutschen die Waffen strekken. Offizielle Trauertage für Stalingrad vom 3. bis 5. Februar.

In Nordafrika brechen die Achsenstreitkräfte ihren aussichtslosen Kampf ab, und 250 000 Deutsche werden gefangengenommen. Die U-Bootwaffe verliert an Wirksamkeit, da die alliierten Schiffe durch Geleitzüge, Langstreckenbomber und Radar geschützt werden können. 143 U-Boote waren verlorengegangen.

Am 13. April werden die Massengräber bei Katyn durch Deutsche entdeckt. Die von den Bolschewisten begangenen Morde werden sofort den Deutschen angelastet, sogar noch bei den Nürnberger Prozessen durch den sowjetischen Ankläger Rudenkow. Erst Gorbatschow gab die Wahrheit zu, über die man jahrzehntelang im Ausland Bescheid gewußt hatte.

Von 19. April bis Ende Mai währt der Kampf der im Warschauer Ghetto noch verbliebenen 60 000 Juden, nachdem schon ca. 200 000 abtransportiert waren.

Im Mai wird in Prag Heydrich ermordet. Als Vergeltung wird das Dorf Lidice zerstört.

Am 10. Juli landen alliierte Truppen auf Sizilien, am 9. September Amerikaner bei Salerno.

Am 24. August wird Himmler Innenminister. Er baut die SS aus, die Ende 1944 insgesamt 900 000 Mann zählte.

Am 4. Dezember: *Teherankonferenz,* mit dem Plan einer Landung in großem Ausmaß. Man einigt sich im großen und ganzen über die Aufteilung Deutschlands.

Die Luftangriffe auf deutsche Städte, zunächst im Westen, dann zunehmend im Osten, werden intensiver. Kirchen und Schlösser, unersetzliche Denkmäler versinken in Schutt und Asche. Im Juni werden Wuppertal und Köln bombardiert, vom 27. Juli bis 3. August Hamburg. Churchill schickt Photos an Stalin. Am 5. September wird das Mannheimer Nationaltheater zerstört. Am 18. November schwere Angriffe gegen Berlin.

Die Unterbringung der 7,5 Millionen Fremdarbeiter wird immer schwieriger, ihre Versorgung immer ungenügender.

In *Stuttgart* herrscht tiefe Betroffenheit wegen Stalingrad. Zu den Film-Wochenschauen finden sich nur noch wenige ein. Durch Luftangriffe kommen 971 Menschen ums Leben. Verhaftungen und Todesurteile in Stuttgart häufen sich.

In Ulm werden ab 15. Februar 16jährige Schüler als Flakhelfer herangezogen.

Kirche: Bischof Wurm schreibt Ende Dezember 1943 – viel zu spät – an die Reichsregierung: »Die Vernichtungspolitik gegen das Judentum empfinden wir Christen als schweres und verhängnisvolles Unrecht [...]« Es wird jedoch nicht öffentlich von den Kanzeln herab protestiert.

Widerstand: Ende Januar verbreitet eine Münchner Studentengruppe »Flugblätter der deutschen Widerstandsbewegung« in München, Augsburg, Ulm, Stuttgart, Wien, Salzburg, Linz, Frankfurt, Hamburg. 18.2.: Die Geschwister Scholl aus der Münchner Studentengruppe verbreiten unter dem Namen »Weiße Rose« Flugblätter, die zum Widerstand aufrufen. Sieben Hinrichtungen bei der Münchner Gruppe. Weitere in Hamburg. 13.3.: Ein Sprengstoffanschlag in einem Flugzeug auf Hitler bei der Heeresgruppe Mitte scheitert (Brandt, Schlabrendorff, Stieff).

21.3.: Ein Anschlag durch Oberst von Gersdorff scheitert. Im April Verhaftung mehrerer in der militärischen Abwehr Tätiger. Im Sommer: Erneuter Umsturzplan »Walküre« durch Stauffenberg, Olbricht, Tresckow.

»Was wir sagten und schrieben, denken ja so viele, nur wagen sie nicht, es auszusprechen.«

Sofie Scholl am 22. Februar 1943 gegenüber dem Richter Freisler

Anfang oder Mitte Januar 1943 kündigte Sofie durch einen Telefonanruf über den Anschluß Pfarrer Hirzel meinem Bruder an, neue Flugblätter seien zur Verteilung bereit, nun mit dem Namen »Flugblätter der Widerstandsbewegung in Deutschland«. Sie vereinbarten einen nächtlichen Termin am Ulmer Bahnhof zur Übergabe, doch sie verfehlten einander. Sofie ließ sich jedoch nicht entmutigen; etwa eine Stunde später war sie am Eingang unserer Wohnung mit einem schweren Rucksack, der etwa 2000 Flugblätter enthielt, die Hans entgegennahm. Nun kam es darauf an, jemanden zu finden, der half, die große Menge von Flugblättern zu couvertieren und die Briefe zu frankieren. Hans wandte sich an seine Schulfreunde Heiner Guter und Franz Müller, mit denen er, was die Ablehnung des Nationalsozialismus betraf, einer Meinung war. *Heiner Guter* lehnte jede Mitwirkung ab; er lehnte sogar ab, ein Flugblatt zu lesen mit der vernünftigen Begründung, diese Sache sei zu gefährlich. Er erstattete jedoch keine Anzeige. Einzig deswegen, also wegen Mitwisserschaft und Nichtanzeige, wurde er später zu 18 Monaten Gefängnis verurteilt. *Franz Müller* jedoch half, indem er einen Teil des Portos bezahlte, beim Couvertieren half und Hans die Adressen diktierte. Hans schrieb sie auf einer Schreibmaschine aus demjenigen Versteck, in dem er auch die Matrize zu einem Flugblatt sowie später einen Teil nicht versandter Flugblätter deponiert hatte. Das Couvertieren und Frankieren geschah auf der Orgelempore der Ulmer Martin-

Luther-Kirche. Weil Hans damals regelmäßig als Organist tätig war, hatte er zur Empore Zutritt zum Orgelüben. Dies war ein Arbeitsplatz, bei dem man vor Überraschungen absolut sicher war. Daß dort Flugblätter vervielfältigt wurden, wie in manchen Medien dargestellt wurde, gehört zu der unbestimmbaren Menge von Unsinn, der über die »Weiße Rose« verbreitet worden ist. So war auch Franz Müller mit Sofie nicht bekannt, auch nicht mit sonst jemandem aus der Münchener Gruppe. Vor dem Hintergrund einer anti-nationalsozialistischen Überzeugung kam er allein aus Freundschaft zu Hans in diese Sache hinein, von diesem gebeten.

Am 27. Januar 1943 erschien mein Bruder Hans in Stuttgart und fragte telefonisch unter dem Namen »Friedrich« bei mir an, ob ich ihm helfen könne beim Verteilen von Flugblättern, die in frankierten und adressierten Umschlägen in öffentliche Briefkästen geworfen werden sollten. Hans hatte bei der Herfahrt im Zug den Koffer in einem Waggon abgestellt, reiste selbst vorsichtshalber in einem anderen. Pünktlich mit dem Zug um einundzwanzig Uhr mußte er wieder zurückfahren, denn auf keinen Fall durften die Eltern etwas von seinen Tätigkeiten erfahren, denn dadurch wären sie schwer belastet worden. Die Zeit in Stuttgart war aber, wie er bald merkte, zu knapp bemessen, also benötigte er mich. Wir trafen uns zunächst in einem Restaurant, sprachen über den hochverräterischen Inhalt der Briefe, das große Risiko, und vereinbarten, falls ich gefaßt würde, sollte ich immer nur von »Briefen«, nicht von Flugblättern sprechen, von Briefen, deren Inhalt mir nicht bekannt sei. Selbstverständlich würde er, Hans, notfalls die Stuttgarter Tat ganz auf sich nehmen. »Weshalb sollte ich gefaßt werden? Einzig in der frischen Tat lag die Gefahr«, so dachte ich. Wir gingen also in mein Zimmer, Hans kippte den Koffer über meinem Tisch aus und meinte: »Wenn dir der Abend nicht ausreicht zum Einwerfen, so mußt du eben morgen früh weitermachen« und »absolute Verschwiegenheit, wir riskieren unseren Kopf« – und begab sich eilends zur Bahn.

Dieses fünfte Flugblatt wurde von Hans Scholl unmittelbar nach der Stalingrad-Niederlage entworfen und von Prof. Huber überarbeitet.

V.

Flugblätter der Widerstandsbewegung in Deutschland.

Aufruf an alle Deutschen!

Der Krieg geht seinem sicheren Ende entgegen. Wie im Jahre 1918 versucht die deutsche Regierung alle Aufmerksamkeit auf die U-Bootgefahr zu lenken, während im Osten die Armeen unaufhörlich zurückströmen, im Westen die Invasion erwartet wird. Die Rüstung Amerikas hat ihren Höhepunkt noch nicht erreicht, aber heute schon übertrifft sie alles in der Geschichte seither Dagewesene. Mit mathematischer Sicherheit führt Hitler das deutsche Volk in den Abgrund. Hitler kann den Krieg nicht gewinnen, nur noch verlängern! Seine und seiner Helfer Schuld hat jedes Maß unendlich überschritten. Die gerechte Strafe rückt näher und näher!

Was aber tut das deutsche Volk? Es sieht nicht und es hört nicht. Blindlings folgt es seinen Führern ins Verderben. »Sieg um jeden Preis« haben sie auf ihre Fahne geschrieben. Ich kämpfe bis zum letzten Mann, sagt Hitler – indes ist der Krieg bereits verloren.

Deutsche! Wollt Ihr und Eure Kinder dasselbe Schicksal erleiden, das den Juden widerfahren ist? Wollt Ihr mit dem gleichen Masse gemessen werden, wie Eure Verführer? Sollen wir auf ewig das von aller Welt gehasste und ausgestossene Volk sein? Nein! Darum trennt Euch von dem nationalsozialistischen Untermenschenstum! Beweist durch die Tat, daß ihr anders denkt! Ein neuer Befreiungskrieg bricht an. Der bessere Teil des Volkes kämpft auf unserer Seite. Zerreisst den Mantel der Gleichgültigkeit, den Ihr um Euer Herz gelegt habt! Entscheidet Euch, eh' es zu spät ist!

Glaubt nicht der nationalsozialistischen Propaganda, die Euch den Bolschewistenschreck in die Glieder gejagt hat! Glaubt nicht, daß Deutschlands Heil mit dem Sieg des Nationalsozialismus auf Gedeih und Verderben verbunden sei! Ein Verbrechertum kann keinen deutschen Sieg erringen. Trennt Euch rechtzeitig von allem, was mit dem Nationalsozialismus zusammenhängt! Nachher wird ein schreckliches aber gerechtes Gericht kommen über die, so sich feig und unentschlossen verborgen hielten. Was lehrt uns der Ausgang dieses Krieges, der nie ein nationaler war?

Der imperialistische Machtgedanke muß, von welcher Seite er auch kommen möge, für alle Zeit unschädlich gemacht werden. Ein einseitiger preussischer Militarismus darf nie mehr zur Macht gelangen. Nur in großzügiger Zusammenarbeit der europäischen Völker kann der Boden geschaffen werden, auf welchem ein neuer Aufbau möglich sein wird. Jede zentralistische Gewalt, wie sie der preussische Staat in Deutschland und Europa auszuüben versucht hat, muss im Keime erstickt werden.

Das kommende Deutschland kann nur föderalistisch sein. Nur eine gesunde föderalistische Staatenordnung vermag heute noch das geschwächte Europa mit neuem Leben zu erfüllen. Die Arbeiterschaft muß durch einen vernünftigen Sozialismus aus ihrem Zustand niedrigster Sklaverei befreit werden. Das Trugbild der autarken Wirtschaft muss in Europa verschwinden. Jedes Volk, jeder Einzelne hat das Recht auf die Güter der Welt!

Freiheit der Rede, Freiheit des Bekenntnisses, Schutz des einzelnen Bürgers vor der Willkür verbrecherischer Gewaltstaaten, das sind die Grundlagen des neuen Europa.

Unterstützt die Widerstandsbewegung, *verbreitet* die Flugblätter!

Als erstes öffnete ich einen der adressierten und frankierten Umschläge, las das fünfte Flugblatt – und war hingerissen, völlig außer mir: »Die sind wahnsinnig, alle werden geschnappt werden, wir sind tot, tot! Aber das Flugblatt ist großartig.« Vor Erregung schlug ich mit den Fäusten gegen die Wände, warf mich auf mein Bett und ging atemlos im Zimmer auf und ab. So groß war der auf mir lastende Druck, der sich durch die gelesenen Worte Luft verschaffte, so groß die Begeisterung und so groß die Angst, das offen auszusprechen, was, wie wir glaubten, die meisten Menschen dachten, und was – nur zu denken – lebensgefährlich war. Es wäre ja einfach gewesen, die ganzen Packen in den brennenden Ofen zu stecken. Es war unwahrscheinlich, daß eine solche Aktion, wenn auch in mehreren Städten ausgeführt, etwas bewegen würde (genaueres war mir nicht bekannt, denn ich hatte keine Übersicht über die Gruppe). Dennoch weiß man nie, wie eine Sache wirkt, und ich dachte: ein Staat, der mit brutaler Gewalt die freie Meinungsäußerung unterdrückt, ist in Wahrheit schwach, folglich *muß* es eine Wirkung haben. Stellte unser waffenstrotzender Staat nicht eine magere, dürre Wirklichkeit dar, der seine abstrusen Ideen jahrelang den Menschen eingehämmert hatte? Dazuhin kann es für unsere Nachfahren, auch schon für diejenigen, die in anderen Zeiten sich die Köpfe zerbrechen über die Vorgänge, kein Zweifel sein, daß in Wirklichkeit Tausende hinter der Münchner Gruppe stehen und es nur nicht wagen, sich zu äußern, da es den Kopf kosten würde. Eben dies hatte Sofie zum Richter gesagt, wie ich später erfuhr. Der Eisberg zeigte nur die Spitze, im Wasser aber ruhte verborgen ein Berg von unbekannter Größe. Öffentlich mit dem Wort herauszurücken, die Empörung im Namen junger Leute öffentlich zu äußern, konnte nur das Richtige sein.

Ich zögerte also nicht lange, da die Nachtstunden kostbar waren, und ich ein Weiterverteilen am nächsten Tag für viel zu gefährlich hielt, und machte mich auf den Weg quer durch die Stadt zum Bahnhof und wieder zurück und wünschte mir viel mehr öffentliche Briefkästen anzutreffen; dann machte ich mich aufs neue auf den Weg mit der erneut gefüllten Mappe, mehrere Male, zuletzt noch nach Mitternacht und voller Angst zwischen den Gärten hinauf zum Haigst und wieder rasch zurück und war am Ende recht befriedigt. Die größte Gefahr war doch gewesen, auf frischer Tat erwischt zu werden. Vor dem Zubettgehen las ich ein letztes im Zimmer verstecktes Flugblatt nochmal durch und steckte es dann in den noch warmen Ofen. Entsprechend meiner Empörung und meiner Abscheu gegenüber Hitler und seinen vielen Kumpanen war ich sehr befriedigt.

Zu Beginn der ereignisreichen Woche, *Montag 15. Februar bis Montag 22. Februar*, war unser Bruder Peter in Urlaub gekommen. Hans hatte ihm in der ersten Nacht – sie schliefen im selben Zimmer – von den Plänen und Geschehnissen erzählt.

Hans hatte am 16. Februar telefonisch eine Vorladung von der Ulmer Gestapo erhalten und sollte sich am 17. vormittags dort zu einem Verhör einfinden. Gründe wurden nicht genannt. Es war nun wichtig, möglichst vorher zu wissen, was beim Verhör zu erwarten war. Die einzige Möglichkeit, die Hans sich vorstellen konnte, bestand darin, daß zwei Stuttgarter HJ-Kameraden, die er für die Mitwirkung an künftigen Flugblattaktionen hatte gewinnen können, die Front gewechselt hatten; oder spukte ein unglücklicher Zufall herein? Da Hans damit rechnen mußte, bald zum Militär eingezogen zu werden, hatte er unter jüngeren HJ-Jungen nach Kameraden gesucht, die vielleicht an seiner Stelle zusammen mit Sofie sich an weiteren Flugblattaktionen beteiligen würden. Er glaubte in zwei jungen Stuttgartern, die sich solchen Plänen gegenüber positiv geäußert hatten, zuverlässige Freunde gefunden zu haben. Vorsichtig hatte er sie im November unterrichtet über Widerstandsaktionen und befürchtete nun, die beiden hätten es sich anders überlegt. Er bat Peter, für ihn nach Stuttgart zu fahren und wenn möglich herauszufinden, ob die beiden etwas der Gestapo berichtet hätten, und was. Hans konnte nicht selbst nach Stuttgart fahren, da er nach der Vorladung damit rechnen mußte, überwacht zu werden und zudem am 17. sein Mathe-Abitur schreiben mußte. Peter fuhr in den Zivilkleidern von Hans (denn als Soldat durfte er den Heimatort nicht verlassen) und mit dessen Ausweis nach Stuttgart und besuchte zunächst mich in aller Frühe, um mich zu instruieren. Damit wußte ich, daß jetzt der Teufel los war und verbrannte zusammen mit Peter einige Bücher und Briefe in aller Eile bzw. brachte sie am selben Tag zu Freundinnen. Peter konnte einen der beiden Stuttgarter treffen. Dieser stritt ab, Hans angezeigt zu haben: »Wie kannst du so etwas von mir denken?«, was aber gelogen war, wie sich alsbald herausstellen sollte. Hätte er gesagt: »Ja, ich habe ihn angezeigt,« dann hätte Hans versucht, zu fliehen, da ihn die Todesstrafe so gut wie sicher erwartete. Die Wahrscheinlichkeit, daß eine Flucht gelingen könnte, schätzte er auf 50 Prozent.

Später, im Jahr 1946, traf Hans ihn vor der Tübinger Universität, forderte ihn auf, ihn zu besuchen und gab ihm seine Anschrift. Da dieser Angst hatte, von Hans verdientermaßen angezeigt zu werden, erschien er umgehend. Hans wollte jedoch nur von ihm wissen, weshalb er ihn angezeigt hatte. Er entgegnete: »Ach, Hans, lassen wir das doch, seien wir wieder gute Freunde.«

Aus dem Verhör am Mittwoch, *17. Februar 1943*, ergab sich sofort, daß der Stuttgarter gelogen hatte, denn gleich zu Beginn wurden Hans die Namen der beiden Stuttgarter genannt, und er wurde mit der Frage konfrontiert, um was es mit der Studentin gegangen wäre, mit der er die beiden habe bekanntmachen wollen. Er antwortete, die Studentin habe sich intensiv mit einem Buch des Historikers Gerhard Ritter befaßt, »Machtstaat und Utopie«, und er meine, die Denkwelt Ritters wäre interessant für die beiden Hitlerjungen. Ritter befasse sich intensiv, kritisch mit dem gegenwärtigen Zeitalter. Wenn die Stuttgarter daraus den Schluß gezogen hätten, es seien irgendwelche Aktionen gegen den Staat beabsichtigt, müsse dies ein grandioser Irrtum sein.

Für Hans war es im Augenblick das Wichtigste, noch einmal frei zu kommen, um Scholls warnen zu können. Unmittelbar nach dem Verhör um 13:30 Uhr begab er sich zu den Eltern Scholl am nahen Münsterplatz, obwohl ihm das Risiko, eventuell beschattet zu werden, bewußt war, und berichtete den Eltern Scholl und Inge über die Ereignisse. Er beschwor Inge, sofort nach München zu fahren und ihren dortigen Geschwistern exakt von dem Verhör zu berichten, damit sie bei einer wahrscheinlichen Rücksprache der Gestapo so aussagen könnten, daß es zu den Aussagen von Hans paßte und die Gestapo keinen weiteren Verdacht schöpfte. Es war im Verhör der Name Scholl gefallen, zwar nicht in belastendem Sinn, aber so, daß die Gestapo Verdacht schöpfen konnte und jedenfalls eine Kontrolle durch Rückfrage bei den Geschwistern Scholl wahrscheinlich war. Es war wichtig, daß die beiden in diesem Fall richtig reagierten. Außerdem rechnete Hans mit hoher Wahrscheinlichkeit damit, daß die aufgemalten Hitler-kritischen Parolen in München (s. Seite 200) etwas mit Scholls zu tun haben würden. Sie hatten ihn darüber nicht informiert, wohl aber ihren Vater, ohne ihre eigene Beteiligung zu erwähnen. Von ihm nun hatte Hans darüber gehört.

Er argumentierte nun gegenüber Scholls, angesichts der kritischen Einstellung ihrer Kinder müßten sie damit rechnen, daß sie in die Aktionen verwickelt wären; deshalb sei es wichtig, daß die Münchner über das Verhör von Hans informiert würden. Er selbst könne nicht nach München fahren, da er am nächsten Tag Griechisch-Abitur habe und wahrscheinlich beschattet werde. Leider wurde die Angelegenheit von Scholls nicht als so dringlich erachtet. Hans hätte sich in seinem Drängen natürlich durchgesetzt, wenn er von der bereits stattgefundenen Flugblattaktion in Stuttgart berichtet hätte. In diesem Fall aber wären die Eltern Scholl und Inge Mitwisser geworden und hätten sich, wenn sie nicht sofort Anzeige erstattet hätten, strafbar gemacht. Hans verschwieg also die Stuttgarter Aktion mit der Folge, daß zwar seine Warnung weitergegeben, aber nicht besonders dringlich behandelt wurde. Inges Freund Otl Aicher verabredete sich nun mit den Scholls in München telefonisch für den späten Vormittag des 18., um sie zu warnen, doch zu diesem Zeitpunkt waren die Scholls bereits verhaftet. Als Otl Aicher sie in ihrer Wohnung aufsuchen wollte, traf er dort bereits auf die Gestapo. Es war ein schlimmer schicksalhafter Zufall, daß die Warnung vom 17. die Geschwister nicht rechtzeitig erreicht hat.

An diesem Donnerstag, 18. Februar, hatte übrigens Goebbels die später so berühmte Sportpalastrede gehalten, wo er geschrieen hatte: »Wollt ihr den totalen Krieg?«, und die in Fanatismus getriebene Masse »Ja« geschrieen hatte.

Am *Freitag, 19. Februar*, erfuhr Hans bei einem erneuten Besuch im Haus Scholl, daß ihre Kinder in München verhaftet seien. Die Eltern Scholl waren blaß wie die Wand, und Vater

Scholl sagte – wie mir Hans erzählt hat: »Wenn sie hingerichtet werden, ist es, als wären sie im Krieg gefallen.«

Am *Samstag, 20. Februar,* gegen 17 Uhr wurde Hans für den Sonntag, den 21., gegen 17 Uhr erneut zum Verhör vorgeladen. Offenbar behandelte die Gestapo seine Sache noch nicht als dringlich: er hätte 24 Stunden Zeit für die Flucht gehabt. Die Flucht wäre aber ein Schuldeingeständnis gewesen, und die Gestapo hätte über unsere Eltern und Geschwister als Geiseln verfügen können. Also begab er sich zum Verhör, wobei sich herausstellte, daß die Ulmer Gestapo inzwischen umfangreiche Kenntnisse über die Münchner Vorgänge hatte und dadurch nun einen Zusammenhang herstellen konnte mit den Stuttgarter Denunziationen. Da er zudem bei seinem Schollbesuch am 17. beobachtet worden war, wurde er jetzt verhaftet, obwohl im Verhör gegen ihn noch kein beweisbares Material vorhanden war. Sofort wurde er untersucht, das heißt, er hatte sich sämtlicher Kleider zu entledigen, und dabei fand die Gestapo eine Kapsel Cyankali, die er sich vorsorglich beschafft hatte, um sich im Fall einer Verhaftung als Informationsträger selbst ausschalten zu können.

Am *Sonntag, 21. Februar,* erhielt ich in Stuttgart einen Telefonanruf von Mutter mit der Bitte, ich möchte sofort nach Hause kommen, da Vater krank sei. Da Vater nie krank war, wußte ich, daß jetzt die Sache ins Rollen kommt und daß Hans sicher verhaftet war, und so fuhr ich sofort nach Hause. Es war schwer für mich, den Eltern zu verheimlichen, daß ich über die Probleme weithin im Bilde und selbst in sie verstrickt war, doch rechnete ich durchaus damit, nicht entdeckt zu werden.

Obwohl ich gleich am folgenden Tag verhaftet wurde, berichte ich über die Vorkommnisse der darauffolgenden Woche in unserem Hause, die ich nicht miterlebt habe. Es kreuzten zwei Gestapobeamte auf zur Hausdurchsuchung. Sie hatten sich vorgestellt, indem sie ihr rechtes Jackenrevers aufklappten und ihr Gestapozeichen vorwiesen. Mutter und Peter begaben sich mit den beiden Herren in den oberen Stock, wo sie zuerst durch Vaters Arbeitszimmer zu gehen hatten. Da Vater nicht zu den Wegwerfern gehörte, sondern entschieden zu den Aufbewahrern und deshalb alles Horizontale in seinem Zimmer dick mit Schriftlichkeiten belegt war, meinte der Kriminaler: »Frau Pfarrer, Ihr Sohn hat doch keinen Zutritt zu diesem Zimmer? Da müssen wir wohl nicht suchen?« Da Hans in großer Gewissenhaftigkeit alles weggeräumt hatte, was irgend ihn oder andere hätte belasten können, fanden die Kriminaler nichts, null und nichts. Da sie aber vom Verdacht gegenüber Hans im Bilde waren, meinte einer von ihnen beim Verlassen des Zimmers: »Wie kann ein geschulter Mensch so etwas tun?« – Einer fragte Peter: »Wer sind eigentlich Sie?« Peter: »Ich bin der Bruder.« Der Beamte: »Ihr Bruder ist ein Schwerverbrecher.« Peter: »In meinen Augen ist er's nicht.« Der Beamte: »Woher kommen Sie?« Peter: »Im Gegensatz zu Ihnen von der Front.« Für Mutter, die im Hintergrund stand und alles miterlebte, war es nicht gerade vergnüglich.

Zurück zu mir, eine Woche vorher in Ulm. Am *Montag, 22. Februar*, gegen Abend, zufällig zum Zeitpunkt von Sofies Tod (wovon ich keine Ahnung hatte), wurde ich telefonisch zur Gestapo im »Neuen Bau« gerufen, einem stattlichen, großräumigen Renaissancebau. Die Beamten redeten höflich und setzten dazu, ich möchte mich warm ankleiden und Waschzeug mitbringen. Damit wußte ich genug. Peter begleitete mich und erinnerte mich an die Abmachung mit Hans, ich solle vorgeben, den Inhalt der »Briefe« nicht gekannt zu haben. Welch ein Glück, ich hatte nämlich die Abmachung vergessen! Einzig die lächerliche Kleinigkeit, daß einige der eingeworfenen Briefe am nächsten Tag gestempelt waren, also nicht von Hans hatten eingeworfen werden können, der ja um 21 Uhr zurückfahren mußte, hatte zu meiner Verhaftung geführt. Was für Zufälle!

»Kommen Sie nur her, der Stuhl ist noch warm vom Bruder. Sie brauchen immer nur »Ja« zu sagen, dann geht's am schnellsten, und Sie können dann am raschesten wieder nach Hause.«

(Letzteres war natürlich ein Köder. Diese Redensart sollte ich in den kommenden Wochen noch oft hören). Der Beamte hatte eine Liste von Fragen vor sich und wollte eine nach der anderen abhaken. Zum Teufel nochmal: Alles stimmte! Hatte Hans bewußt immer die Wahrheit gesagt oder beruhten die Fragen auf Annahmen, auf Wahrscheinlichkeiten? Ich war zurückhaltend und hatte tatsächlich fast nur Ja zu sagen. »Oh je, des Mädle müsse mer au verhafte«, hieß es dann, und ich wurde von Kriminalkommissar Rechtsteiner höflich über den Münsterplatz, sozusagen unter den Augen des ehrwürdigen Münsters, und durch die Platzgasse ins Untersuchungsgefängnis am Frauengraben geführt. »Ja, haben Sie denn nicht gedacht, Sie könnten ins Gefängnis kommen?«, meinte der Beamte, Herr Rechtsteiner. Das klang lieblich in meinen Ohren: Nur Gefängnis? Ich erwartete Schlimmeres. So hatte ich in frühen Jahren zusammen mit Großvater im Nürnberger Deutschen Museum die Folterkammern besichtigt, wobei mir die »Eiserne Jungfrau« besonderen Eindruck gemacht hatte. Als die Zellentür ins Schloß fiel, hatte ich wohl ziemlich hohen Blutdruck. Ich begann zu turnen und herumzuhüpfen, um meine Laune zu erfrischen, versuchte dann zu schlafen, was auch teilweise gelang. Als am nächsten Morgen die Wachtmeisterin verlangte, ich solle den Boden reinigen mit Kehrwisch und Schaufel, weigerte ich mich und entgegnete, das sei doch absolut unnötig. Daß die Wachtmeisterin dies hinnahm und ich mich durchgesetzt hatte, stärkte mich ungemein, so daß ich, vors Haus und zu einem eleganten Mercedes geführt, Hans, der dort schon wartete, übermütig begrüßte, so recht zum Ärger der danebenstehenden Polizisten, die auch sogleich mit uns losfuhren.

Von nun an war ich abgeschnitten von der Welt und hörte nur durch die gelegentlichen Zugänge militärische Nachrichten. Nicht nur ich, sondern jeder Gefangene erwartete ein baldiges Kriegsende. – Von zu Hause erhielt ich in Zukunft nur bescheidene Lebenszeichen, sei es durch einen Gefängnispfarrer, sei es durch den Gestapobeamten bei der Münchner Gestapozentrale,

Robert Mohr, später durch Dr. Alt, den Seelsorger am Münchner Gefängnis Stadelheim, der durch lateinische Briefe an die uns befreundete Dr. Rueff die Verbindung hielt.

Wir wurden nun im PKW von zwei Polizisten über die halbverschneite Alb nach Stuttgart gefahren. Eigentlich fühlte ich mich jetzt erst richtig gefangen. Als wir eine Strecke der Donau entlang fuhren, dachte ich: »Sie könnten anhalten, aussteigen, das Auto abschließen und es in die Donau schieben.« Sie lieferten uns ab im sogenannten Hotel Silber, einem großen Gebäude am Stuttgarter Karlsplatz, damals Sitz der Gestapo. Ich wurde, da es offenbar keine Zellen im Hause gab, in einen Holzkäfig gesteckt, der völlig unbeleuchtet, absolut dunkel war, aber immerhin einen Stuhl hatte. Zuweilen wurde unerwartet, für einen kurzen Augenblick Licht angezündet. Ich vermutete, man wollte nachschauen, ob ich am Leben war, denn es war sicher wichtig, uns zu haben. Ich hätte mich leicht umbringen können, falls ich im Besitz einer Sicherheitsnadel gewesen wäre, oder im Waschbeutel eine Nagelfeile oder Pinzette gehabt hätte. – Ich wurde nun zu erneuten Verhören, zur Anfertigung von Fingerabdrücken und Fotos drei Tage lang vom Untersuchungsgefängnis Büchsenstraße, der sogenannten Büchsenschmiere, zum »Hotel Silber« gefahren und wieder zurück in meine »Schubzelle«.

Dienstag, 23. Februar bis Donnerstag, 25. Februar. In einer »Schubzelle« wird alles zusammen untergebracht, was etwa auf Transportzwischenstation ist und was so auf der Straße, betrunken oder nach Messerstechereien und ähnlichem, aufgegabelt wird. Da in dieser Zelle keine Stühle vorhanden waren, saßen etwa 25 Frauen reihum auf dem Boden untätig da, an abgeschabte Wände sich lehnend; in einer Ecke stand ein stets überfüllter, stinkender WC-Eimer, der benutzt werden mußte, auch wenn er überlief; für die Nacht wurden für je zwei Personen eine Matratze hereingestoßen samt Bettüchern, die aber dreckig und verschmiert waren. Ich verbrachte die drei folgenden

Nächte im Sitzen, nahm kein Essen und nur wenig Wasser zu mir und umklammerte meinen kleinen Waschbeutel, als ob er Golddukaten enthielte. Ich dachte: »Meine Haut ist heil und was sie bedeckt, gehört mir und bleibt mir.« Gut, daß dieses Wanzennest später durch Bomben zerstört wurde und heute nicht mehr existiert. Am *Donnerstag* waren die Vernehmungen abgeschlossen, Fotos und Fingerabdrücke hergestellt, und der Beamte meinte: »Jaja, Sie sind eben Weltverbesserer. Da will ich Ihnen eines sagen: Dieser Staat vernichtet seine Gegner.« »Vernichtet«, das blieb in mir haften.

In den Tagen danach wurden auch unsere beiden Eltern verhaftet und ein bis zwei Wochen lang verhört. Dabei hatte unsere stolze Mutter jede Arbeit abgelehnt, während Vater als gewohnter Geduldsmensch mit einer Zange Löchlein in Lederriemen kniff. Ursel und Roland waren nach Ravensburg zu Verwandten gebracht worden, so daß Konrad, der nach seinem Flakdienst eines Abends die Familie aufsuchen wollte, vor verschlossenem Haus stand, und die Nachbarn ihm sagten, die Eltern seien verhaftet, Hans und Suse erhängt! Er blieb immer unbehelligt. Peter kam später vor ein Militärgericht, um verhört zu werden.

Am *Freitag, 26. Februar,* wurden Hans und ich in Begleitung des Münchner Kriminalkommissars Mahler im normalen Schnellzugabteil mit anderen Reisenden zusammen nach München gebracht und im dortigen Gestapogefängnis, im Wittelsbacher Palais in der Briennerstraße 50, abgeliefert. Ziemlich schwach durch den Hunger und die schlaflosen Nächte konnte ich nur mit Mühe die breiten, sorgsam geölten Treppen hinaufsteigen und in ein großes Zimmer eintreten, in dem die Regale reich bestückt waren mit vielen Ordnern, die die Aufschrift »Weiße Rose« trugen. Da war man, scheint's, schon recht fleißig gewesen.

Nun wurde ich von meinem Bruder getrennt und sah ihn erst wieder Mitte April beim Gespräch mit unserem Anwalt. Nach kurzer Vorstellung vor den neuen Kommissaren wurde ich abgeführt in einen neu erbauten Zellentrakt, der dem Wittelsbacher Palais angefügt war. Zunächst wurde ich schon wieder registriert, durch eine an einer Schreibmaschine in einem Winkel am Eingang des Zellenbaus sitzende Dame, es war, wie sich am Abend herausstellte, *Else Gebel*, meine Zellengenossin für einige Tage. Die Zelle war komfortabel ausgestattet mit einem Schrank, der einige Kleiderbügel enthielt, einem WC, zwei Liegen, die sichtlich benutzt waren und – wie ich hören sollte: man hatte sogar die Erlaubnis, sich von außen Essen kommen zu lassen, wenn man es wünschte und Geld hatte. Durch ein großes, vergittertes Fenster gegen Westen konnte man in einen betonierten großen Hof und auf Häuser und Dächer hinausschauen. Else Gebel, die gegen Abend in die Zelle kam, gab sich als Mitgefangene zu erkennen, die in der Verwaltung angestellt war, und in deren Zelle Sofie ihre letzten Tage erlebt hatte; das hieß, daß ich jetzt, wenige Tage später, auf derselben Liege und im selben Bettzeug lag. Else Gebel war mir in den paar Nächten, in denen wir miteinander die Zelle bewohnten, eine liebe und feinfühlige Gefährtin. Als der junge Hausdiener Seppl (als Kommunist inhaftiert) mir durchs Gixerl, d.i. ein quadratisches Loch mit Klappe in der Tür zum Durchreichen des Essens, eine dicke Kartoffel und ein Schälchen schnittlauchverzierten Quark hereinreichte, – nein, nicht nur!, denn bei der Salzübergabe strich er mir mit dem Blechlöffel ein paar Mal freundlich tröstend über den Arm: Na, das war schon etwas grundsätzlich anderes als im Gefängnis von Schwabens Metropole – da ließ ich Bayern gewaltig hochleben! Und wenn ich bislang das Gefühl gehabt hatte, hart am Wind zu segeln, so hatte ich jetzt das Gefühl, in sauberen, sanft bewegten Gewässern dahinzufahren, wobei mir klar war, daß dieses Gefühl trügerisch war; die Vernehmungen in diesem Hause waren nämlich die entscheidenden und deshalb sehr gefährlich.

Ich muß nun zurückgreifen und berichten, wie es zur Verhaftung und *Verurteilung* der *Geschwister Scholl* und *Christl Probsts* kam: Am 3. Februar 1943 waren drei nationale Trauertage angeordnet, und die Niederlage von Stalingrad offiziell bekannt gegeben worden. Aus meiner Klasse haben Albert Kohler, unser braver gediegener Dauerprimus, und Hans Wurm dort ihr Leben verloren. Hans Wurm hatte in seinem letzten Brief geschrieben: »Wo ist der Gott der Liebe, wir verhungern hier und krepieren im Dreck.« Jeder wußte, daß die deutsche Wehrmacht von diesem Schlag nie sich würde erholen können. Man spürte Erschöpfung und Verzweiflung. Am 3. Februar, hatte ich von Sofie sehr kurzfristig eine Einladung erhalten zu einer Lesung Theodor Haeckers am 4. Februar, der ich aber nicht folgen konnte, da ich als Cellistin verpflichtet war, an der Aufführung eines Haydn-Oratoriums durch die Musikhochschule mitzuwirken. Cellisten waren wegen des Krieges Mangelware.

Haecker lebte 1879 bis 1945, war Religionsphilosoph und Essayist. Hans Scholl hatte ihn ein Jahr zuvor kennengelernt und verehrte ihn. Um zu zeigen, mit welchen Gedanken die Gruppe sich in den Tagen vor der Verhaftungswelle beschäftigt hat, zitiere ich im Anhang einen (willkürlich gewählten) Ausschnitt aus Haeckers »Schöpfung und Schöpfer«, aus demjenigen Werk, aus dem Haecker damals gelesen hat. – Nach der Lesung, und später nochmal am 8. und 15. Februar, wurden in der Münchner Innenstadt, besonders an der Universität, Parolen mit grüner Lackfarbe mittels Schablone an die Häuserwände gemalt: Freiheit! Nieder mit Hitler! Hitler ist ein Massenmörder! – Es waren die drei Freunde Scholl, Schmorell und Graf, die diese gefährliche Arbeit ausgeführt hatten, wobei Graf eine Pistole mit sich geführt hatte. Ich hörte von diesen Aktionen erst beim Prozeß.

Am 14. Februar wurde den Mitgliedern des NS-Studentenbundes, d.h. allen Studenten, befohlen, an einer Jubiläumsfeier der Universität im Haus des »Deutschen Museums« teilzunehmen, damit der Festsaal gefüllt würde. Bei dieser Veranstaltung hatte Gauleiter Giessler die Studentinnen schwer beleidigt, indem er sie aufforderte, lieber dem Führer ein Kind zu schenken, als zu studieren usw. Etwas bislang nie Erlebtes ereignete sich nun: es gab schwere Unruhen mit Prügeleien. Zum ersten Mal wagten es junge Leute, sich zu wehren. Dies veranlaßte Prof. Huber, sofort in der darauffolgenden Nacht das 6. Flugblatt zu formulieren, das, von Scholl leicht abgeändert, am 15. Februar im Schwabinger Atelier des Architekten Eickemeyer und im Keller dieses Hauses auf Matrize getippt und vervielfältigt wurde. Zwischen Scholl/Schmorell und Prof. Huber war Streit entstanden um den einen Satz: »Stellt euch in die Reihen unserer Wehrmacht, die so großartige Leistungen vollbringt.« Huber ließ sich sein Bild von der Wehrmacht durch Gerüchte nicht trüben (wie Scholl und Schmorell). Wegen dieser Meinungsverschiedenheit, die eben auch Ausdruck grundsätzlicher Differenzen war, zog sich Prof. Huber telefonisch von der Aktion wieder zurück. Das Flugblatt wurde dennoch – ohne diesen Satz – sofort gedruckt (wohl um prompt auf die Unruhen vom 14. Februar zu reagieren), wurde vervielfältigt und am 18. Februar in den Gängen und vor den Türen der Universität sowie im Lichthof von den beiden Geschwistern verteilt. Weshalb Sofie den Rest der Schriften von einer Balustrade in den Lichthof flattern ließ und damit sich und andere aufs äußerste gefährdete, ist nicht mehr zu klären. Ich könnte mir denken, daß sie sich beim Verteilen in einem Überschwang der Gefühle befand: Die Türen würden sich gleich öffnen, die Studenten herausströmen, also – runter mit den übrigen Blättern! Doch dies ist nur eine Vermutung. In einem Protokoll der Gestapo steht, sie habe es »aus Übermut« getan. Es war wohl ein aus Übermüdung und Nervenanspannung entstandener exaltierter Übermut. Der Hausmeister Schmied schloß sofort alle Türen, verständigte die Gestapo, die denn auch rasch zugegen war und die beiden festnahm. Manche nehmen an, sie seien gewarnt worden, ihre Verhaftung stünde bevor, dann aber hätten sie doch in ihrem Zimmer sorgfältig alles vernichtet, was andere verdächtigen konnte. Robert Mohr berichtete später, Sofie habe zunächst durchaus verständlich darlegen können, daß sie mit den Flugblättern nichts zu tun habe, so daß am Abend ihre Entlassung in Aussicht stand. Doch seien beim Durchsuchen des Hans Scholl'schen Zimmers hundert Briefmarken zu acht Pfennig gefunden worden und handgeschriebene Briefe. Dies brachte eine Wende. Sofie wurde am 18. Februar 1943 verhaftet.

Bei der Festnahme in einem Gang der Universität trug Hans Scholl einen weiteren Flugblattentwurf bei sich, den er in Stücke zerriss, um die Schnipsel zu verschlucken. Dies ist ihm nicht gelungen. Prof. Huber, der nach seinem Kolleg eben in den Gang trat, war Zeuge der Szene und hatte darüber seiner Frau entsetzt berichtet. Die Gestapo fügte nun die Schnipsel sorgfältig wieder zusammen, verglich die Schriftzüge mit Briefen, die sie in Scholls Zimmer fand und konnte den Verfasser finden: Es war der 23jährige Medizinstudent und Familienvater Christoph Probst.

Sofie wurde in den Tagen danach intensiv, am Freitag 16 Stunden lang, verhört, worüber sie froh gewesen sei, denn dann ging alles rasch voran, so berichtete mir *Else Gebel*. Sie habe immer einen ruhigen, harmonischen Eindruck gemacht, ruhig geschlafen und sich einzig um ihre Mutter gesorgt: »Hoffentlich kann sie sich mit dem Gedanken trösten, daß ich auch an einer Krankheit sterben könnte. Sie würde alles für mich tun, ist aber ohnmächtig.« Am *Sonntag, den 21. Februar*, hatte Sofie die Anklageschrift erhalten, hatte sie rasch durchgelesen und wieder hinausgereicht, nachdem sie auf die Rückseite »Freiheit« geschrieben hatte. Wenn sie nicht verhört wurde, lag sie auf der Liege, genoß die Strahlen der Februarsonne, die durchs vergitterte Fenster drangen und sagte: »Nun bricht das Jahr so schön an, und ich lebe nicht mehr lange.« Else Gebel: »Als sie am letzten Montag zur Verhandlung abgeholt wurde, schauten wir Angestellten ihr nach, wie sie ihrem Bruder folgte und in den

Gefangenenwagen stieg.« Nun, eine Woche später also, bewohnte ich diese Zelle.

VI

Kommilitoninnen! Kommilitonen!

Erschüttert steht unser Volk vor dem Untergang der Männer von Stalingrad. Dreihundertdreißigtausend deutsche Männer hat die geniale Strategie des Weltkriegsgefreiten sinn- und verantwortungslos in den Tod und in Verderben gehetzt. Führer, wir danken dir!

Es gärt im deutschen Volk: Wollen wir weiter einem Dilettanten das Schicksal unserer Armeen anvertrauen? Wollen wir den niedrigen Machtinstinkten einer Parteiclique den Rest der deutschen Jugend opfern? Nimmermehr.

Der Tag der Abrechnung ist gekommen, der Abrechnung unserer deutschen Jugend mit der verabscheuungswürdigsten Tyrannis, die unser Volk je erduldet hat. Im Namen der ganzen deutschen Jugend fordern wir von dem Staat Adolf Hitlers die persönliche Freiheit, das kostbarste Gut des Deutschen zurück, um das er uns in der erbärmlichsten Weise betrogen hat.

In einem Staat rücksichtsloser Knebelung jeder freien Meinungsäusserung sind wir aufgewachsen. HJ, SA, SS haben uns in den fruchtbarsten Bildungsjahren unseres Lebens zu uniformieren, zu revolutionieren, zu narkotisieren versucht. »Weltanschauliche Schulung« hieß die verächtliche Methode, das aufkeimende Selbstdenken und Selbstwerten in einem Nebel leerer Phrasen zu erstikken. Eine Führerauslese, wie sie teuflischer und bornierter zugleich nicht gedacht werden kann, zieht ihre künftigen Parteibonzen auf Ordensburgen zu gottlosen, schamlosen, gewissenlosen Ausbeutern und Mordbuben heran, zur blinden, stupiden Führergefolgschaft. Wir »Arbeiter des Geistes« wären gerade recht, dieser neuen Herrscherschicht den Knüppel zu machen. Frontkämpfer werden von Studentenführern und Gauleiteraspiranten wie Schuljungen gemassregelt, Gauleiter greifen mit geilen Spässen den Studentinnen an die Ehre. Deutsche Studentinnen haben an der Münchner Hochschule auf die Besudelung ihrer Ehre eine würdige Antwort gegeben, deutsche Studenten haben sich für ihre Kameradinnen eingesetzt und standgehalten. Das ist ein Anfang zur Erkämpfung unserer freien Selbstbestimmung, ohne die geistige Werte nicht geschaffen werden können. Unser Dank gilt den tapferen Kameradinnen und Kameraden, die mit leuchtendem Beispiel vorangegangen sind!

Es gibt für uns nur eine Parole: Kampf gegen die Partei! Heraus aus den Parteigliederungen, in denen man uns politisch weiter mundtot halten will! Heraus aus den Hörsälen der SS-Unter- oder Oberführer und Parteikriecher! Es geht uns um wahre Wissenschaft und echte Geistesfreiheit! Kein Drohmittel kann uns schrecken, auch nicht die Schliessung unserer Hochschulen. Es gilt den Kampf jedes einzelnen von uns um unsere Zukunft, unsere Freiheit und Ehre in einem seiner sittlichen Verantwortung bewussten Staatswesen.

Freiheit und Ehre! Zehn lange Jahre haben Hitler und seine Genossen die beiden herrlichen deutschen Worte bis zum Ekel ausgequetscht, abgedroschen, verdreht, wie es nur Dilettanten vermögen, die die höchsten Werte einer Nation vor die Säue werfen. Was ihnen Freiheit und Ehre gilt, haben sie in zehn Jahren der Zerstörung aller materiellen und geistigen Freiheit, aller sittlichen Substanz im deutschen Volk genugsam gezeigt. Auch dem dümmsten Deutschen hat das furchtbare Blutbad die Augen geöffnet, das sie im Namen von Freiheit und Ehre der deutschen Nation in ganz Europa angerichtet haben und täglich neu anrichten. Der deutsche Name bleibt für immer geschändet, wenn nicht die deutsche Jugend endlich aufsteht, rächt und sühnt zugleich, seine Peiniger zerschmettert und ein neues geistiges Europa aufrichtet.

Studentinnen! Studenten! Auf uns sieht das deutsche Volk! Von uns erwartet es, wie 1813 die Brechung des Napoleonischen, so 1943 die Brechung des nationalsozialistischen Terrors aus der Macht des Geistes. Beresina und Stalingrad flammen im Osten auf, die Toten von Stalingrad beschwören uns!

»Frisch auf, mein Volk, die Flammenzeichen rauchen!«

Unser Volk steht im Aufbruch gegen die Verknechtung Europas durch den Nationalsozialismus, im neuen gläubigen Durchbruch von Freiheit und Ehre!

Ich scheute mich zu fragen, ob Sofie noch am Leben sei, und Else Gebel scheute sich, klipp und klar die Tatsache ihres Todes zuzugeben. Es mag eine Woche nach der Einlieferung in der Briennerstraße gewesen sein, als Seppl mir eine Zeitungsnotiz durchs Gixerl reichte, worin ein Nürnberger Apotheker namens Scholl festgestellt haben wollte, daß er mit den beiden hingerichteten Hochverrätern Hans und Sofie Scholl nicht verwandt sei. So wurde mir gedruckt bestätigt, was die Beamten mir aus taktischen Gründen vorenthalten hatten, und was ich im Stillen wußte und nicht wahrhaben wollte. Meine Gefühle hatten sich längst ins Innerste verzogen, zu weinen hatte ich längst verlernt, ohnmächtige Wut und Empörung über die dummen, feigen, kraftlosen Deutschen erfüllte mich: Ihr seid alle mitschuld an diesen Tötungen.

Durch das rasche Todesurteil war der Gestapo vieles erschwert worden. So waren Gegenüberstellungen innerhalb der Gruppe und ein weiteres Ausspionieren von freundschaftlichen Beziehungen nicht mehr möglich. Sofie starb in dem Bewußtsein, mich, meinen Bruder Hans, Huber und andere gedeckt zu haben, wollte für sich reinen Tisch machen, noch mehr, wollte bei Freund und Feind weiteres sinnloses Blutvergießen verhindern, wollte den deutschen Namen, die deutsche Ehre reinigen und hatte glücklicherweise nichts mehr erfahren über die weiteren Festnahmen und Schicksale. Vom Beamten Robert Mohr gefragt, wie sie sich verhalten würde, wenn sie wieder vor denselben Entscheidungen stünde, antwortete sie: »Ich würde mich zur selben Tat entscheiden, weil ich es für richtig halte für mein Volk.«

Im »Ulmer Sturm« war folgende Notiz zu lesen:

> »Zwei ehrlose Subjekte hingerichtet. Todesurteil wegen Vorbereitung zum Hochverrat: Die Verurteilten hatten sich als charakteristische Einzelgänger durch das Beschmieren von Häusern und durch das Verbreiten hochverräterischer Flugschriften an der Wehrkraft und dem Widerstandsgeist des deutschen Volkes in schamloser Weise vergangen. Angesichts des heroischen Kampfes des deutschen Volkes verdienen derartige verworfene Subjekte nichts anderes als den raschen und ehrlosen Tod.«

Man sollte meinen, ich sei in Ulm und Stuttgart zur Genüge verhört worden. In München wurde ich immer von neuem gefragt, wie ich mir erkläre, daß etliche Briefe vom nächsten Tag gestempelt waren. Sie argwöhnten nach wie vor, ich würde jemanden decken. Schließlich sagte ich: »Könnte es nicht sein, daß etliche Postbeamte ihre nächtliche Tätigkeit etwas abkürzten und nicht alle Briefkästen leerten? Und wenn Ihnen dies nicht plausibel erscheint, dann nehmen Sie doch weitere Haussuchungen vor.« Sie entgegneten: »Wir wollen keine unnötige Unruhe stiften.« – Dann suchten sie immer von neuem zu ergründen, oft zu zweit und zu dritt, was ich mir als Inhalt der Flugblätter *gedacht* habe. Dabei beobachteten sie jede meiner kleinsten Bewegungen, jedes Wimpernzucken. Die Beamten benahmen sich mir gegenüber immer korrekt und höflich. Doch war die Atmosphäre bei den Vernehmungen trotz menschlichem Anhauch unheimlich.

In den langen Stunden, die ich allein in der Zelle verbrachte, konnte ich nachdenken, konnte lernen hinzunehmen, was nicht zu ändern war. Und dabei beginnt man trotz allem sich zu freuen, etwa an einem Sonnenstrahl, der am Nachmittag in die Zelle fällt oder an kleinen Ereignissen mit anderen Gefangenen.

Im Laufe der vier Wochen, die ich in der Briennerstraße verbrachte, wurde ich immer wieder in andere Zellen verlegt oder erhielt selbst neue Gesichter zugeteilt. So lernte ich eine junge Bäuerin kennen, aus Vohburg a.d. Donau, die enge Beziehungen hatte mit einem Polen, der bei ihr als Knecht zwangsarbeiten mußte. Sie hatte einen bitteren Humor, weinte zuweilen oder ballte die Fäuste und malte sich aus, wie sie dem Beamten, der sie verhörte, dereinst – ob in der Hölle oder im Himmel – begegnen werde, sie würde ihm »die Augen auskratzen«. Nach einigen Tagen kam sie »ins Lager«.

Wenige Tage später war mit mir und anderen eine junge *Russin* in der Zelle, die nur mit Mühe erklären konnte, daß sie nicht wisse, weshalb sie verhaftet sei. Sie war rund und rosig, voller Lebensfreude, und der Zustand, verhaftet zu sein, war ihr völlig egal. Abends begann sie, vor sich hin zu singen und tanzte auf unsere Bitten hin in der Enge der Zelle kaukasische Tänze. Sie hüpfte und stampfte; »Ras-dwa, ras-dwa«, sagte sie keuchend vor sich hin, um den Rhythmus zu haben, und schwang ein buntes Tüchlein, das sie bei sich hatte, über dem Kopf. Die letzten Wochen in der Briennerstraße war ich mit einer etwa 45jährigen Gefangenen, *Tilde Dreisbach*, in derselben Zelle. Schon vier Jahre hatte sie in Haft verbracht in verschiedenen KZ und hatte nun in der Küche der Briennerstraße zu arbeiten. Sie hatte keine Aussicht auf eine Verhandlung, denn ihr Fall machte keine Fortschritte. Sie stand unter Spionageverdacht und vermutete, ihr Denunziant sei gestorben. Früher hatte sie eine Münchner Schneiderinnenwerkstatt geleitet, arbeitete fürs Theaterballett und fürs Kino, entwarf und nähte Kostüme für die Münchner Künstlerfeste. Mit ihr stand ich an den Abenden lange, ja oft stundenlang in die Nacht hinein, am Fenster. Wir schauten, auf meiner Liege stehend, an den Gittern uns festhaltend hinaus, bis die Beine ermüdeten, während sie eine Zigarette nach der anderen rauchte. »Laß uns an das Schöne denken, Sus'chen, das es doch immer gibt und all den Schmutz hier drinnen und sogar die Sorgen vergessen.« –

Tagsüber, während ich allein war, las ich viel, so im Neuen Testament, las Musikerbiographien, die mein Sachbearbeiter, Kriminalkommissar *Robert Mohr*, aus eigenem Antrieb mir gebracht hatte und schrieb in Gedanken viele Briefe. Mohr bot an, ich könne nach Belieben Briefe schreiben, doch »das belastet nur die Empfänger«, meinte die Dreisbach. Wenn sie morgens wegging, zur Arbeit in die Küche, meinte sie: »Nie nachgeben, jede Träne kommt aus Selbstmitleid.« Doch alles, was man entbehrt, kehrt verwandelt in den Träumen wieder. Den Tag über war ich allein und untätig, fühlte mich aber keineswegs einsam und verlassen. Ich sah die grünsten Wiesen und die tiefsten Wälder, sah die Gesichtszüge meiner Eltern und Geschwister so deutlich vor mir wie später nie wieder, ja, ich roch sogar die von gutem Tabak geschwängerte Luft in Großvaters Erlanger Arbeitszimmer! ... Es überkamen mich auch einigemale Wellen von Todesangst: »Noch einmal die rostige, knarrende Gartentür öffnen und hineinlaufen in den Garten; noch einmal bis auf die Haut naß werden«, usw. Ich erlebte, daß das mönchische

Gebot »memento mori« niemals erfüllt werden kann. Obwohl wir alle wissen, daß unser Tod das Allersicherste im Leben ist, glauben wir nicht an ihn. Im Moment nämlich, in dem wir an ihn glauben, sinken wir um, es wird uns schwarz vor den Augen und der Atem stockt; doch mit dem nächsten Atemzug hoffen wir wieder. Dum spiro spero.

Ich erlebte auch zwei Fliegerangriffe, einen zusammen mit Tilde Dreisbach. Wieder standen wir auf meiner Liege und schauten wie auf eine Theaterbühne. Es krachte so richtig, mal hell, mal dumpf, und da und dort sah man gespenstische Flammen zucken. »Prima, genau dort drüben liegt ja das ›Braune Haus‹, das Versammlungsgebäude der Münchner Nazis. Ist die Welt nicht verrückt: Die einen kämpfen fürs teure Vaterland, andere, wie wir, freuen sich über die Zerstörung durch Bomben, auch dem Vaterland zuliebe.« Zeit und Traum und Wirklichkeit schwammen ineinander in meinem Bewußtsein. Alles schien mir nur schwankende Kulisse zu sein, ich selbst eine Figur aus Pappkarton. Und daß die nächste Bombe mich treffen könnte, schutzlos in der Zelle, war unwesentlich. Ich fühlte Auflösung und eine Stelle aus Homers Ilias, während der Schulzeit gelesen, kam mir in den Sinn:

> Grauenvoll donnerte nun der waltende Herrscher der Welt, Zeus,
> Obenher; und von unten erschütterte Poseidon
> Weit die unendliche Erd und der Berg' erstarrende Häupter.
> Alle sie wankten bewegt, die Füsse des quelligen Ida
> bis zu den Höhn, auch Ilios Stadt und der Danaer Schiffe.

Als ich später einmal Hans fragte, wie er diese Nacht erlebt habe, meinte er: »Es war herrlich! Genau wie im Vorspiel des zweiten Aktes von Richard Strauss' Elektra.«

Nach Abschluß der Verhöre erschien eines Tages *Robert Mohr*, der mit anderen Beamten zusammen die beiden Hirzel-Fälle zu bearbeiten hatte, an der Zellentür mit einem besonderen Auftrag: »Schreiben Sie ausführlich über Ihr Verhältnis zu diesem

Staat und über Ihr Verhältnis zu Sofie Scholl und ihrer Familie.« Ich war mißtrauisch: Immer auf neue Art wollen sie mich aushorchen. – Die Dreisbach meinte: »Sus'chen, das ist deine Chance. Wir machen das zusammen Wort für Wort und können vieles zurechtrücken, wie es nur bei ruhiger, scharfer Überlegung möglich ist und nicht bei Verhören.« Hans bekam denselben Auftrag – und tatsächlich: Bei der späteren Begründung von Hans' mildem Urteil, nämlich fünf Jahre Gefängnis, nahm Freisler darauf Bezug. Der junge Mann habe da eine Arbeit abgeliefert, die ihm Respekt abnötige. – Man kann nur staunen: Hans, mit seiner scheinbar unsinnigen Ehrlichkeit, hatte offenbar damit und mit seinem gründlichen Denken Erfolg.

Durch die ermüdenden zähen Verhöre kamen mir manchmal Zweifel und Unmut an dem von mir eingeschlagenen und mit Hans vereinbarten Weg, nämlich vorzugeben, ich hätte den Inhalt der Flugblätter nicht gekannt. Wäre es denn nicht am einfachsten und klarsten, zuzugeben, daß ich den Inhalt kannte, mit den Ansichten und Absichten der Münchner übereinstimme und dann dafür eben einstehe? Doch die Dreisbach lehrte mich zu kämpfen: »Es genügt wahrhaftig, wenn drei eurer Gruppe das Leben verloren haben. Leute wie Hans Scholl wären doch nach dem Krieg nötig für ein neues Leben in Deutschland. Ich bin ganz und gar gegen Märtyrertum, gegen Heilige; ich bin fürs Leben. Soll denn von den Formulierungen dieser Gestapobeamten, dieser Diener einer Verbrecherclique, das Glück eurer Familie abhängen? Ich möchte dir sagen: Der sekundenschnelle Tod durch den Henker ist eine Kleinigkeit gegenüber dem lebenslangen Leiden eurer Mutter und jetzt dem der Mutter Scholl. Und wie wird die Kindheit und Jugend deiner jüngsten Geschwister werden? Es wäre falsch, allein schon der Familie zuliebe, nicht alles zu tun für dein Leben und das Leben deines Bruders. Kämpfe, lerne zu heucheln und zu lügen bis zur Selbstaufgabe, das ist besser und sinnvoller als sich zu opfern durch einen verbrecherischen Staat für die abstrakte Idee von ›Vaterland‹ und ›Freiheit‹. Das Vaterland besteht aus

Familien«, meinte sie, »also solltest du in erster Linie an eure Familie denken. ›Freiheit‹ ist ein hehres Wort und gehört dem Reich der Träume an. Wenn es einmal einen Rechtsstaat geben sollte, freie Meinungsäußerung, Vertrauen unter den Menschen, dann kommt dies auch ohne den Tod junger Studenten, aber man braucht später einsichtsvolle und mutige Leute wie die Scholls, um die Freiheit zu bewahren und ihr Inhalt zu geben. Insofern halte ich den Tod von Hans und Sofie Scholl und ihres Freundes für ein Unglück, für sie selbst und ihre Familien ohnehin. Nein – die Menschen sind solcher Opfer nicht wert. Schau doch auf die deutsche und europäische Situation. Siehst du Wirkungen von Heiligen, Helden, von Christus? Die Menschen lassen sich in ihren Entscheidungen durch den Blick auf Märtyrer nicht beeinflussen. Das ist meine Meinung.« Ich war sehr erschrocken und versuchte die Hingerichteten zu verteidigen: »Man braucht doch die Vorbilder der Tapferkeit, der Liebe und Selbstlosigkeit, des reinen Gewissens! Millionen beten doch zu den Heiligen und zur seligen Jungfrau Maria: ›Bitt' für uns!‹« – Lange redeten wir noch zusammen in der Nacht, und ich lernte eine tief enttäuschte, durch lange Jahre der KZ-Haft gedemütigte, ja zerstörte Frau kennen. Sie sagte: »Wäre nicht mein Mütterlein, so würde ich längst nicht mehr leben.« Einzig ihrer Mutter schrieb sie in täglicher Zwiesprache. Sie wollte mich mit all ihrer Kraft retten: »Warte, bis ein neuer Geist wieder reiner fließen kann. Glaube mir, es warten viele der Vorstellung zuliebe, die sie von ihrem Vaterlande haben und ihren Freunden zuliebe.«

Nach circa vier Wochen in der Brienner Straße wurde ich ins Gefängnis *Am Neudeck* verlegt, um dem dortigen Untersuchungsrichter vorgeführt zu werden. »Vergiß nicht die Dreisbach, dein altes Mistviech!«, sagte sie beim Abschied. Sie war mir einer der wichtigsten Menschen in meinem Leben, ein Himmelsbote zur richtigen Stunde. Nun durfte ich Am Neudeck zwei Tage lang die klassische Arbeit Gefangener kennenlernen: Das Tütenkleben. Als ich das Zimmer des Untersuchungsrichters betreten wollte, kam mir Willi Graf entgegen mit tief leuchtenden Augen. Er hatte eben den Wortlaut der Anklage unterschrieben und konnte keine Hoffnung für sein Leben haben. Der Beamte erklärte mir, es gäbe Vergehen, Verbrechen und Schwerverbrechen; letzteres hätte ich begangen. Er las mir den Wortlaut der Anklage vor und reichte mir den Federhalter zur Unterschrift mit bedeutsamem, wie mir schien mitleidsvollem Blick. Danach kam ich ins große Münchner Gefängnis *Stadelheim.*

Die Gruppen von Neuzugängen wurden durch lange Gänge getrieben, angeschrieen, in dicke Bücher eingetragen, mit neuen, ziemlich sonderbaren Kleidern versehen, mein Fingerring und ein silbernes Halskettchen wurden mir ebenfalls abgenommen. Das gab mir schon einen kleinen Stich. Schlußendlich landete ich in einer Einzelzelle und legte mich erleichtert auf die »Falle«. Am nächsten Morgen erwachte ich durch Schlüsselgerassel. Eine Tür nach der anderen wurde aufgerissen, die Insassen »erstatteten Meldung«, Wasserschüsseln klapperten: So, nun wußte ich, daß ich mich in einem richtigen Gefängnis befand. Nun kam ich dran, erhielt Waschwasser in einer Schüssel und frisches Trinkwasser in einem Bierkrug. Dann fiel die Tür wieder ins Schloß, und ich war für Stunden mir selbst überlassen. Ich schaute mich um: Das kleine Fenster lag sehr hoch, viel zu hoch, um hinaussehen zu können, dazuhin war es aus Milchglas. So war nicht zu erkennen, wie das Wetter war; Sonne, Wolken und direktes Licht waren nicht zu sehen.

Die hohe und schmale Zelle war etwa zwölf Quadratmeter groß, grünblau ölgestrichen, mit einer dunklen Linie in halber Höhe durchzogen. Ständig wurden die Augen gezwungen, dieser Linie nachzugehen. In der Ecke links neben der schweren eichenen Tür lief ein Heizrohr, rechts neben der Tür stand der immer stinkende Klosetteimer. An der einen Längswand sowie unter dem Fenster standen je eine Liege, an der anderen Längswand waren ein Klapptisch und eine Klappbank zu sehen, darüber ein Regal mit einem katholischen Gesangbuch, einer

Bibel, einer Holzschale mit Salz und einem Wasserkrug. Salz und Wasser sind in Bayern Grundrechte jedes Gefangenen. Nach dem Frühstück etwa um sieben Uhr, das aus einer Schale dünnem Milchkaffee und einer Scheibe Brot bestand, kam der gereinigte Kloeimer in die Zelle, um elf Uhr wurde das Essen durchs Gixerl hereingereicht, um siebzehn Uhr nochmal, und im übrigen war ich allein und ungeschoren und hielt einen langen Aufenthalt in dieser Umgebung sehr wohl für möglich. Jeden zweiten Tag war eine Stunde Hofgang. Man hatte vor die Zelle zu treten, mit dem Gesicht zwanzig Zentimeter von der Wand entfernt. So standen in dem langen, düsteren, steinernen Gang links und rechts je etwa 30 Frauen der Wand zugekehrt. Nun wanderten wir unter Gerutsche und Geklapper der vielen Holzpantoffeln und unter ziemlich wüsten Reden der Wachtmeisterinnen, die wie Wachhunde dastanden mit dicken, herunterhängenden Schlüsselbunden, durchs Treppenhaus hinunter in einen weiten Hof, in dem auch das Richthaus zu sehen war; der Hof war mit einer etwa acht Meter hohen Backsteinmauer umgeben und enthielt ein quadratisches Stück Grasland, in dem nun etwa 100 Frauen, die Hände wie geboten auf dem Rücken, im Gänsemarsch auf schmalen betonierten Pfaden herumspazierten. Zuweilen kam eine Aprilböe, oder es regnete, und wir hatten doch nur Baumwoll- oder Leinenkleider an. Die »Zugänge« weinten vor sich hin, die Alterfahrenen lachten, machten einander Zeichen, versuchten sich Zettelchen zu übermitteln, und ich? – Ich genoß mit vollen Zügen die frische Luft, endlich konnte ich den hellen Himmel wieder erblicken, sogar die Spitze eines Baumes auf der anderen Seite der hohen Mauer, draußen; Gänseblümchen zeigten sich im Gras, kurz: ich fühlte, daß ich lebte und den Frühling doch nicht ganz verpasse. – Das alles war ja zu ertragen, es waren normale Gefängnisumstände, ein Säulenheiliger hatte es schlimmer.

Nach dem Frühstück flogen eine Schere, Strümpfe und Wolle und eine Nadel in die Zelle. Es war mir nicht klar, ob ich als Untersuchungshäftling zum Arbeiten verpflichtet war. Ich wechselte also ab, stopfte eine zeitlang Strümpfe, dann wieder setzte ich mich mit dem Rücken zur Tür an den Klapptisch, breitete die Strümpfe und Wolle über den Tisch aus und las damals lange Abschnitte im Alten Testament, fand es interessant und entdeckte große Geschichten. Das katholische Gesangbuch enthielt viele mir unbekannte Lieder, mehr vorreformatorische und kirchentonartliche als das evangelische. Jeden Tag lernte ich eine neue Melodie auswendig. Dann wieder kehrte ich mich der Arbeit zu. Nichts tun dürfen, macht zäh und lähmt. Man läßt sich dann von den eigenen Gedanken im Kreis herumtreiben. Einmal nur täglich sollte man die Lage überdenken. – Es waren Tage der schönsten Ruhe, des Sich-selber-Begegnens, und mein vergangenes Leben erschien mir schön und glücklich, mein momentanes durchaus erträglich. Die Augen litten etwas, weil sie sich nie auf eine längere Distanz einstellen durften, denn die Zelle war höchstens fünf Meter lang. Doch war es ein gewisser Ersatz, die Augen zu schließen und sich eine weite Landschaft *vorzustellen.* Erinnerungen erwachten, die eigentlich im hintersten Gehirnwinkel versunken waren. Der Nachmittag war lang und voll Hungergefühl, ich sehnte den Abend herbei. Um achtzehn Uhr wurden Nadel und Faden abgegeben (sehr wichtig, denn man hätte sich ja in der Nacht töten können), Suppe wurde hereingereicht sowie etwas Wasser in einer Schüssel für die »Abendtoilette«. Danach legte ich mich auf meine Matratze, die aus zusammengelegenem harten Gras bestand, mit einer Dalle in der Mitte, die Hunderte von Vorgängerinnen geschaffen hatten. Langsam nahm die Dämmerung zu, es wurde mäuschenstill, rein gar nichts war zu hören in dem riesigen Gebäudekomplex. Etwa um halb acht tauchte für etwa zwanzig Minuten ein Stern hoch oben am Fenster auf, den ich erwartete, bewies er mir doch, daß die Erde sich drehte.

Zweimal wöchentlich betrat *Pfarrer Dr. Alt* mit lautem »Grüß Gott« unser Stockwerk, rief mich heraus und brachte mir, während wir den langen Gang auf und ab gingen, Nachrichten von zu Hause. Er korrespondierte nämlich in lateinischer Sprache mit unserer Familienfreundin in Ulm, Dr. Marie Rueff, was für Hans und mich sowie für die Eltern geradezu lebenswichtig war. Er wußte außerdem, wo gewöhnlich Wanzen sich versteckt hielten, die uns plagten, er berichtete vom Stand des Truppenrückzugs und natürlich von Hans, und war in jeder Hinsicht ein interessanter, phantasievoller, durch und durch gütiger Gesprächspartner, so daß ich mich jedesmal beschenkt fühlte und erfrischt durch diesen Wind von draußen. Auch brachte er mir Bücher: Grillparzers Werke, Eckermanns Gespräche, E.T.A. Hoffmann und »evangelisches Schrifttum für stille Stunden«. Ich dachte, es sollte besser heißen »für stille Jahre!« Einmal gestand er mir ganz offen: »Wenn ich meine Arbeit in diesem Gefängnis ehrlich betrachte, so muß ich zugeben, daß sie völlig sinnlos ist.«

Durch ihn konnte ich nochmal von Sofie hören. »Wer sie im Prozeß erlebt hatte, oder gar ihr Sterben, konnte sie nur bewundern, ihren klaren festen Standpunkt, ihre Furchtlosigkeit und Ruhe. Ohne eine Träne war sie dem Tod entgegengegangen.« Robert Mohr, der unser beider Vernehmungsbeamter war, beide Prozesse miterlebt hatte und ein überzeugter Nazi war, meinte auf meine Frage, wie sie ihr Schicksal ertragen habe: »Da war sie nur zu bewundern.« Obwohl beide Geschwister – wie Pfarrer Alt mir berichtete – beim letzten Abendmahl begehrten, katholisch getauft zu werden, verzichteten sie darauf auf Zuspruch des Pfarrers nach kurzer Überlegung, um ihrer Mutter nicht zusätzlich Schmerzen zu bereiten. »Freiheit«, hatte Hans Scholl gerufen, als er auf das Richthaus zuschritt. – Sofie fühlte sich frei vom Urteil anderer Menschen, frei von Besitzfreude und sonstigen Wünschen nach äußerem Glück und konnte dadurch ihr Los gefaßt hinnehmen, auch im Bewußtsein, andere gedeckt zu haben, z.B. mich und meinen Bruder. Diesen Sachverhalt erfuhr ich erst später, und es wurde damit doppelt klar, daß Hans nur durch Denunziation der jungen Stuttgarter gefaßt worden war. Robert Mohr übrigens zog sich aus der politischen Polizei, der Gestapo, bald danach zurück zur normalen Kriminalpolizei.

Ich hatte Sofie als 14- bis 15jähriges keckes, lustiges, recht burschikoses Mädchen kennengelernt, das voll überschwenglicher Naturfreude war, die dann später nicht in pantheistische oder stoische Gedanken einmündete, sondern durch allmähliche Entwicklung in den christlichen Glauben, der auf die sich entscheidende Person angelegt ist.

Großen Eindruck machte mir auch *Pfarrer Hoffmann*, der eigens für die Betreuung von Todeskandidaten engagiert war – und diese Arbeit ging für ihn fortlaufend. Er besuchte mich kurz vor der Verhandlung, und auf meine Bitte hin erklärte er mir ganz offen, wie eine Hinrichtung vor sich geht. Es sei ein selten leichter Tod, meinte er, weil er sich in nur acht Schrekkenssekunden vollziehe.

Es ist vielleicht nicht unangebracht, über folgende Gegebenheiten der Nazi-Zeit etwas zu erfahren. Der Münchner Scharfrichter Reichhart war der letzte einer 200jährigen Scharfrichter-Dynastie. Im Jahr 1943 tötete er 876 Menschen, insgesamt von 1924 bis 1945 3008. – Daß Hitler von Anfang an vorgehabt hatte, eine Schreckensherrschaft zu führen, zeigt die Tatsache, daß er schon 1933 zwanzig Guillotinen bestellt hatte, die von den Insassen des Tegeler Gefängnisses angefertigt werden mußten. Von 1939 bis 1945 wurden 24559 Todesurteile vollstreckt, die meisten von ihnen in Berlin, Magdeburg und München; dazu kamen die ungezählten, unregistrierten Morde an den durch die Gestapo Verhafteten, und die Millionen der in den Lagern Getöteten.[34]

Endlich wurde mir am 17. April, d.h. zwei Tage vorher, der *Verhandlungstermin* mitgeteilt, und immer noch konnte ich meinen Anwalt nicht erreichen. Verzweifelt klopfte ich an die Zellentür, doch ohne Erfolg. Auch den Anstaltsleiter konnte ich nicht erreichen, niemanden! Doch erhielt ich von der Wachtmeisterin Papier und Stift, um mir die wichtigsten Gedanken zu unserer Verteidigung niederzuschreiben. Nun, als ich mich schriftlich ausgedrückt hatte, konnte ich dem Prozeß ruhig entgegensehen. Großvater hatte für Hans und mich einen bedeutenden (und teuren) Anwalt engagiert, der jedoch vom Reichsanwalt abgelehnt wurde, denn wir sollten nur mittelmäßige Pflichtverteidiger bekommen. Doch, wie es sich zeigen sollte, gereichte gerade dieser Umstand uns zum Glück, denn wir hätten uns keinen besseren Anwalt wünschen können als *Dr. Eble.* Plötzlich hieß es, am 18. April: »Kommen Sie, Ihr Anwalt will sie sprechen!« Dr. Eble empfing zunächst mich und besprach meinen Fall; anschließend wurde mein Bruder hereingeführt. Aufgrund eines Organisationsfehlers war versäumt worden, mich vorher aus dem Raum zu entfernen, so daß wir beide, obwohl in denselben Fall verwickelt, uns einen kurzen Moment sehen und sprechen konnten, was natürlich völlig gegen die Vorschriften verstieß. »Mensch, Hans, du stehst ja da wie Johannes der Täufer«, entschlüpfte mir. Er war mager und blaß, unrasiert, in einer dünnen, zu kurzen Baumwollhose, die Füße in Holzpantoffeln. Dr. Eble drückte vorweg jedem von uns ein dick belegtes Brot in die Hand und sagte: »Wenn ihr etwas abzumachen habt, macht es schnell.« Wir bekräftigten, daß wir an der falschen Aussage, den Inhalt der »Briefe« nicht gekannt zu haben, unter allen Umständen festhalten werden, einerlei, was passieren würde und einerlei, welche Protokolle mit welchen angeblichen Aussagen uns eventuell vorgelegt würden. Eble meinte: »Verhalten Sie sich ruhig, zurückhaltend, selbstbewußt. Lassen Sie sich Ihr Recht zum »Letzten Wort« nicht nehmen. Sie haben immer noch das Recht, zu sagen, was Sie wollen. Notfalls werde ich dieses Recht durchsetzen.« Wie mir schon im Gestapo-Gefängnis der Hausdiener Seppl anvertraut hatte, sagte Hans immer die Wahrheit. Ich bat ihn dringend, an unsere Eltern zu denken und so auszusagen, daß es von Vorteil für uns war, notfalls auch Unwahres oder Halbwahres zu sagen.

Der Raum war unübersichtlich geschnitten, verwinkelt, und ich wurde kurz darauf von einem Beamten, der Hans nicht wahrgenommen hatte, weggeführt. Kurze Zeit später, so be-

Dr. Eble
(etwa zur Prozeßzeit)

richtet Hans, streckte ein anderer Beamter durch eine andere Tür den Kopf in den Raum und fragte: »Die beiden haben einander doch nicht gesehen?« – »Nein«, entgegnete Eble.

Wie ich Jahrzehnte später erfahren habe, hatte Eble in mindestens einem Dutzend Prozessen am Volksgerichtshof als Verteidiger gewirkt und kannte deshalb Freisler sehr gut. Eble gegenüber der Münchner Illustrierten 1959: »Ein geschickter Anwalt konnte bei Freisler viel erreichen. Man mußte sich auf die Mentalität Freislers einstellen. Wenn der Angeklagte die mit mir besprochene Linie einhielt, so konnte man mit Zivilcourage, die nötig war, das Leben des Mandanten retten; noch dazu, wenn man den Mut hatte, Beweisanträge zu stellen. Freisler liebte es nämlich, seine Herkunft aus dem Anwaltstand zu dokumentieren, und er gab Beweisanträgen mit den Worten: ›Bitte, Herr Kollege‹, statt.« Es ist Dr. Eble gelungen, seinen drei Mandanten, Eugen Grimminger, Hans und mir, das Leben zu retten. Voraussetzung war selbstverständlich, daß er Mitglied der NSDAP war. Ich möchte ihn ausdrücklich ehrend erwähnen, denn noch nie wurde in der einschlägigen Literatur der Name dieses Anwalts genannt, des einzigen unter den Amtsträgern des Verfahrens, der mutig war. Er hatte ein großes persönliches Risiko auf sich genommen und später einmal gegenüber Hans gemeint: »Mein Kopf stand auch zur Verfügung.«

In diesem Zusammenhang ist *Dr. Rudolf Rahn* zu nennen, der sich *vor* unserem Prozeß für uns eingesetzt hatte. Er war damals deutscher Gesandter in Rom; er war derjenige, der, um Norditalien vor der Zerstörung zu retten, über den SS-Obergruppenführer Wolf mit dem amerikanischen Geheimdienst-Chef Alan Dulles die vorzeitige Kapitulation der deutschen Norditalien-Armee aushandelte. Rudolf Rahn intervenierte über Wolf zumindest zu Gunsten der Geschwister Hirzel (Mitteilung an Hans Hirzel durch Fritz Rahn und Rudolf Rahn, beide Ulmer.) Es war weiß Gott nicht ungefährlich.

Der zweite »Weiße Rose«-Prozeß am 19. April 1943

Die Wärterin öffnete die Zellentür und reichte mir mit den Worten: »da habt's a Stückerl Wurst«, einen Wurstzipfel, damit ich mich für den bevorstehenden Tag etwas stärken könnte. Im Flur des Erdgeschosses, nahe der Ausgangstür, standen etwa zwölf weibliche Gefangene, die wie ich zu ihren Verhandlungen geführt werden sollten. Ich entdeckte sogleich Gisela Schertling, eine nahe Freundin von Sofie, ich dachte, das müsse sie sein. Ziemlich steif stand sie da, die Hände in den Taschen ihres Kostüms. Nahe bei ihr stand Traudl Lafrenz, die ständig von einem Bein auf das andere trat und ihre braunen Locken zurückschüttelte, Scholls Freundin. Nachdem wir lange genug herumgestanden waren, wurden wir dem Portal zugeschoben, jemand öffnete es, und ein langer, goldener, lang entbehrter Sonnenstrahl fiel uns entgegen. Die erste Frühlingssonne von draußen! Wir stiegen nun in die winzigen Abteile der »Grünen Minna«, und los ging's, derart holpernd, daß ich ständig meinen Kopf an die niedrige Decke dieser »Zelle« stieß. Durch den schmalen Gitterstreifen in Kopfhöhe konnte ich gelegentlich

Bäume erkennen, blühende Sträucher und feucht glänzende Straßen. Dieser Tag begann wie ein Fest! Zu meinem Erstaunen fühlte ich mich hochgestimmt und ruhig. Die Angstlosigkeit war wohl das Resultat chemischer Vorgänge im Körper. Da Angst nur Kräfte verbraucht, die man benötigt, um über einen langen Tag wach und selbstbeherrscht zu sein, verschwindet sie. – Im Hof des Männertraktes hatten wir »Studentinnen« umzusteigen in einen zweiten Wagen, in dem bereits die »Studenten« untergebracht waren. Wir wurden nun zum Münchner Justizpalast transportiert, wo wir von etwa 20 Polizisten, alle im kriegerischen Kostüm, mit dem Tschako, dem Metallhelm auf dem Kopf, erwartet wurden. Jeder von uns bekam seinen ihm zubestimmten Wachmann, der während des ganzen Tages diese eine Person im Auge zu behalten hatte.

Wir wurden zunächst zu dreien oder vieren in lattenvergitterte Räume, eine Art Käfig, eingesperrt, vor denen wiederum unsere Wachleute postiert waren, stramm und ihrer Pflicht bewußt, bereit zuzupacken, falls wir versucht hätten (nur versucht), miteinander zu reden. Offenbar waren wir sehr gefährliche Leute. Nach wiederholtem Verlesen unserer Namen wurden wir endlich in langem Zug durch die hohen Gänge des bombastischen Justizpalastes geführt, vorbei an Neugierigen, die sich in den Gängen versammelt hatten oder aus den halb geöffneten Türen lugten; die Frauen wurden am Handgelenk gepackt, die Männer an Handschellen geführt. – »Was für ein Affentheater!«, rief Grimminger vernehmlich. Weil wir in einem Zug von 14 Paaren schritten, sagte ich zu meinem Polizeier, ich käme mir vor wie in einem Hochzeitszug. (Ich wollte mich selbst erheitern.) Er schien nichts gehört zu haben und blickte als bayerischer Wachmann nur geradeaus.

Den Prozeß möchte ich nur in groben Umrissen darstellen, denn er ist durch Richard Hanser in »Deutschland zuliebe« und durch Traudl Lafrenz und Dr. Falk Harnack in »Die Weiße Rose« von Inge Scholl recht gut beschrieben. In Willi Graf »Briefe und Aufzeichnungen« sind die Anklageschriften und der Sachverhalt veröffentlicht. Ich zähle hier alle 14 Angeklagten auf und auch den Sonderfall Hans Leipelt, möchte aber nur auf einzelne Fälle ein wenig eingehen.

ALEXANDER SCHMORELL, Halbrusse, der Rußland sehr liebte, stud. med., engster Freund von Hans Scholl, hatte gemeinsam mit ihm die vier frühen Flugschriften verfaßt und sie hergestellt, hatte mit Scholl Freiheitsparolen an Häuserwände gemalt und das fünfte Flugblatt in Süddeutschland verbreitet.

WILLI GRAF, stud. med., war erst Anfang Dezember '42 dem engsten Kreis beigetreten, war bei der Beratung über den Text des fünften Flugblattes zugegen und half beim Versenden, beteiligte sich beim Bemalen der Häuser (Freiheit – Hitler ist ein Massenmörder – Nieder mit Hitler) und hatte versucht, Gesinnungsgenossen zu finden.

PROF. DR. KURT HUBER, geistiger Mentor der Gruppe, half bei der Formulierung des fünften Flugblattes, verfaßte das sechste. – Zur Gestalt Hubers verweise ich auf: Clara Huber, »... Der Tod war nicht vergebens« (bei Nymphenburger).

HANS HIRZEL, 18jähriger Abiturient, adressierte und frankierte Hunderte des fünften Flugblatts, verbreitete sie in Ulm und Stuttgart; erstellte ferner einen eigenen Plakatentwurf.

SUSANNE HIRZEL, Musikstudentin, verbreitete das fünfte Flugblatt in Stuttgart.

FRANZ MÜLLER, Abiturient und 18jähriger Soldat, von Hans Hirzel gebeten, finanzierte einen Teil des Portos und half beim Adressieren und Kuvertieren des fünften Flugblattes.

HEINER GUTER, Abiturient und 18jähriger Soldat, Freund von Hans Hirzel und Franz Müller. Mitwisser, der keine Anzeige erstattete.

EUGEN GRIMMINGER, Steuerberater, Geldgeber.

DR. BOLLINGER, Mitwisser, der nicht denunzierte; Hörer von Auslandssendern.

HELMUT BAUER, stud. med., Beteiligung wie Dr. Bollinger.

GISELA SCHERTLING, stud. phil., mehr oder weniger Mitwisserin, ohne Anzeige zu erstatten.

Traudl Lafrenz, stud. med., belastet wie Schertling.

Karin Schüddekopf, Doktorandin bei Huber, belastet wie Schertling.

Dr. Falk Harnack, Regisseur; Mitwisser, ohne zu denunzieren.

*

Hans Leipelt, Student der Chemie, dessen jüdische Mutter in Fuhlsbüttel ums Leben gekommen war, gehörte indirekt mit seiner Freundin Marie-Luise Jahn zur W.R.-Gruppe, wurde jedoch in einem anderen Prozess abgeurteilt. Er hatte das sechste Flugblatt vervielfältigt und es mit der Überschrift »Und ihr Geist lebt weiter« nach Hamburg geleitet, hatte zusammen mit M.-L. Jahn für die mittellose Frau Huber Geld gesammelt. Dabei wurde er denunziert, im Oktober 1944 vom Volksgerichtshof zum Tod verurteilt und noch am 29. April 1945 hingerichtet.

Der Saal, etwa so groß wie ein Schulzimmer, war gedrängt voll mit »Vertretern aus Partei und Wehrmacht«. Ich hörte später, Reichsjugendführer Axmann sei dabeigewesen, auch Münchens Oberbürgermeister. Was wir sahen, waren einige Generale mit ihren roten Streifen an den Hosen und jüngere Offiziere. Das waren solche, die seit Beginn des Rußlandkrieges wußten, daß der Krieg verloren war. Da waren die Pressevertreter und die braununiformierten Parteibonzen, die sogenannten Goldfasanen, das waren solche, die nun vom Heldentod der Soldaten in Stalingrad sprachen; dazu Gestapo und einige Angehörige, denen es gelungen war, trotz der Kontrollen in den Saal zu gelangen. So war unsere Mutter einfach strikte durchgegangen zwischen den Posten an der Tür, sie war nicht aufzuhalten gewesen, hinter ihr Vater. Mein Onkel, Senatspräsident Karl Thibaut, stand den ganzen langen Tag horchend vor der Tür, weil er zwischen den Wachen nicht hindurchdringen konnte.

Vor dem breiten Richtertisch saßen an runden Tischen wie schwarze Raben die Anwälte, geduckt über ihren Akten, die sie eben erst erhalten hatten. Links auf erhöhter Kanzel saß zunächst der Vertreter des Oberreichsanwalts, der erste Staatsanwalt Bischof im braunen Gesellschaftsanzug und blickte ruhig mit aufgelegten Armen in den Saal. Plötzlich ging an der Stirnseite des Saales die Tür auf, alles erhob sich, denn der »Hohe Senat« trat in Erscheinung: zwei Herren in scharlachroten Roben, drei in brauner Uniform, die Stimme des Volkes verkörpernd: Dr. Freisler als Vorsitzender, Landgerichtsdirektor Stier als Beisitzer; weitere Beisitzer waren SA-Gruppenführer und Generalleutnant der Waffen-SS Breithaupt, SA-Gruppenführer Bunge, SA-Gruppenführer Köglmaier.

Freisler war hager und blaß, hatte stechende Augen und beherrschte die Sprache des Theaters vom Flüstern bis zum gellenden Schreien. Er hatte die Fäden der Regie glänzend in Händen von Anfang bis zum Ende, er hatte die Akten genau studiert, hatte die einzelnen Fälle präzise im Gedächtnis und wußte in jedem der Fälle, in welchem Ton er vorgehen und welche Fragen er stellen wollte. Er schrie und gestikulierte, trank viel Wasser, behandelte uns wie äußerst lästige, liederliche Verbrecher und beleidigte am schlimmsten Professor Huber, hielt jedoch das äußerlich-formale Procedere eines Prozesses ein. So verwehrte er keinem das »Letzte Wort«, rief höchstens: »Verschonen Sie uns mit langen Tiraden!«

Zunächst legte Freisler die Vorgeschichte des Falles dar. Er sprach von den »bereits hingerichteten Hochverrätern Scholl«, die die Flugblätter formuliert, gedruckt und verteilt hatten, teilweise zusammen mit »dem Angeklagten Huber«. Er sprach vom »Kreis Huber«, den Zusammenkünften. Dann verlas er mit gellender Stimme einige Passagen aus dem dritten, fünften und sechsten Flugblatt, wobei empörte, laute Protestrufe aus dem Saal kamen und erhobene Fäuste zu sehen waren: Die hätten uns am liebsten gelyncht. Was für eine Spannung lag im Saal! Mit dem sechsten Flugblatt hatte Huber die Nazis an ihrem wundesten Punkt getroffen: An der Niederlage von Stalingrad, die, wie jedem klar war, den Anfang vom Ende bedeutete. »330 000 deutsche Männer hat die geniale Strategie des Weltkriegsgefreiten sinn- und verantwortungslos in Tod und Verderben gehetzt. Führer, wir danken Dir!« Das war der bekannte

Slogan, das traf, das war sehr hart. Das Flugblatt endete mit dem alten Schlachtruf der SA, zugleich Aufruf Theodor Körners von 1813 aus den Napoleonischen Befreiungskriegen: »Frisch auf, mein Volk, die Flammenzeichen rauchen!« Freisler meinte, er sei schon lange Strafrichter, aber dies sei das gemeinste, das ihm je begegnet sei.

Es war wirklich grotesk, und obwohl alles sehr gefährlich war und äußerst spannungsgeladen, genoß ich diese Situation mit Freude und Genugtuung: »Wie dieser Schurke zu seiner eigenen Schande diese Worte vorlas, die doch jeder im Saal als wahr anerkennen mußte«, so dachte ich. Was ging wohl vor in den Köpfen der Zuhörer, auch der Polizisten? Vielleicht nicht mehr als das Gefühl von Angst: »Wenn es nur mich nicht trifft!« Erst später wurde mir klar, daß Freisler diese Ironie der Situation nicht erkennen konnte, denn er war ein treuer Vasall seines Führers und glaubte im Wahn an ihn, wie wohl die meisten der geladenen Gäste.

Nach der Darlegung der Vorgeschichte und dem Verlesen des sechsten Flugblattes meldete sich Rechtsanwalt Dr. Roder, der Wahlverteidiger Hubers zu Wort: »Heil Hitler! Herr Präsident! Hoher Gerichtshof! Bis anhin war mir der Inhalt des sechsten Flugblattes unbekannt. Als deutscher Mensch und Rechtswahrer des deutschen Volkes sehe ich mich außerstande, ein solch ungeheures Verbrechen zu verteidigen. Ich bitte also den hohen Gerichtshof, mich von meiner Aufgabe zu entbinden und die angeführten Gründe zu würdigen.« Freisler unterbrach ihn: »Sie können doch den Text in der Pause einsehen«. Darauf erklärte Roder, daß er sein Mandat aufgrund des soeben gehörten Textes niederlege. Freisler kommentierte dies mit den Worten: »Sie wollen damit wohl sagen, Herr Justizrat, daß Sie es mit Ihrem Gewissen als Parteigenosse nicht verantworten können, diesen Mann zu verteidigen. Sie würden aber Ihre Pflicht tun. […]« Man muß sich das Unerhörte dieses Vorgangs vor Augen halten: Das Flugblatt war *die* Belastung Hubers, auf die für ihn, der verteidigt werden sollte, alles ankam, und der

Wahlverteidiger lernt diese Belastung erst im Verlauf des Prozesses kennen. – Das Mandat erhielt nun einer der fünf vorhandenen Anwälte, Dr. Deppisch, der einwandte, ihm sei nicht nur das Aktenmaterial, sondern auch die Person Hubers ganz unbekannt. Er wurde kurz abgefertigt: »Ich lese ja alles wichtige vor. Sie dürfen überzeugt sein, daß ich wahrheitsgemäß vortrage.« Etwa zehn Jahre später schreibt Rechtsanwalt Dr. Eble in einer Münchner Zeitschrift: »Da Huber aber nachweisbar telefonisch gegenüber Scholl seinen Flugblattentwurf zurückgezogen hatte, hätte ihn Freisler allenfalls mit Zuchthaus bestrafen können. Der Pflichtverteidiger Dr. Deppisch konnte aber in diesem Falle mangels Vorbereitung diesen Beweis nicht antreten. So wurde Huber zum Tode verurteilt.« Prof. Kurt Huber (1893–1943), dies sei zu seiner Person hier gesagt, war nationalliberal gesinnt. Seine Forschungs- und Lehrgebiete waren experimentelle und angewandte Psychologie, Ton- und Musikpsychologie und Musikästhetik. Er war ein Freund Carl Orffs, sammelte Volkslieder und war ein ausgezeichneter Kenner des europäischen Volkslieds. Zuletzt, d.h. auch noch in der Stadelheimer Zelle, arbeitete er an einem systematischen Leibniz-Werk. Von seinen Leibniz-Vorlesungen im Sommer 1942 hatte mir Sofie begeistert erzählt.

Nun wurde jeder einzelne der vierzehn Angeklagten vor den Richtertisch gerufen und verhört. Natürlich war es nur ein *Pseudoverhör*. Der oder die Angeklagte konnte fast nur Ja oder Nein sagen. Der Richter wußte genau, was er das Publikum hören lassen wollte, die Angeklagten durften keine Motive anführen, die ihre Handlungen rechtfertigten, es konnten keine Gegenargumente der Anwälte laut werden, keine Gegenkraft zeigte sich. Niemand konnte das Gefühl haben, daß in dieser Verhandlung Recht gesucht wurde – und dies erwartete wohl auch niemand. Wurde der Verlauf gestört, oder sein Tempo gemindert, so wurde Freisler ungeduldig, schrie und trank Wasser. Versuchte ein Angeklagter mehr zu sagen, als Freisler hören wollte, so schnitt er ihm das Wort ab: »Wenn Sie Dinge sagen, die mir nicht passen, lasse ich Sie abführen. Ich komme auch ohne Sie zu einem Urteil.« Er zeigte zornig seine Verachtung, seine Herablassung, seinen Hohn, ganz besonders gegenüber Alex Schmorell und Professor Huber. Er versuchte, sie lächerlich zu machen und beschimpfte sie brutal.

Als erster hatte der Hauptbelastete Alexander Schmorell vorzutreten. Er konnte nicht die geringste Chance haben, denn er war weit stärker belastet als die bereits hingerichtete Sofie Scholl, auch mindestens ebenso belastet wie Hans Scholl. Nicht nur hatte er die frühen Flugblätter mit Scholl gemeinsam formuliert und hergestellt, er hatte das fünfte mitberaten, eine Schreibmaschine beigebracht, einen Vervielfältiger gekauft und dieses fünfte in Salzburg, Wien, Linz, Frankfurt zur Verbreitung gebracht. Alexander Schmorell war 1917 in Orenburg beim südlichen Ural geboren, als Sohn eines deutschen Arztes und einer russischen Mutter, die bereits nach zwei Jahren starb. Darauf zog der Vater nach München und nahm für den Jungen eine Amme mit. Alexander, zum Militärdienst gezwungen, hatte sich geweigert, den Eid auf den Führer zu leisten und sagte vor dem Richter: »Ich bin Sanitäter und tue dabei meine Pflicht. Wie ich nicht auf Deutsche schieße, so schieße ich nicht auf Russen.« Daraufhin folgte eine Flut von Schmähungen in lautem Geschrei; jeder Satz, den Schmorell versuchte auszusprechen, wurde abgeschnitten. Er schien in dumpfer Verzweiflung dazustehen. Freisler: »Ich denke aber, Sie hatten einen deutschen Vater, ja oder nein?« Schmorell leise: »Ja.« Freisler: »So. Und wer hat Ihre Schulausbildung und Ihre Universitätsausbildung bezahlt, doch wohl nicht der russische, sondern der deutsche Staat!« – »Ja.« Freisler: »Aha! Und Sie berichteten von einer russischen Amme, die Ihr Vater zur Erziehung seines Kindes mitgenommen hat. Na, sprechen Sie mal ein russisches Ammensprüchlein!« Schmorell spricht kaum hörbar.

Als er sich bei einer Aussage auf »Prof. Huber« berief, und etwas später, nach Intervention Freislers, auf »Dr. Huber«, rief Freisler: »Ich kenne keinen Prof. Huber und auch keinen

Dr. Huber! Ich kenne nur den Angeklagten Huber, und dieser verdient es gar nicht, ein Deutscher zu sein, denn er ist ein Lump!« Oder Freisler zu Prof. Huber gewandt: »Sie machen es sich leicht, Huber. Sie lassen sich hinrichten und für Ihre Familie darf dann die NSV aufkommen« (das heutige Sozialamt). Er verhöhnte ihn: »Sie wollten wohl ein Fichte sein, ein Mahner und Führer der deutschen Hochschuljugend?« Als einer der Beisitzer Freisler das Gesetzbuch zuschob, warf er das Buch in einer theatralischen Geste über den Tisch auf den Boden und rief aus: »Wir brauchen keine Gesetzbücher, hier richtet das nationalsozialistische Herz!«

Gegenüber Willi Graf, der immer ruhig und knapp antwortete, dämpfte der Richter seine exaltierten Attacken, – vielleicht weil die Truppe sich für Graf verwendet hatte, vielleicht weil in den Protokollen, die Freisler offensichtlich sehr genau gelesen hatte, sein Bedauern über seine Taten vermerkt war. Obwohl Graf in seinem »Letzten Wort« Bedauern geäußert hatte, obwohl weit weniger belastet als Schmorell oder etwa Scholl, wurde er zum Tode verurteilt. Auch nach dem Prozeß forschten sie ihn monatelang aus nach Gleichgesinnten. So hatte er das schwerste Schicksal zu erleiden, indem er bis zum 12. Oktober auf sein Ende warten mußte. Ich verweise auf seine »Briefe und Aufzeichnungen« (bei S. Fischer) mit einem ausgezeichneten Essay von Walter Jens.

Hans wurde beim sogenannten Verhör von Freisler u.a. gefragt, was er sich bei seinem Flugblattentwurf (Judenstern – Hakenkreuz, siehe Seite 176) gedacht habe. Hans antwortete: »Der Gedanke hat mich frappiert.« Mir blieb beinahe das Herz stehen. Da aber Freisler nicht näher darauf einging, merkte ich, daß er den Fall Hans Hirzel bagatellisieren wollte.

Während einer halbstündigen Pause, als wir stehend aus einem Blechschüsselchen Möhren aßen, hörte ich Prof. Huber zu Falk Harnack sagen: »Ist es nicht ein trostloses Bild, dieser sogenannte Volksgerichtshof? Ist es nicht eine Schande für das deutsche Volk?«

Nun folgte vierzehnmal *die Anklage*. Der Oberreichsanwalt forderte mit ruhiger Stimme die Todesstrafe und Verlust der Ehre für Alexander Schmorell, Willi Graf, Kurt Huber und Eugen Grimminger; für meinen Bruder und Franz Müller zwölf bzw. zehn Jahre Zuchthaus. Auf Spatzen wolle man nicht mit Kanonen schießen, meinte der Ankläger. Ich saß zwischen den beiden, und wir drückten uns hocherfreut die Hände. Die Anklage lautete: Hochverrat, Landesverrat, Feindbegünstigung, Wehrkraftzersetzung bzw. Beihilfe zu all diesen Punkten.

Die *Plädoyers* waren kurz und formelhaft. Einzig Dr. Eble verteidigte Eugen Grimminger und die Geschwister Hirzel gut, riskant und sehr geschickt. Er verwandte just die geschmacklosen Phrasen, die in den Ohren des Richters dann Anklang fanden, z.B.: »Susanne Hirzel ist ein herrliches deutsches Mädchen [...]« und »das Erbgut dieser deutschen Familie sollte nicht geschmälert werden [...]« Ich erkannte, daß solche Sprüche das Richtige waren, daß Eble ins richtige Horn blies. Auch ist es ihm gelungen, von seinem Mandanten Eugen Grimminger das Todesurteil abzuwenden, indem er dessen Sekretärin bezeugen ließ, daß Grimminger gegenüber seinen Angestellten ein hilfreicher, sozial denkender Chef war, eine Verteidigungsidee, die ihm am Ende gerade noch rechtzeitig einfiel. Das war's dann, weshalb er am Leben blieb. – Vom Kollegialgericht übrigens, den Mitrichtern über Leben und Tod, kam keine einzige Bemerkung oder Frage. Es war nur Staffage.

Allen Anwesenden mußte klar sein, daß dieser Prozeß nur eine Farce war. Plötzlich sagte Franz Müller, der die Spannung kaum mehr ertragen konnte, zu mir und Hans, die neben ihm saßen: »Auf! Wir gehen nach vorne und erklären uns solidarisch mit den Scholls. Es lohnt sich, es lohnt sich!« Wir hatten uns ohnehin an den Händen gehalten. Ich drückte Franz' Hand fest gegen die Bank und sagte leise, aber eindringlich: »Da bleibst du!«

Am Ende der Verhandlung wurden die *»Letzten Worte«* der Angeklagten gnädig gewährt, doch wurden die meisten unter

Hans Hirzel (1942)

Druck gesetzt. »Grimminger, machen Sie's kurz. Sie wissen doch, daß es um Kopf und ›Kraaagen‹ geht!« Oder: »Huber, ich hoffe keine langen Tiraden mitanhören zu müssen.« Ich selbst sprach einige Sätze für meinen Bruder, in denen ich seinen Patriotismus hervorhob. Zunächst meinte zwar Freisler, es sei wohl nicht üblich, daß ein Angeklagter für einen anderen Angeklagten spreche. Dann, mit einer legeren, generösen Handbewegung, meinte er: »Na, lassen wir sie reden.« Gemäß dem Rat von Tilde Dreisbach schaute ich den Richter immer offen und freundlich an – und sagte das, was mir in dieser Situation das Richtige schien.

Diesem rüde schreienden Richter stand um so eindrücklicher die leuchtende Gestalt Hubers gegenüber, bei dessen großer Rede aber ein Ton von Bitterkeit und Verzweiflung mitschwang:

> »Es gibt für alle äußere Legalität eine letzte Grenze, wo sie unwahrhaftig und unsittlich wird. Dann nämlich, wenn sie zum Deckmantel einer Feigheit wird, die sich nicht getraut, gegen offenkundige

Susanne Hirzel (1946)

Rechtsverletzungen aufzutreten. Ein Staat, der jede freie Meinungsäußerung unterbindet und auch jede sittlich berechtigte Kritik, jeden Verbesserungsvorschlag unter die furchtbarsten Strafen stellt, bricht ein ungeschriebenes Gesetz, ein ungeschriebenes Recht, das im Volksempfinden lebendig bleiben muß. [...] Ich hoffe zu Gott, daß die geistigen Kräfte aus meinem Volke sich rechtzeitig entbinden mögen! [...] Ich bitte und beschwöre Sie in dieser Stunde, diesen jungen Angeklagten gegenüber im wahren Sinn schöpferisch Recht zu sprechen, nicht ein Diktat der Macht, sondern die klare Stimme des Gewissens sprechen zu lassen, die auf die Gesinnung schaut, aus der die Tat hervorging. Und diese Gesinnung war wohl die uneigennützigste, idealste, die man sich denken kann! Das Streben nach absoluter Rechtlichkeit, Sauberkeit, Wahrhaftigkeit im Leben des Staates.«

(Ausführliche Rede siehe Anhang).

Huber griff die Verhöhnung Fichte betreffend auf: »*Ich kenne Fichte*: ›Und handeln sollst du so, als hinge von dir und deinem Tun allein das Schicksal ab der deutschen Dinge und die Verantwortung wär dein‹«, und fügte hinzu: »So haben wir zu handeln versucht.« – Man spürte, daß er unter den Kränkungen Freislers, der ihn nur als den »Angeklagten Huber« ansprach, litt. Doch, so dachte ich, kann ein Freisler jemanden beleidigen? Ich wunderte mich über das Publikum im Saal, über diese vielen Menschen, die dem Trauerspiel zusahen, keiner rief: »Wo bleibt das Recht?« Obwohl mir klar war, daß ein solcher Zwischenruf nur zur Folge gehabt hätte, daß der Rufer sofort abgeführt worden wäre, so erwartete ich doch irgendeinen Widerstand, hielt die Situation für unerträglich, und es band mich nichts mehr an diese merkwürdige Gesellschaft, die sich deutsch nannte: Alles Lakaien.

Am Abend nach einundzwanzig Uhr wartete nun der ganze überfüllte Saal in dumpfer Luft über zwei Stunden lang, stumm – und wir Angeklagten hatten zwölf Stunden schon auf einer schmalen Holzbank gesessen, bis gegen dreiundzwanzig Uhr das »hohe« Gremium erschien, um feierlich die *Urteile* zu verkünden und sie ausführlich zu begründen: »Im Namen des deutschen Volkes«. Das fiel in mich hinein. »Ist es so?«, fragte ich mich und mußte es bejahen, denn wir galten als Verräter an den kämpfenden Soldaten. So dachten die meisten Leute, hielten aber die Urteile für zu hart, wie später festzustellen war. Schuldig an den Zuständen waren in meinen Augen die Politiker der ersten Stunde 1933, die Hitlers Diktatur ermöglicht hatten, und die Generale, die nicht erst seit Stalingrad, sondern schon seit der Kriegserklärung an Rußland wußten, daß der Krieg verloren und alles Blutvergießen sinnlos war. Sie hätten entgegen ihrem Eid handeln müssen – doch sollten nur Fachleute diese schwierige Frage überdenken. (Keine Ahnung konnte ich damals haben von den mannigfaltigen Widerstandsversuchen.)

Nun die Urteile in Kürze.

Todesurteile: Alexander Schmorell, Willi Graf, Kurt Huber.
Hohe Zuchthausstrafen: Eugen Grimminger, Heinz Bollinger, Helmut Bauer.

Fünf Jahre Gefängnis: Hans Hirzel und Franz Müller.
Die übrigen erhielten ein oder ein halbes Jahr Gefängnis (ich).
Freispruch: Falk Harnack.

Obwohl meine Aussage bei der ersten Ulmer Vernehmung – ich hätte vermutet, die »Briefe« richteten sich gegen Hitler und sein Regime – in der Anklageschrift vermerkt war, kamen weder der Richter noch der Reichsanwalt darauf zu sprechen. Der Richter mag für seine milden Urteile (Hans und Suse Hirzel, Falk Harnack) politische Gründe gehabt haben. Freisler hat meine Notlüge, ich hätte den Inhalt der Flugblätter nicht gekannt, schließlich akzeptiert, weil Hans und ich durch alle Verhöre hindurch standhaft bei dieser Aussage geblieben waren.

Bei der Urteilsverkündung hatte ich immer naiv gehofft, es würde jemand nach vorne rennen und den Richter erstechen, ich selbst hätte mich dazu durchaus fähig gefühlt. Doch das waren durch Gefühle entstandene Kurzgedanken, Träume,

Ernst Hirzel (um 1943)

denn ein solches Aufflackern von Widerstand, solch ein kleines Feuerchen, wäre im Handumdrehen gelöscht gewesen. – Die Versammlung war nun beendet mit den Worten: »Nächster Prozeß morgen neun Uhr«, so lief das. Die Saaltüren wurden geöffnet, und mir war klar, daß ein Mensch, der denkt, der erste Staatsfeind ist. Deshalb hatte auch Freisler vor Prof. Huber die größte Angst und beschimpfte ihn am häßlichsten.

So leid mir meine Eltern taten, die diesen Prozeß miterleben mußten, so gönnte ich es fast meinem Vater zu erkennen, von welchen Leuten wir regiert wurden. Doch Vater, der seiner Natur nach kaum in der Lage war jemanden zu hassen, konnte wohl den Abgrund von Schurkerei nicht fassen. – Nach Kriegsende, im August 1945, erreichte mich ein noch vor Kriegsende geschriebener Brief Vaters, in dem er schrieb, er gäbe uns recht in der damaligen Sicht der Dinge und verstünde uns jetzt. – In den vielen Jahren des Friedens, die er noch erleben durfte, rührten wir nie mehr an diese Fragen, nicht aus Bequemlichkeit, auch nicht um uns zu drücken, sondern um ihn zu schonen; denn nach unserer Meinung hatte er nach zwei Kriegen und nach ausgestandener Lebensgefahr zweier Kinder durch staatliche Gewalt genug gelitten.

Dr. Eble berichtet 1959 in der »Münchner Illustrierten« über jenen Freisler-Prozeß: »Harnack ist es gelungen, obwohl sein Pflichtverteidiger eine Null war, sein Leben zu retten und einen Freispruch zu erzielen. Als junger Schauspieler spielte er die Rolle seines Lebens Herrn Freisler vor. Die Anklage machte ihm zum Vorwurf, als Gefolgsmann der Geschwister Scholl eine Widerstandsbewegung in Norddeutschland aufgezogen zu haben. Er spielte nun dem Poseur Freisler in Folge regelrechtes Theater vor, indem er behauptete: ›Sie wissen doch, daß mein Bruder und meine Schwägerin im Dezember vom Reichskriegsgericht im Prozeß der Roten Kapelle zum Tode verurteilt und hingerichtet worden sind. Glauben Sie, Herr Präsident, daß ich mich angesichts dieser Tatsache mit solchen Lausbubereien wie dem Verteilen von Flugblättern befaßt habe?‹ Seine tempera-

Gretel Hirzel, geb. Gradmann

mentvollen Ausführungen, die in seinem Schlußwort von Weinkrämpfen begleitet waren, beeindruckten Freisler derartig, daß er Harnack als einzigen freisprach mit der wörtlichen Begründung: ›Ein solches Erlebnis [nämlich der Hinrichtungstod eines Bruders] kommt im Leben eines Menschen nur alle hundert Jahre vor. Wir glauben deshalb dem Angeklagten und sprechen ihn frei!‹« Dieses Eble-Zitat ist nicht ganz genau. Wie aus der schriftlich vorliegenden Urteilsbegründung hervorgeht, sagte Freisler: »Es ist ein einmaliger Fall, der im Deutschen Reich gewiß nicht einmal alle hundert Jahre vorkommt, daß ausgerechnet, nachdem kurz zuvor der Bruder eines Angeklagten wegen Hochverrats zum Tode verurteilt wurde, der Angeklagte von einem Hochverrat erfährt [...]. Deshalb schien es dem Volksgerichtshof richtig, seine Unterlassung nicht zu bestrafen.«

Als wir von den Polizisten zum Saal hinausgeleitet wurden, konnten Hans und ich uns kurz von den Eltern verabschieden. Beide waren großartig und haben uns zeitlebens nie Vorwürfe gemacht, etwa: »Wie konntet ihr der Familie dies antun?« Doch Mutter hat die »Ehrverletzung« (wie sie meinte) nie ganz überwunden. Immer wieder, bis an ihr Lebensende klagte sie über das »Unglück«, das über uns hereingebrochen sei, und dabei waren ihr doch alle Kinder erhalten geblieben. Ihr großer seelischer Flügelschlag war erlahmt.

Wir wurden nun wieder in die grüne Minna verladen und nach Stadelheim transportiert, nur von einem einzigen Polizisten bewacht, der sich höflich wie ein Zivilist benahm; vielleicht wußte er nach dieser Verhandlung nicht so recht, was er denken sollte. – Und wir, die Verurteilten? Alex Schmorell stand bewegungslos ans Fahrerhaus gelehnt und blickte über uns hinweg. Er mochte wohl nicht glauben, daß der Krieg vor seiner Hinrichtung zu Ende gehen könnte. (Sein Gnadengesuch wurde, am 25. Juni 1943 von Hitler und Keitel persönlich unterschrieben, abgelehnt.) Prof. Huber ließ sich durch seine Schülerin Karin Schüddekopf und mich wohl ganz gerne ablenken durch ein Gespräch über Musik, doch unterbrach er es plötzlich: »Ach, meine Kinder!«

Die einen zum Tod verurteilt, die anderen – egal, wie lange die Gefängnisstrafe dauern sollte, dem Leben zugewandt – es war eine unvergeßliche Situation. Rasch wurden wir, zunächst die Männer, später die Frauen, ausgeladen, ohne uns nochmal die Hände reichen zu können.

Wie mir später Dr. Alt berichtete, sagte Prof. Huber, als ihm im Beisein von Henker, Staatsanwalt und Pfarrer vor der Vollstreckung nochmal das Urteil vorgelesen wurde: »Schämen Sie sich!« Von den Mördern des Volksgerichtshofes im roten und braunen Kostüm, die mehr als 5000 Menschen zum Tod verurteilten, ist nach Kriegsende kein einziger vorgeladen und bestraft worden. Freisler starb am 3. Februar 1945 in Berlin während eines Fliegerangriffs.

Zu den Urteilen. Betrachten wir die Seite des Staates. Man glaubte auf dieser Seite, auf der Basis eines starken Wirklichkeitsverlustes, die militärische Niederlage noch abwenden zu können. Von dieser Voraussetzung aus mußte es dem Richter als selbstverständliche Pflicht erscheinen, Bewegungen wie die »Weiße Rose« zu bekämpfen und diejenigen, die mitgemacht hatten, zu bestrafen. Aber er hätte sehen müssen, besonders nach der Rede von Professor Huber, daß die »Weiße Rose«-Leute völlig selbstlos und als gute Patrioten gehandelt hatten. Dies hätte ihn zu einer höflichen Prozeßführung veranlassen müssen, auch wenn am Ende der gerichtlichen Verfahren Todesurteile und hohe Freiheitsstrafen das Resultat gewesen wären. Für Freisler als oberster politischer Richter waren Todesurteile nicht zu vermeiden. Es gefiel ihm allerdings, sich zu produzieren als allmächtiger, im Sinne Hitlers handelnder Richter über Leben und Tod.

Der erste Prozeß gegen Hans und Sofie Scholl und Christl Probst mit den schnell vollstreckten Todesurteilen fand nicht das volle Verständnis im Volke. Im übrigen sagten Hans und Sofie Wahrheiten, die schnell nach außen drangen. Das unbeugsame Geschwisterpaar, das gemeinsam in den Tod ging seiner politischen Überzeugung wegen, sprach den Sinn für Mythos an. Dazuhin wurden durch die rasche Vollstreckung des Urteils wichtige Informanten ausgelöscht.

Beim zweiten Prozeß wurde nun vom Richter vieles bagatellisiert. Harnack, Bollinger, Grimminger, auch Hans Hirzel hätten im ersten Prozeß sicherlich ihr Leben verloren. Umgekehrt: wäre Christoph Probst später angeklagt worden, wäre er vielleicht mit einer Haftstrafe davongekommen. Willkür und Unordnung verschleierten den Prozeß vom 19. April 1943, und erst durch Hubers reinigende Rede sind die Hintergründe aufgezeigt worden. Einzig diese Rede gab dem Prozeß Niveau.

Nach langen Diskussionen hatte die Gruppe sich entschlossen zur Selbstbeschränkung. Sie wollte nicht in erster Linie eine Kriegsbeendigung erwirken, sondern wollte *aufrufen*, das Regime zu beseitigen und dabei dem In- und Ausland zeigen, daß es *keine Deckungsgleichheit gab zwischen den Nazis und dem deutschen Volk* (siehe fünftes Flugblatt); der Zeitpunkt des Aufrufs lag richtigerweise vor dem militärischen Zusammenbruch. Nach langen Diskussionen hatte sich die Gruppe mutig und rasch zur Tat entschlossen, hatte jedoch zu wenig Vorsichtsmaßnahmen getroffen, um nahe und entfernte Freunde zu schützen. Sie hatte, von sich ausgehend, fälschlich angenommen, große Teile der Bevölkerung seien ebenso gesinnt und ebenso mutig wie sie selbst – *doch sie hatte gehandelt!* Ich denke, der mißlungene Widerstandsversuch wiegt moralisch ebenso viel wie ein Erfolg.

Die verschiedenen Gruppen in München, Saarbrücken, Ulm, Freiburg, Hamburg wurden durch den 24jährigen Hans Scholl zunächst zusammengefaßt unter dem Namen »Weiße Rose«, später »Widerstandsbewegung in Deutschland«. Dies und die Formulierung der Flugblätter, zunächst gemeinsam mit Alexander Schmorell, später zusätzlich mit Prof. Huber, war eine große Leistung, die nur derjenige ermessen kann, der das Eingesponnensein in die Propaganda und Informationslosigkeit selbst erlebt hat. Dabei waren Hans Scholl und seine Freunde die meiste Zeit an der Front. Mit ihrem allzu kühnen Entschluß, die Flugblätter in großem Stil zu verbreiten in der Hoffnung, doch den Lauf der Dinge noch ändern zu können und dem Versuch, durch Harnack mit Männern des Widerstands in Berlin in Kontakt zu kommen, sind sie gescheitert. Doch sie haben gewirkt, wie es ihnen vorschwebte. Immer nur von gleichgesinnten Einzelnen umgeben, glaubten sie sich allzu stark. Obwohl sie schlichte Menschen waren, gilt für sie, was das sechste Flugblatt etwas pompös klingend ausdrückt. Sie wollten dazu beitragen, den beschmutzten deutschen Namen zu reinigen, wollten durch offenen, weit verbreiteten Protest die deutsche Schuld mindern und waren überzeugt, im Namen der deutschen Jugend das Risiko, vielleicht sogar ein persönliches Opfer wagen zu müssen »in gläubigem Aufbruch von Freiheit und Ehre«.

Die Weiße Rose nach dem Krieg. Seit Kriegsende wird laufend der »Weißen Rose« und ihrer Toten ehrend gedacht, die »Weiße Rose« ist ein populärer Verehrungsgegenstand geworden. Dabei fließt, wie immer in solchen Fällen, viel Irriges mit ein. Es wirken sich auch Tendenzen aus, die Sache in den Dienst der politischen Stimmung zu stellen und sie entsprechend zu interpretieren. Tiefgründige Fragen ethischer, politischer, geschichtswissenschaftlicher Art werden wenig ernst genommen. Entgegen der offiziellen Verehrung gibt es gelegentlich Unterströmungen, die durchbrechen. Dann werden die »Weiße Rose«-Leute z.B. als »Vaterlandsverräter« betrachtet und abgelehnt; daß sie Patrioten waren, wird dann natürlich nicht gesehen. Wo andererseits heute das Wort »Vaterland« schon fast als Ausweis »neonazistischer« Einstellung gilt, wird die patriotische, nationale Komponente, die für ihr ganzes Wollen entscheidend war, ignoriert oder nur kopfschüttelnd zur Kenntnis genommen.

Gefangenschaft und Heimkehr

Nach dem Prozeß verblieb ich bis zum 29. Mai in Stadelheim, nunmehr als Strafgefangene. Noch in derselben späten Nacht mußte ich mich völlig entkleiden und ziemlich phantasievolle Kleider überziehen. Ich lief in meinen neuen Holzpantoffeln durch steinerne Gänge hinter der Wachtmeisterin her, die eine leere Zelle aufschloß und sank völlig ermattet in meinen neuen Kleidern in den Schlaf. Bald erhielt ich wechselnd ganz verschiedene Zellengenossinnen, so eine hochgewachsene braunäugige *Zeugin Jehovas*. Mit Freudenrufen entdeckte sie auf dem Wandbrett Bibel und Gesangbuch, die sogar unter den Nazis in jeder bayrischen Zelle vorhanden waren. Sie redete ständig in Bibelzitaten und hätte sich um ihrer Meinungen willen vierteilen lassen, immer war sie lächelnd und heiter. Ihre Überzeugung, Hitler sei der Antichrist, äußerte sie offen und missionarisch, wurde deswegen verhaftet und landete sicherlich im »Lager«.

Als *Ju* die Zelle betrat und die schwere Tür ins Schloß fiel, geriet sie in einen Schock. Sie setzte sich ans Klapptischchen, stützte ihre Ellenbogen auf, den Kopf in die Hände, so daß ihre blonden Locken vornüber fielen und heulte eine Zeit lang laut und bitterlich: »Huhuhu.« Doch mit einem plötzlichen Ruck stand sie auf: »Schluß jetzt, es hat ja doch keinen Sinn. Ich möchte mich vorstellen: Ich heiße Ju K., wegen Abtreibung habe ich fünf Monate. Eigentlich müßte ich viel mehr haben, denn ich habe mehrmals abgetrieben. Das freut mich.« Damit reichte sie mir die Hand. Ich entgegnete: »Suse Hirzel, sechs Monate.« Darauf lachte sie: »Haha, da bin ich ja um einen Monat besser als Sie.« Natürlich war sie neugierig, meinen Verhaftungsgrund zu erfahren. Ich war betont zurückhaltend, was ihre Neugierde verschärfte. Irgendwann kam sie sicher hinter meine großen Geheimnisse. Gleich am zweiten Tag kam mir der Gedanke, zu zweit sei das hochgelegene Fenster erreichbar. Wir rollten eine der Matratzen zusammen und gegen die Wand, Ju bestieg sie und bot mir mit den Händen den Steigbügel, so daß ich am hochgelegenen Fenster hinausschauen konnte und außerhalb der hohen Backsteinmauer ein Apfelbäumchen erblickte, dessen weiße Blättchen durch den Regen am Boden verstreut herumlagen. Nun kam Ju dran, – und dann umarmten wir uns gerührt mit nassen Augen. Oft konnten wir diesen Augenausflug nicht wiederholen, weil die Matratze, die mit altem getrockneten Gras gefüllt war, aus der Form gerutscht wäre.

Unsere Arbeit bestand zunächst im Stopfen von Soldatenstrümpfen. Damit zählten wir zu den bevorzugten, voraussichtlich vernünftigen Gefangenen, die sich nicht mit den Nadeln die Pulsadern öffnen würden. Später wurde ein Haufen polnischer Soldatenmäntel und verschwitzte -mützen in die Zelle geworfen, die wir zu zertrennen hatten. Es war eine unappetitliche Arbeit. Stoff- und Lederreste lagen am Abend in der engen Zelle, mürbe Fäden, Kapok und Staub. Eines Morgens entdeckte ich am ganzen Körper rote Flecken. Scharlach? Nein, ich war von Wanzen gebissen worden. Fortan gingen wir jeden Abend, wenn sich die Wanzen regten, auf Wanzenjagd und erschlugen sie mit unseren Schuhen in wahrem Blutrausch, das tägliche Soll betrug 100 Stück. Sie kamen aus allen Ritzen, auch von der Decke herunter und aus den Rös'chen der Matratzen. Die jüngsten von ihnen, ganz winzige Tierlein, so winzig wie ein Viertel

Stecknadelköpfchen, waren imstand, schnurgerade über unseren Klapptisch zu laufen, gleichsam wie lebendige rote Paprikakörnchen.

Ju war eine leichte Haut, sie war eine echte Berlinerin mit prächtiger, frecher Schnauze. Auf meinen Vorschlag, immer uns zu siezen, immer höflich zu sein, gemeinsam zu essen zu beginnen usw., ging sie sofort ein. Dieses bewußte Sich-nicht-gehen-Lassen hat sich sehr bewährt, denn es kommen Momente, in denen man den anderen haßt, nur weil er so und nicht anders die Zähne putzt, und man ihn deswegen anschreien oder gar zusammenschlagen möchte. – Während der langweiligen Arbeit erzählte sie mir ihre mannigfachen Liebesgeschichten, doch vor allem vertrieben wir uns die Zeit durch buchstäblich stundenlanges Singen, ganz besonders an Sonntagen, wo wir die Chance hatten, einen ganzen Tag lang vier Wände zu betrachten. Nicht nur ich, auch sie kannte viele Lieder. Sie vor allem kannte die weiteren Verse der Lieder, und ein Lied gab das andere. Wanderlieder: »Aus grauer Städte Mauern ziehn wir durch Wald und Feld«; Soldatenlieder: »O, du schöner We-he-hesterwald«; Scherzlieder: »My bonnie is over the ocean«; »eine Seefahrt, die ist lustig«; »C-a-f-f-e-e«; Liebeslieder: »Sah ein Knab ein Röslein stehn« … Damit uns nie der Faden ausgehen sollte, ritzten wir mit Stopfnadeln, die wir zurückbehalten hatten, in kleine Klopapier-Blättchen die Worte von Liedanfängen. Durch das Singen waren Sorgen, Angst und Häme immer rasch verflogen. Wir erzählten uns und flochten Geschichten, ich ein Stück, sie ein Stück, wir suchten Gedichte aufzusagen und ergänzten die Lücken durch eigene, manchmal ziemlich läppische Reime, wir ersannen Wanderungen und phantastische Kochrezepte. Ich war überrascht, als sie am Ende, als mein Abtransport bevorstand, sich bedankte für »die wirklich schöne Zeit«, sicher würden wir uns nie mehr wiedersehen.

Ende Mai erhielt ich die Nachricht, ich würde nun verlegt »ins Württembergische«. Das hieß zunächst, daß ich für einen Tag von Stadelheim in ein anderes Gefängnis, in die »Ettstraße«, verlegt wurde. Am 29. Mai betrat ich eine große Schubzelle mit etwa 30 Personen, die sich bereits am Nachmittag der vorhandenen Matratzen bemächtigt hatten. Jeweils eine Matratze stand zwei Personen zu. Da manche Leute Läuse hatten, war es wichtig, zeitig einen Matratzenpartner zu finden, der vermutlich keine Läuse hatte. Einige riefen, diejenigen, die Läuse hätten, möchten sich melden, worauf sich natürlich niemand meldete und ein allgemeiner Läusewahn ausbrach; jede begann sich am Kopf zu kratzen. Da eine der Gefangenen einen Läusekamm besaß mit engen, feinen Zähnen, wurde beschlossen, daß jede sich einer Untersuchung zu unterziehen hätte; jede, auch ich nahm daran teil. Da kein Stuhl vorhanden war, kniete der Prüfling auf einer Matratze vor der Untersuchenden. Wer nun das Zentrum der Läusekultur mit vielen weißen Nissen beherbergte, war eine ältere, dreckige und stinkende Frau, die sofort, zu Beginn der Untersuchung als ertappte Sünderin zu schluchzen begann, worüber die Horde in Hohngelächter ausbrach. Es war für mich ein besonders schlimmes Bild menschlicher Demütigung. Ein Teil der Frauen saß nun auf ihren Matratzen und blies auf Kämmen, die sie mit Papier überzogen hatten, Schlager, und eine Fieberkranke rang mit dem Tod. Das einzige Klo war verstopft, und der einzige Wasserhahn tröpfelte nur. Alles ekelte mich an. Ich verbrachte die Nacht, indem ich mich auf eine Matratzenkante setzte, die Beine anzog, den Kopf zwischen die Knie legte, mein Waschzeug festhielt und meinen Mantel um mich schlang. Diese Nacht war besonders lang, da ein Glockenschlag von außen jede Viertelstunde anzeigte. Das Keuchen der Kranken steigerte sich immer mehr, brach plötzlich ab – denn nun war sie tot. Gleich in der Frühe des nächsten Morgens kam ich auf Transport, im Fachausdruck: Ich wurde »zur Verschubung übergeben«.

Ein Gefängniswagen der Bahn besteht, ähnlich wie eine grüne Minna, aus kleinen Zellen mit zwei schmalen Bänken an den Seiten und einem zwei Fuß breiten Gang in der Mitte.

Unsere Zelle war, sicher wie alle anderen in dieser Zeit, so dicht belegt, daß wir nur stehend im Gang und gebückt stehend auf den Bänken, so uns abwechselnd, uns zurechtfinden konnten in den nächsten zwei Stunden bis Ulm. Nur mit kräftigen Fußtritten des Wachtmeisters war es möglich, die Tür zuzudrücken. Gefängnisse, Bahnwagen, alles reichte nicht aus für die vielen Unliebsamen, die transportiert und irgendwo untergebracht werden mußten. Trotz der schlimmen Enge freute ich mich beim Anblick der weiten, mit Büschen und Tannengruppen bestandenen Wiesen, die vorüberflogen. Ich hatte ja in den vergangenen Monaten keine Wolken, kein fallendes Blatt oder abgerissenen Zweig, außer Wanzen und Läusen kein Tier gesehen. – Wie oft schon bin ich seitdem diese Strecke gefahren und habe mich an diese damalige Reise in gebücktem Zustand erinnert.

In Ulm hatte ich mit Hans, Franz Müller, Heiner Guter, die mit mir gereist waren, auszusteigen zu einem zweitägigen Zwischenhalt. Wir wurden von einigen Angehörigen, die von diesem Transport erfahren hatten, am Bahnhof stumm empfangen. Kurz konnte ich den Eltern und Frau Guter, Heiners Mutter, einen Blick zuwerfen und wurde dann mit einem Trupp russischer Kriegsgefangener, die mit geschorenen Köpfen, mit ausgemergelten Gesichtern in bodenlangen Mänteln mit uns dahertrabten, im Nieselregen zum Gefängnis am Frauengraben geleitet – ein denkwürdiger Gang durch meine Heimatstadt. Es war mein jahrelanger Schulweg durch die Olgastraße.

Während ich im Gefängnis am Frauengraben vor der Schubzelle auf Einlaß wartete, öffnete eine Wachtmeisterin zu meiner Linken eine Zellentür, um ein Eßgeschirr entgegenzunehmen, und wem schaute ich in die Augen? Inge! In größter Eile erzählte sie mir vom momentanen Zustand ihrer Familie: Alle waren in Haft, jedoch in notdürftiger Verbindung untereinander dank freundlicher Wachtmeister. – Ich wurde nun in die große Schubzelle eingelassen. Wenig später öffnete die Wachtmeisterin die Tür und reichte mir einen Gruß von Inge herein, es war der mit Bleistift geschriebene »Sonnengesang« des Franziskus.

Du höchster, mächtigster, guter Herr,
Dir sind die Lieder des Lobes, Ruhm und Ehre
und jeglicher Dank geweiht;
Dir nur gebühren sie, Höchster,
und keiner der Menschen ist würdig,
Dich nur zu nennen.

Gelobt seist Du, Herr,
mit allen Wesen, die Du geschaffen,
der edlen Herrin vor allem, Schwester Sonne,
die uns den Tag heraufführt und Licht
mit ihren Strahlen, die Schöne, spendet,
gar prächtig in mächtigem Glanze:
Dein Gleichnis ist sie, Erhabener.

Gelobt seist Du, Herr,
durch Bruder Mond und die Sterne.
Durch Dich sie funkeln am Himmelsbogen
und leuchten köstlich und schön.

Gelobt seist Du, Herr,
durch Bruder Wind
und Luft und Wolke und Wetter,
die sanft oder streng, nach Deinem Willen,
die Wesen leiten, die durch Dich sind …

(Letzter Vers:)
Gelobt seist Du, Herr,
durch unseren Bruder, den leiblichen Tod;
ihm kann kein lebender Mensch entrinnen.
Wehe denen, die sterben in schweren Sünden!
Selig, die er in Deinem heiligsten Willen findet,
denn sie versehrt nicht der zweite Tod.
Lobet und preiset den Herrn!
Danket und dient Ihm in großer Demut!

Endlich hatte ich etwas Schönes in Händen. In der Zelle waren nur acht Personen, darunter eine junge Tschechin, die in Südfrankreich mit einem scharfen Stilettmesser deutschen Lastwagen die Reifen aufgeschnitten hatte und, in einem Getreidefeld verborgen, aufgegriffen wurde. Abgrundtiefer Deutschenhaß erfüllte sie. – Da meine Eltern sicher von meinem Ulmer Aufenthalt erfahren hatten, konnte ich annehmen, daß sie mich bald besuchen würden. So ließ ich meinem Gesicht durch die Tschechin, die einen Lippenstift besaß, eine frische muntere Farbe verpassen, und kaum war dies geschehen, als es auch schon hieß: »Raus! Sie bekommen Besuch.« Es war Vater mit meiner elfjährigen Schwester Ursel, die mich erwarteten. Wie gewohnt, stand der Wachtmeister den Rücken gegen uns gekehrt am Fenster, um die Essensübergabe zu ermöglichen. Vater überreichte mir schmunzelnd einige dick mit Butter und Honig bestrichene Brötchen. Doch wohin damit? In den BH. Kaum hatte er sich verabschiedet, stand der nächste Besuch da, so daß ich zunächst nicht in die Zelle zurück durfte. Es war ein Freund der Eltern, Vaters Kollege Dekan Sauter, der *wiederum* Honigbrötchen mir überreichte samt zwei Brezeln, die ich in Windeseile verzehrte! Doch wohin mit den Brötchen? Diesmal stopfte ich sie in meine Strümpfe. Es war schon eine ganz besondere Situation: Am Fenster die Rückansicht des Wachtmeisters, neben mir Dekan Sauter und ich wohlversehen mit kostbarer Fracht. »Leute, ich bring euch etwas; etwas sehr Elegantes!«, konnte ich in der Zelle verkünden, und wir hatten ein kleines lustiges Fest zusammen.

Nach wenigen Tagen brachte man uns über Stuttgart im Gefangenenwagen weiter nach Heilbronn. Für mich begann nun eine schöne Rundfahrt durchs Hohenloher Land, wo ich ja geboren wurde und meine frühe Kindheit verbracht hatte, über Öhringen, Hall, Crailsheim nach Gmünd. Wie freute ich mich, im langsamen Dahinrumpeln die mir wohlbekannte Gegend zu sehen, wenn auch durch Gitter, vorbei an den Öhringer Türmen, dem Schönen Berg von Ellwangen, vorbei an der Jagst, die sich zwischen Büschen und niederen Bäumen in lieblichem Tal dahinschlängelt.

Gotteszell, nahe Gmünd gelegen, war als Nonnenkloster schon 1227 bekannt, ist heute ein Frauengefängnis, in das schwäbische Hausfrauen in Körben ihre Wäsche schicken, die besonders billig und gut von Gefangenen gewaschen und gebügelt wird. Ich wurde der Bügelei zugeteilt. Das Hauptgebäude ist ein schöner Renaissancebau, die Kirche gotisch. Vor dem Haupteingang im Hof standen damals hohe Buchen, die Fensterbänke waren mit rot blühenden Geranien geschmückt. Das ließ sich ja gut an! Doch es war meine schlimmste Zeit, denn ich war nie allein und hatte ungeahnte Erlebnisse. Je etwa zwanzig Frauen arbeiteten in einer Waschküche und einem Bügelsaal. Gemeinsam wurde im Eßsaal gegessen, im Schlafsaal geschlafen. Es war das frühere Refektorium, durch dessen spitze Fenster wir in den alten Kreuzgarten blicken konnten; ich durfte sogar einmal baden in einem echten Nonnenbad, in einer einfachen aus dem Boden ausgehobenen und ausgemauerten Mulde.

Es gab »Fälle« der verschiedensten Art: Betrug mit Kleiderkarten, Hochstapelei (eine junge Frau gab sich als Braut des Ritterkreuzträgers Galland aus), Inzucht (eine junge Frau hatte drei Kinder vom eigenen Vater), Abtreibung, Raubmord, Kindesmord, Kartenschlagen mit Weissagen usf.). Schon um neunzehn Uhr lag man hellwach in seinem Bett im Schlafsaal, verschwitzt und ungewaschen. Obwohl es verboten war, sich zu unterhalten, wurde viel herumgeflüstert, getratscht und intrigiert, und kein Abend verging, an dem nicht irgendeine der circa vierzig Frauen hemmungslos laut weinte. Neben mir lag eine Leichenfrau, die den Toten das Gold aus den Zähnen gestohlen hatte. Hinter ihrem Gebetsbuch verborgen, flüsterte sie auf mich ein, erzählte von ihren Kindern, die allein zu Hause lebten und auf die Fürsorge von Nachbarn angewiesen waren, weil der Vater bei der Truppe war.

Das Essen war sehr knapp bemessen. Zu Frühstück, Abendessen und als Zukost gab es circa 375 Gramm Brot, in vier Schnitze geteilt. Ich dachte: »Meine Ration bestimme *ich* – mir genügt weniger, und gab täglich einen Teil der jungen Kindsmörderin, die noch sieben Jahre vor sich hatte. Die Folge war: Neid von allen Seiten gegenüber der Bevorzugten, viel Geschwätz und mir gegenüber böse Blicke. – In der Bügelei, in der ich tagsüber arbeitete, glitten die Bügeleisen stumm über weiße

Tücher, doch die Blicke redeten, und viele unsichtbare Fäden geisterten durch den Saal. Stetige Verdrossenheit, Trotz, Aggression, Bosheit lagen in der Luft. Da die Leute unglücklich und gereizt waren, gab es ständig Streit um Nichtigkeiten. Um was auch sonst in einem Gefängnis? Vielleicht verändern sich die Gehirne der lange Gefangenen durch die kleinliche, trübe Zwangslage. Manche werden kindisch und rührselig, andere böse und streitsüchtig. Die Tünche der Höflichkeit und anerzogenen Menschlichkeit entfällt. Ich staunte auch, wie wertlos für manche das Leben war. Innerhalb dreier Monate erlebte ich drei Selbstmordversuche. Eine Frau versuchte in höchster Verzweiflung sich mit einer Sicherheitsnadel die Pulsader zu öffnen; die nächste wickelte sich, blitzschnell, damit man sie nicht hindern konnte, im Schlafsaal eine Vorhangsschnur um den Hals, um sich zu erwürgen, und die dritte schlug, so stark sie konnte, ihre Schläfe gegen die Metallstäbe ihres Betts. Die Wahrsagerin hatte als Zimmerälteste den Auftrag aufzupassen, daß kein Selbstmord zustande komme. Auch traten mehrmals mir völlig fremde Mitgefangene auf mich zu und rechtfertigten sich, z.B.: »Wenn Sie einen Vater gehabt hätten wie ich, wären Sie sicher auf ähnliche Wege wie ich gekommen.« Ich entdeckte, daß Zuhören ein Bewußtsein von Freiheit schenken kann, und es schien mir, als streckten alle die Arme zum Himmel mit dem Ruf: »Hilfe! Miserere!«

Keinerlei Nachricht kam von draußen herein. Einzig die Zugänge, die sofort umringt wurden, berichteten über die Bombardierung der rheinischen Städte oder im Juli über die Zerstörung Hamburgs. Das war aber auch alles – und ich wartete doch so sehr auf einen Waffenstillstand! Über den einzigen Besuch, den ich in den Gotteszeller Wochen erhielt, Anfang August 1943 durch Prof. Saal, habe ich bereits berichtet.

Ich fühlte mich in miserablem Dauerzustand. Der einzige Sinn dieses beziehungslosen und einförmigen, häßlichen Lebens war, daß es vorüber ging. Kleine Freuden gab es gelegentlich: ein Vogel, den man am Fenster vorbeifliegen sah, konnte den ganzen Tag verändern. Dennoch hatte ich die Tage bis zur Entlassung nie gezählt wie alle andern, die mir ganz närrisch erschienen mit ihrem Zählen. Ich erwartete ja auch nicht freizukommen und dachte: »Sie werden mich schon nach Dachau bringen im Anschluß ans Gefängnis.« Doch tatsächlich, pünktlich am 22. August wurde ich entlassen und abgeholt von Mutter, die am Tor stand, und von Ursel und Roland, die über den Hof mir entgegenrannten. Mutter hatte einen Weiher ausfindig gemacht, hatte Badezeug mitgebracht, und so begannen wir das neu geschenkte Leben mit einem *Freiluftbad*, mit nachfolgendem Vesper, das aus einem großen Wecken mit einer Scheibe dunklem Schwartenmagen bestand, – damals eine hochwillkommene Gabe, heute eine eher fragwürdige Delikatesse.

In *Ulm* ging Mutter sofort mit mir zum Arbeitsamt, das eigentlich allein über meine zukünftige Betätigung zu entscheiden hatte, und forderte mich für ihren Haushalt an, bevor die Partei von meiner Entlassung erfahren haben würde. Unser Wunsch wurde ohne weiteres erfüllt, denn die Angestellten wollten uns gerne entgegenkommen. Gleich in den ersten Tagen zu Hause erhielten wir einen Telefonanruf der Gestapo: »Wir möchten Sie informieren, daß Ihre Post in Zukunft kontrolliert wird.« (Wie macht das der Verfassungsschutz heute eigentlich?)

Im elterlichen Haushalt lebten noch zwei Kinder: Der neunjährige Roland und Ursel, zwölfjährig. Konrad und seine Klassenkameraden waren seit 15. Februar Flakhelfer an ihren Flugabwehrgeschützen in einer Stellung am unteren Eselsberg und nächtigten in Baracken. Ich lebte nun als »Hausgehilfin« unter dem elterlichen Dach etwa acht Monate lang. Es war eine Zeit, die mir in schlechter Erinnerung steht. Ich hatte dazuhin Schwierigkeiten mit Mutter, der ich durch viele Erlebnisse längst entwachsen war. Die Eltern selbst lebten in großer Spannung und Sorgen: da waren einmal die ständigen Bombenangriffe, schwierig war die Beschaffung der nötigsten Lebensmittel, Peter als Soldat gefährdet, Hans im Jugendgefängnis Heilbronn; und nicht einmal die nächsten Freunde wagten

Konrad Hirzel als Flakhelfer, 16jährig

es, uns zu besuchen. Die einen legten einen Freundschaftsbrief in den Briefkasten mit der Unterschrift »Eure Freunde vom Galgenberg«, von anderen lag ein dicker Brotlaib vor der Haustür mit »Gruß von der Gerbergasse«. Auch ich mochte nicht mit meinen Freundinnen zusammentreffen, denn ich wollte sie nicht belasten. Einmal, gleich nach meiner Heimkehr, traf ich mich – diesmal aus Angst um mich selbst – mit Inge Scholl im Münster, wo wir im rechten Seitenschiff wandelnd uns aussprachen. Ich lebte in ständiger großer Angst, die Gestapo, die nach meinen Ulmer Aussagen mein mildes Urteil vielleicht nicht anerkannte, würde mich erneut festnehmen. Konrad, der Flakhelfer, war mit Vater politisch nicht einig und sagte ganz offen beim Mittagesssen: »Mit Hitler und mit diesem Krieg, bei dessen Ausbruch ich zwölf Jahre alt war, habe ich nichts zu schaffen. Ich werde alles tun, um mich vom Kriegsdienst zu drücken.« Vater hingegen meinte, man müsse zum Militär halten, zu einem Kriegsabschluß kommen, dann erst könne man die »Kerle (Nazis) zum Teufel jagen«, und Konrad könne gar nicht ermessen, was es bedeute, wenn der Feind das Land besetze. Beide Eltern waren arbeitsmäßig und seelisch völlig überlastet, und so war das Zusammensein der Familie beim Mittagessen zuweilen spannungsgeladen und bedrückend, insgesamt war es ein elendes Leben. Und, unnötig zu sagen: Niemand glaubte mehr an den »Endsieg«.

Die Frage einer Freundin, ob ich meiner Mutter von den Erlebnissen in der Haft erzählt hätte, zeigt mir, wie schwierig es ist, sich heute das damalige Leben vorzustellen. Bei Firma Gack hatte ich 60 Wochenstunden zu arbeiten, zuvor zuhause als »Dienstmädchen« nicht weniger. Der lange Arbeitstag und ebenso die Nacht waren von Fliegeralarm häufig unterbrochen, so daß niemand Zeit und Kraft für Aussprachen hatte. Dazu kam, daß Mutter seelisch labil war und wegen der lastenden Sorgen und Ängste unter Depressionen litt. Wichtig war da, sie zu unterstützen, unwichtig aber waren die vergangenen Erlebnisse.

1944
Das Leben wird immer »tödlicher«

Die Sowjets erobern die Ukraine mit Odessa und Tarnopol. Die Krim geht unter ungeheuren Verlusten verloren. Die Heeresgruppe Mitte, die 1100 Kilometer zu verteidigen hatte, wird weitgehend vernichtet, etwa 350 000 Mann fallen.

Am 6. Juni landen die Westalliierten in der Normandie, Mitte August weitere Kräfte an der französischen Mittelmeerküste. Anfang September ist ganz Frankreich frei, Aachen von Amerikanern besetzt. Rumänien und Bulgarien brechen zusammen; dadurch können sich die Russen mit jugoslawischen Partisanen verbinden. Die Russen erreichen im Oktober die Ostsee nördlich von Memel, wodurch die Heeresgruppe Nord in Kurland abgeschnitten wird. Wenig später dringen die Russen in Ostpreußen ein. Am 16. Dezember beginnt die deutsche Ardennen-Offensive.

1. August bis 2. Oktober: Der Warschauer Aufstand der polnischen Untergrundarmee wird niedergeschlagen, Warschau auf Befehl Hitlers zerstört, wobei die Rote Armee am anderen Weichselufer sich passiv verhält und nur zuschaut.

Anfang September wird in der Industrie die 60-Stundenwoche eingeführt. Kein Bürger darf sich weiter als 50 Kilometer von seinem Heimat- und Arbeitsort entfernen. Niemand darf den Arbeitsplatz wechseln. – Die vielen Häftlinge in kleineren KZ, die unterernährt und drangsaliert zu arbeiten haben, hinterlassen Gräberfelder. Dies erfahren nur Leute aus der nächsten Umgebung.

Am 15. September wird der »*Volkssturm*« aufgestellt in Städten und kleineren Gemeinden. Er besteht aus 15- bis 16jährigen Jungen und älteren Männern. Viele von ihnen werden zum Westwall geschickt, zum Bau von weiteren Verteidigungsanlagen.

Stuttgart erlebt 25 Luftangriffe bei Tag und Nacht. Viele Menschen werden vermißt, 2530 tot gemeldet; am 4. Dezember wird Heilbronn zu 90 % zerstört, man zählt 6530 Tote.

Ulm erlebt zwei Angriffe, am 3. Oktober und am 17. Dezember; 1 710 Tote. Die städtischen Verwaltungen leisten Großartiges, denn die wichtigsten Strukturen werden rasch wiederhergestellt; Büros kampieren irgendwo, doch sie funktionieren. Die Partei hat nach wie vor die Zügel fest in der Hand.

Am 16. Oktober wird im Ulmer Rathaus ein lügenhafter feierlicher Staatsakt inszeniert für Generalfeldmarschall Rommel, der am 14. Oktober zum Selbstmord gezwungen worden war.

Widerstand: Januar bis März: Verschiedene Selbstmordattentatsversuche gegen Hitler scheitern, da Termine verschoben werden (Axel von der Bussche, Ewald von Kleist, Eberhard von Breitenbach). Helmuth von Moltke wird verhaftet, im Juli Leber und Reichwein. 11. Juli: Attentatsversuch Stauffenbergs auf dem Obersalzberg. 15. Juli: Attentatsversuch Stauffenbergs im Führerhauptquartier.

20. Juli: Das Attentat Stauffenbergs im Führerhauptquartier mißlingt, Hitler überlebt. – Im August beginnen die Volksgerichtsprozesse und Hinrichtungen im Zusammenhang mit dem 20. Juli. Die Nazis nehmen grausame Rache: Von den 7000 Verhafteten werden 4980 hingerichtet. Goerdeler drückt in seinem Abschiedsbrief einen Gedanken aus, der in vielen Dokumenten des Widerstands zu finden ist: »Die Welt aber bitte ich, unser Märtyrerschicksal als Buße aufzunehmen für das deutsche Volk.«[35]

Mitte des Jahres begann die letzte Kriegsphase: Die erfolgreiche angloamerikanische Invasion, die entscheidende Niederlage der Heeresgruppe Mitte im Osten, das Scheitern von Stauffenbergs Putsch, die gesteigerten Terrorangriffe der feindlichen Luftwaffe (durch die die Mehrzahl der im Zweiten Weltkrieg überhaupt zerstörten Städte in Ruin fiel), die Rettung deutscher Zivilisten, die durch die Rote Armee von Abschlachtung bedroht waren, über die Ostsee – eine der bewunderungswürdigsten Leistungen der deutschen Marine.

Nach einem halben Jahr erst, im Frühjahr, so schien es, war es der Kreisleitung, d.h. der Partei, der NSDAP, zu Ohren gekommen, daß ich entlassen war und zu Hause arbeitete. Nach ihrer Ansicht hatte ich es damit viel zu gut, jemand wie ich gehörte in den verschärften Rüstungseinsatz. So wurde ich etwa ab März 1944 einer kleinen Firma (Fritz Gack) zugeteilt und hatte mit anderen Arbeiterinnen am Werktisch Handgranaten herzustellen für den Volkssturm, d.h. für das letzte Aufgebot, das man wohl bald benötigte. Damals lebte man im sogenannten totalen Krieg, d.h. mit der 60-Stundenwoche, in wahrer Fabriksklaverei. Ob ich als Werkarbeiterin oder zuhause beschäftigt war, mein Lebenskreis war eng beschränkt, denn am Abend, nachdem ich vom langen, geisttötenden, oft durch Fliegerangriffe unterbrochenen Arbeitstag nach Hause kam, mußte ich mich um alltägliches kümmern: Schuhe zum Schuster bringen, ein Kleid flicken, Handschuhe stricken. Das Leben wurde eher erduldet als gelebt. Doch einen Teil des Lebens bedeutete das Briefeschreiben, wobei Feldpostbriefe gratis waren. Erwähnt gehören die dürftigen Kommunikationsmöglichkeiten: nur ein Teil der Bevölkerung besaß z.B. ein Telefon. Unser Telefon gehörte zum Pfarramt und durfte kaum je für persönliche Mitteilungen verwendet werden – wer konnte sich derartiges leisten? Nicht einmal mit dem Tübinger Großvater wurde telefoniert.

Am 20. Juli ereignete sich das mißglückte *Attentat Stauffenbergs* auf Hitler. Ich befand mich gerade in einem Vorortzug nach Laupheim, einem kleinen, südlich von Ulm gelegenen Städtchen, um mit unserer dortigen Schneiderin eine Abmachung zu treffen, als einige Leute im Abteil einander zuflüsterten, in Berlin sei geputscht worden, »aber vergebens«. Niemand reagierte mit irgendeinem Wort, alle waren wie gelähmt beziehungsweise hatten wie gewohnt Angst sich zu äußern oder resignierten stumm. Gespräche waren längst nur unter engen Freunden möglich, denn wenn jemand eine Niederlage, wenn sie schon unvermeidlich war, für eine Sache hielt, die man möglichst rasch hinter sich bringen sollte, so galt er als Verräter und hätte sich, falls er denunziert worden wäre, in aussichtsloser Lage befunden. – Obwohl die Stimmung damals bedrükkend und pessimistisch war, lehnten die meisten, wie ich nach Kriegsende beobachtete, das Attentat ab, viele waren hell empört über die »Verräter«. Auch die meisten Soldaten lehnten es ab. Das Volk wollte zu den kämpfenden Soldaten halten, und die Soldaten hofften, die Russen hinhalten zu können, damit die Amerikaner den Rhein überschreiten würden und nicht die Russen weiter nach Westen vorrücken könnten. *Peter* meint: »Viele Soldaten wären bereit gewesen, gemeinsam mit den Amerikanern gegen die Russen weiter zu kämpfen und zu versuchen, sie wieder nach Osten zurückzudrängen.« Stauffenberg, der Deutschland über alles liebte, wollte eine bedingungslose Kapitulation unter allen Umständen vermeiden. Hitler, mit dem der Gegner nie verhandeln würde, mußte aus diesem Grunde beseitigt werden. Dazuhin wären mit Hitlers Ermordung Offiziere und Soldaten von ihrem Eid befreit gewesen, ein Zerbrechen der Fronten und ein Bürgerkrieg hätte verhindert werden können. Stauffenberg opferte sich für Deutschlands Ehre und war sich bewußt, daß der Versuch eines Attentats zu spät kam, wollte aber dennoch den Versuch wagen, um zu zeigen, daß es versucht wurde, sich aus eigener Kraft zu befreien und sinnloses Soldatensterben zu verhindern. Ein Gelingen des Attentats war unwahrscheinlich, aber durchaus möglich. Ich denke, das verpflichtende Band sollte nicht locker werden, erst recht nicht, wenn man an die Tausende denkt, die mit ihm gleichgesinnt in den Tod gerissen wurden. Seien wir stolz auf unsere großen Märtyrer. Stauffenberg wollte auch und hoffte, daß ein neuer Geist spürbar werde und bemühte sich mit seinem Freund Fahrner, diesen Geist in einer Eidesformel auszudrücken, die die Freunde untereinander und an ihr Vaterland binden sollte.

»Wir glauben an die Zukunft der Deutschen [...] Wir wollen eine neue Ordnung, die alle Deutschen zu Trägern des Staates macht und ihnen Recht und Gerechtigkeit verbürgt, verachten aber die Gleichheitslüge und beugen uns vor den naturgegebenen Rängen. Wir wollen ein Volk, das in der Erde der Heimat verwurzelt, den natürlichen Mächten nahe bleibt, das im Wirken in den gegebenen Lebenskreisen sein Glück und sein Genüge findet und in freiem Stolze die niederen Triebe des Neides und der Mißgunst überwindet [...]. Wir wollen Führende, die aus allen Schichten des Volkes wachsend, verbunden den göttlichen Mächten, durch großen Sinn, Zucht und Opfer den anderen vorangehen«[36]

Die »New York Times« schrieb: »Der 20. Juli hat an die Atmosphäre der finstersten Verbrecherwelt erinnert, die man normalerweise nicht im Offizierskorps eines Kulturstaates erwarten kann. Die höchsten Offiziere haben sich mit Plänen beschäftigt, das Oberhaupt des Staates mit einer Bombe, der typischen Waffe der Verbrecherwelt zu töten.« Noch Ende 1944 lehnte Roosevelt jede Erwähnung eines deutschen Widerstands ab.[37] Churchill erklärte am 2. August 1944 im Unterhaus, es handle sich bei den Vorgängen des 20. Juli nur um Ausrottungskämpfe unter den Würdenträgern des Dritten Reiches.[38] Doch nach Beendigung des Krieges 1945, als das »Renversement des alliances« begann, sagte Churchill: »In Deutschland lebte eine Opposition, die durch ihre Opfer und eine entnervende internationale Politik immer schwächer wurde, die zu dem Edelsten und Größten gehört, was in der politischen Geschichte der Völker je hervorgebracht wurde. Diese Männer kämpften ohne eine Hilfe von innen oder außen – einzig getrieben von der Unruhe des Gewissens. Solange sie lebten, waren sie für uns unsichtbar und unerkennbar, weil sie sich tarnen mußten. Aber an den Toten ist der Widerstand sichtbar geworden.«[39] Marion Gräfin Dönhoff schrieb: »Es gibt kein anderes Land, in dem führende Vertreter der Nation um der Moral, des Rechts und der Freiheit willen so große Opfer gebracht haben.«[40]

Es war unschwer zu beobachten, daß die Niederlage jetzt schon sich vollzog. Wenn der Schulunterricht entfiel wegen

Kohlenmangels, bedeutete es doch, daß für die Flugzeuge das Benzin fehlte, und dazuhin war die Armee auf allen Fronten auf dem Rückzug. Den »Ulmer Sturm«, der voll Empörungsgeschrei über den Mordversuch »an unserem Führer« war, las ich kaum, denn nach neun- bis zehnstündiger, stumpfsinniger Arbeit war ich am Abend ebenso erschöpft wie die Eltern; dazu kam bei Tag und Nacht häufiger Fliegeralarm, der uns aufforderte, im Keller oder sonst irgendwo uns zu bergen. Viele versuchten, den Gaukeleien und Versprechungen ein wenig zu glauben, es sei eine neue Waffe in Entwicklung, die sogenannte V-Waffe, die vielleicht dem Krieg noch eine Wende geben könnte. Tatsächlich wurden solche Raketen gegen England auch abgeschossen, hatten aber nicht die in Aussicht gestellte Wirkung.

Im Oktober 1944 ereignete sich die unglaubliche Geschichte mit dem Tod *Rommels* (Generalfeldmarschall, Inhaber höchster Tapferkeitsauszeichnungen zweier Weltkriege, des Eichenlaubs mit Schwertern und Brillanten zum Ritterkreuz des Eisernen Kreuzes und des Pour le Mérite). Er war Schwabe, war einer der populärsten Heerführer schon im Ersten Weltkrieg. »Am Samstag, dem 14. Oktober, wurde er von den Generalen Burgdorf und Meisel in seinem Haus in Herrlingen, westlich von Ulm, aufgesucht und vor die Wahl gestellt, sich entweder in Berlin dem Volksgerichtshof zu stellen, der ihn zum Tod verurteilen werde, oder wegzufahren mit den beiden Begleitern und eine Giftpille zu schlucken. Nur in diesem zweiten Falle würde er ein Staatsbegräbnis und seine Familie die ihr zukommende Pension erhalten.«[41] Er wählte den zweiten Weg, weil er glaubte, er werde nicht lebendig nach Berlin gelangen zu einem Prozeß. Die Leiche Rommels lag zunächst im Reservelazarett in der Wagnerschule in einem Bett. Sie durfte nicht, wie üblich, obduziert werden, und der Arzt wurde gezwungen, als Todesursache »Herzschlag« anzugeben – was er tat, denn er glaubte, im andern Fall würde es ihm wie Rommel ergehen. Niemand aus der Bevölkerung hatte Zutritt. Am Montag, dem 16. Oktober, wurde im Ulmer Rathaus der Staatsakt in aller Form vollzogen, wobei General Rundstedt markige Gedenkworte sprach und einen mächtigen Kranz Adolf Hitlers am Fußende des Sargs ausbreitete. – Zu diesem Kranz: Am Freitag, dem 13. Oktober, war der Ulmer Wehrmachtskommandantur mitgeteilt worden, am Samstag früh komme mit dem D-Zug ein Offizier mit einem großen Kranz des Führers für Rommel. Der Ulmer meinte: »Rommel lebt doch!« Entgegnung: »Nein, er ist gestorben.« Der Kranz war am Samstag wenige Stunden vor Rommels Tod in Ulm angekommen.

Rasch hörten die Ulmer vom ominösen Tod Rommels, doch bewiesen war zunächst nicht, daß er vergiftet worden war. Daß er aber durch einen Schurkenstreich umgebracht wurde, drang bald durch. Wir Hirzels erfuhren von der makabren Geschichte durch Vaters besten Freund, Wehrmachtspfarrer Ernst Schieber, der als Geistlicher beim Staatsakt im Rathaus zu fungieren hatte.

Weshalb war Rommel wohl in Ungnade gefallen? Bekannt ist, daß er mehrere Fernschreiben an Hitler geschickt hatte, in denen er nachdrücklich auf den Ernst der militärischen Lage hinwies. Ohne Zweifel hatte er auch Verbindung zu Widerstandskreisen, doch ist unklar, ob er in die Attentatspläne eingeweiht war. »Rommel ließ die Verschwörer in seiner Umgebung und in Paris gewähren und unterstützte schließlich die Tätigkeit«, schreibt Hoffmann. Und er zitiert Rommel selbst: »Ohne Beseitigung des NS-Regimes ist kein Friede zu bekommen, also ist es zu beseitigen.«[42] Allgemein ist zu sagen: Wer 1944 die Ansicht äußerte, er halte den Krieg für verloren (ein Wort, das Rommel wohl kaum in den Mund genommen hatte), wurde weggeräumt, als Soldat hatte er sein Leben verwirkt. Laufend wurden zu dieser Zeit Fahnenflüchtige erschossen oder an Straßenlaternen aufgehängt.

Zwei Wochen später war in der »Wochenschau« in allen Kinos eine Gedenksendung zu sehen, die als Beispiel ganz besonderer staatlicher Täuschungsversuche der Vergangenheit entrissen zu werden verdient: Es begann mit Trauergeläute. Darauf hörte man einen Sprecher: »Ein hartes Schicksal versagte Generalfeldmarschall Rommel die Genesung, die er in seiner schwäbischen Heimat suchte. Noch einmal sehen wir bewegten Herzens den Lebenden unter seinen Truppen in Afrika, dann senken sich die umflorten Fahnen. Leise Musik ertönt [...] Ernst und ergriffen umsäumt die Bevölkerung die Straßen, durch welche der Trauerzug geht, um mit erhobener Hand den tapferen Soldaten auf seinem letzten Weg noch einmal dankbar zu grüßen [...] und mit dem stillen Gelöbnis, daß er unter uns weiterleben und seinem Volk ein Vorbild des Mutes und der Treue in guten und schweren Tagen sein soll.«

Am *Sonntagabend, 17. Dezember*, war ich gerade dabei, mit meinen jüngeren Geschwistern frisch lackierte Holzsterne, die wir für den Christbaum ausgesägt und angemalt hatten, an einer Schnur zum Trocknen aufzuhängen, als die Sirenen losheulten. Mutter lag zu diesem Zeitpunkt mit Furunkulose im Krankenhaus, Vater eilte los zum Schutz seiner Kirche. Obwohl Peter im Garten einen Laufgang ausgehoben hatte und ihn mit zwei Lagen von dicken, eichenen Eisenbahnschwellen als Bombenschutz abgedeckt hatte, zogen wir es vor, in die ziemlich entfernten Kasematten bei der Kienlesbergkaserne zu fliehen. Diese Festungsanlagen waren geplant und begonnen worden, nachdem Napoleon mit seinem General Ney im Osten Ulms bei Elchingen in einer großen Schlacht im Oktober 1805 gesiegt hatte. Fertiggestellt war die Festung Ulm erst 1844. Die Gänge und kleinen Kasematten lagen zwischen eineinhalb Meter dikken Mauern und waren mit einer zwei bis drei Meter dicken Erdschicht bedeckt, sie waren also recht sicher. Den Zugang bildete, nachdem man über einen Steg den Graben überschritten hatte, eine schwere stählerne Tür. Dorthin strebten wir über die lange sogenannte Wallbrücke, die sich über die Gleisanlagen des Güterbahnhofs spannte. Es war wichtig, rasch über die Brücke zu gelangen, denn sie bot keinerlei Schutz. Schon fielen die gebündelten Leuchtraketen, sogenannte Christbäume, und wir hatten Glück, gerade noch vor den ersten Detonationen in die schützenden Kammern zu gelangen, als dann auch das Bombardement sofort begann. Es waren englische Bomber, die nachts angriffen, im Gegensatz zu den Amerikanern, die – so hieß es wenigstens – nur Industrieanlagen treffen wollten, diese aber mit Sicherheit und somit am Tag, auch wenn es gefährlicher war. Das halbstündige Bombardement zerstörte denn auch gezielt die zauberhafte mittelalterliche Altstadt der früheren »Freien Reichsstadt Ulm« mit Stabbrandbomben, Phosphor- und Sprengbomben. Wohl zufällig blieb das Münster weithin verschont, einzig der Chor wurde getroffen, dessen berühmtes Chorgestühl von Jörg Syrlin mit Sandsäcken geschützt war. Im Nachhinein wurde jeder kleinste Holzsplitter für die Restaurierung gesammelt.

In unseren Kasematten hörten wir das Heranzischen der Bomben, hingegen die Explosionen nur als dumpfes »Wumm«. Die Stahltüren klapperten ein wenig, und der Kalk rieselte von der Decke auf die Menschen, die am Boden knieten und beteten, immer das Vaterunser, von vorn bis hinten. Als Roland meinte: »Die beten ja immer das Gleiche«, entgegnete Ursel: »Es ist ganz egal, was man betet, wenn man nur betet!« Als offensichtlich das Bombardement nach einer halben Stunde zu Ende war, rief jemand: »Auf, Leute vom ›Lehrer Tal‹ [d.i. die nächste Siedlung], raus zum Löschen!« Nun strömten viele hinaus; ich zog es jedoch vor, mit den Kindern noch eine Zeitlang zuzuwarten, ob nicht noch einmal eine neue Angriffswelle sich nähere. Vorsichtig und neugierig traten wir dann ins Freie und stellten fest, daß das anliegende Glaciewäldchen völlig abgebrannt war und nur noch dreißig Zentimeter hohe, verkohlte Baumstümpfe dastanden. Auf dem nahen Güterbahnhof explodierte immer wieder ein Benzintankwagen: »Wumm!« Roland schauderte es, er war ja noch ein Kind.

Plötzlich stand Konrad (16jährig) mit seinem Cello neben uns. Er kam vom Streichquartettspielen im Osten der Stadt. Wir beschlossen, nicht als erstes zum Haus zu gehen, sondern zuvor Mutter im Krankenhaus im Osten der Stadt aufzusuchen. Doch beide Wege, der eine durch die brennende und glostende Stadt, der andere, die Stadt im Norden umgehend, waren wegen der vielen Blindgänger, die herumlagen oder in Wiesen und Äckern staken, zu gefährlich. Dies meinten jedenfalls einige, die älter als wir und kundiger waren. So strebten wir also zu unserem Haus, stiegen vorsichtig über viele Drähte, die von den Leitungen herabhingen und über umgestürzte Bäume, und gelangten zur Kienlesbergkaserne, die überhöht über der Stadt liegt.

Viele Leute kamen aus der Stadt die Wallbrücke herauf, wobei sie ihre Taschentücher vor die Augen hielten zum Schutz vor herumfliegender Asche und Rußpartikeln. Als erste kam Doris Schirmer, eine uns nahestehende Streichquartettspielerin, auf uns zu: mit der Bratsche in der einen Hand, die Hundeleine mit ihrem Hund in der anderen – eine groteske Begegnung, geradezu lustig. Offenbar ist in Situationen, wo es so recht um Tod und Leben geht, der Humor besonders rege. – Beim Überschreiten der Wallbrücke kamen wir an einigen auf der Straße liegenden Toten vorbei: »Nur schnell weiter, weiter mit den Kindern zur Mörikestraße!« Sie lag ganz nahe unserem Haus und war schwierig zu durchqueren, weil immer wieder brennende Balken auf die Straße fielen. Die meisten Häuser standen noch zur Hälfte, d.h. es war möglich gewesen, zu löschen. Die Nachbarn, die fortan in den Kellern leben mußten, erzählten: »Bei euch wehten die brennenden Vorhänge aus dem Fenster, bevor es richtig losging.« Unser Haus war weitgehend abgebrannt, die rauchenden heißen Mauerreste ein bis zwei Meter hoch. Einzig auf der Westseite stand noch im ersten Stock das Badezimmer und der Hauseingang, aus dem wir gleich die dort abgestellte Nähmaschine und eine mit Bettzeug und einigen Musikalien gefüllte Truhe herauszogen. Der Garten war gespickt mit Brandbomben, die ja bündelweise abgeworfen wurden und jetzt in der Erde oder im Gras steckten, und es zeigte sich, daß die schweren, über den Laufsteg gelegten eichenen

Bohlen völlig abgebrannt waren. Welch ein Glück, daß wir nicht versucht hatten, den Angriff im Laufgang zu überstehen oder gar im Keller; denn dort wären wir erstickt.

Abgebrannt war auch der Hühnerstall, und die verdutzten Hühner saßen mit schiefen Köpfen in den Apfelbäumen. Tatendurstig versuchten wir, sie einzufangen, was auch mit viel Gelächter gelang. Doch wohin mit ihnen? Im nebenan stehenden, aus Backsteinen gebauten Haus, das eine Waschküche und einen Raum für Gartengeräte enthielt, fanden wir einen hohen Korb, in den wir die Hühner setzten, drehten ihn um und beschwerten ihn mit Backsteinen.

Plötzlich stand Mutter da. Sie war, raus aus dem Krankenbett, in größter Erregung mitten durch die chaotische Stadt geeilt, vom äußersten Osten, wo das Krankenhaus lag, zu uns in den Westen. Ihre ersten Worte, nachdem sie uns am Leben gesehen hatte, waren: »So, nun ist Vaters Schreibtisch aufgeräumt!« Dieser Schreibtisch und alles, was in Vaters Zimmer horizontal war, war ständig belegt gewesen mit Schriftlichkeiten aus vergangenen Jahrzehnten und hatte wie ein Mühlstein auf Mutters Seele gelegen. – Vater, der mit Leuten aus der Gemeinde auf dem Dachboden der Martin-Luther-Kirche erfolgreich hatte löschen können, fand sich bald ebenfalls ein und wollte, tatendurstig wie wir, helfen, retten und tätig werden. So stieg er am Traubenspalier hinauf ins Badezimmer und warf in weitem Bogen Schwämme, Zahnbürsten, eine Niveadose u.a. in den Garten; kaum war in der Dunkelheit zu erkennen, wo die Dinge landeten. Mutter rief: »Ernst, laß doch den Blödsinn, dein Leben zu riskieren wegen einiger Schwämme!« Wir Kinder waren in geradezu fideler Stimmung ob dieser Situation und wußten doch, daß unsere schöne Heimat zerstört war, und nicht nur das Haus, sondern auch der Garten, wo in den folgenden Nächten von frierenden Nachbarn die Beerenbüsche herausgerissen wurden, die hohe Schaukel mit dem Kegelgalgen sowie die Rundbank, die Vater um den schönsten Apfelbaum gebaut hatte, abgehackt wurde zum Verfeuern.

Da wir allmählich wegen der rußgeschwängerten Luft kaum mehr atmen und mit den schmerzenden Augen nur noch blinzeln konnten, auch gar nichts mehr zu ordnen war, so entschlossen wir uns – sehr traurig – uns zu trennen. Jeder mußte sehen, wo er unterkommen konnte. Ich begleitete zusammen mit den zwei Jüngsten unsere Mutter zur Klinik. Auf dem Weg dorthin, entlang dem Michelsberg, fanden wir bei Familie Spoun Unterkommen für Ursel und Roland, die, nachdem die Glassplitter unterm Flügel weggeräumt waren, dort die Nacht durchschliefen. Wegen der Rußpartikel in der Luft nur mühsam durch Augenschlitze den Weg erspähend begleitete ich Mutter zur Klinik und konnte dort im Souterrain nächtigen.

Vierhundert englische Bomber hatten circa 92 000 Stabbrandbomben und 1500 Sprengbomben abgeworfen. 1823 Gebäude wurden völlig zerstört, etwa 1200 schwer oder mittelschwer beschädigt; 705 Menschen starben und 613 wurden verwundet (Ulmer Bilderchronik). – Am nächsten Tag mußte ich Mutter nach schwerem Abschied verlassen, holte Ursel und Roland ab aus dem Hause Spoun; wir zogen aus dem Gartenhaus den Handwagen heraus, beluden ihn mit dem Hühnerkorb und mit Bettzeug aus der Truhe und wanderten über verschneite Straßen, durch verschneite Wälder über Herrlingen, Wippingen in rund fünf Stunden nach Sonderbuch, einem Dorf, das auf der Blaubeurer Alb liegt. Es war ein ziemlich betrübtes Wandern mit unserem Wägelchen samt den Hühnern, und Roland meinte: »Jetzt kommen wir daher wie die Bettler.« Als die Straße zwischen Wippingen und Sonderbuch durch ein verschneites Tannenwäldchen führte, und wir links und rechts unter den Bäumen eine Menge gefrorener Tannenzapfen liegen sahen, erwachte plötzlich Übermut und Lebensfreude: Wir lieferten uns eine »Tannenzapfenschlacht« und wurden fast wieder normale Menschen.

Rosa, unser früheres so besonders beliebtes Dienstmädchen, führte, nachdem ihr Mann gefallen war, einen Kramladen und nahm gerne, wie verabredet und vorgesorgt, die Kinder bei sich auf. Den Feuerschein über Ulm hatte sie gesehen, die Detonationen aus der Ferne gehört und somit die Kinder erwartet. Nur wegen der unerwarteten Hühner schlug sie die Hände über dem Kopf zusammen: Sie hatte keinen Hühnerstall. Diese durften dann in den früheren Schweinestall. Erst nach mehr als 20 Jahren konnte Rosa sich entschließen, ins zerstörte und verwandelte Ulm zu gehen. – Ich mußte nun meine Geschwister verlassen, wanderte zurück und fand einige Wochen Zuflucht in einem Ulmer Außenbezirk bei Martha Zink, der Mutter meines Schulkameraden Jörg Zink und plante, mich von Ulm abzusetzen.

Für *Mutter* bedeutete die Lage einen neuen Tiefpunkt ihres Lebens: Wann je würde sie ihre Kinder wieder um sich vereinen können? Die ganze Familie war nun auseinandergerissen. *Vater* fand bei Münsterorganist Fritz Hayn ein Zimmer und hatte hauptsächlich zu tun mit Beerdigungen, half beim Ausgraben von Verschütteten, die oftmals, ganze Hausgemeinschaften im Tod vereint, in ihren Kellern von Schutt und zerbrochenen Balken erdrückt worden waren.

Peter war um die Jahreswende 1944/45 bei der Ardennenoffensive in Luxemburg eingesetzt. Der Überraschungsschlag deutscher Verbände, begünstigt durch nebliges Wetter, brachte damals die amerikanische Front kurz ins Wanken. Doch als das Wetter sich gebessert hatte, konnte die feindliche Luftwaffe ihre Überlegenheit beweisen und schoß Tag und Nacht auf alles, was sich bewegte. Peter erhielt einige Tage »Bombenurlaub«, um die Hausruine in Augenschein zu nehmen und nach seinen Angehörigen zu schauen. Die Rückkehr nahm er nicht zu seiner inzwischen nach Königsberg beorderten Truppe, Königsberg schien ihm ein fragwürdiges Ziel zu sein. Er stellte sich dumm und kehrte nach Luxemburg zurück in der Hoffnung, der Krieg ginge zu Ende. Die Reise beanspruchte viel Zeit, weil der Zugverkehr durch Fliegerangriffe stark behindert war. Er wurde nun der »Führerbegleitbrigade« unter Major Remer zugewiesen, jenem Remer, der als Hitler-treuer Offizier und Chef des

Berliner Wachbataillons bei der Niederschlagung von Stauffenbergs Putsch eine entscheidende Rolle gespielt hatte. Goebbels hatte ihm damals den Telefonhörer gereicht zu einem persönlichen Gespräch mit Hitler in der Wolfsschanze, der ihm befahl, die »Verräter« gefangenzunehmen. Peter hatte General Remer oft zu chauffieren. Dabei erklärte dieser einmal, man müsse kämpfen nicht bloß bis zur letzten Patrone, sondern bis zum letzten Blutstropfen.

Hans, 20jährig, lebte zunächst im Jugendgefängnis Heilbronn. Wir wußten nicht, ob er nach dem Angriff vom 4. Dezember noch am Leben war, bzw. unter welchen Umständen er lebte. *Konrad* mußte erkennen, daß er fortan ohne Hilfe der Eltern sich durchschlagen mußte. *Ursel und Roland* waren bei Rosa sicher untergebracht, und bald nach ihrer Genesung sollte sich auch *Mutter* für etwa ein Jahr dort einfinden.

Angesichts des Schicksals unserer Stadt, ihrer Menschen und der vielen Toten konnten wir von Glück sagen, daß wir alle noch lebten, und so schienen uns die äußeren Verluste unwichtig; die Eltern mochten schmerzlichere Empfindungen haben, hatten sie doch in vielen Jahren einen schönen Rahmen geschaffen für die große Familie, die nun in alle Winde zerstreut war. »Eine schöne Heimat war's«, hatte Vater gemeint, als wir uns in der Schreckensnacht getrennt hatten. Noch viele Jahre später, als ich in der Schweiz lebte, träumte ich von Ulm, sah eine Stadt vor mir mit vergoldeten Türmen und blitzenden Dächern – eine Art heiliges Jerusalem.

Am zweiten Tag nach dem Brand, nachdem die Jüngsten in Sonderbuch versorgt waren, traf ich mich mit Konrad an der Ruine, die schon ziemlich abgekühlt war und nur noch leicht rauchte. Da wir hungrig waren, stieg Konrad von außen durch ein Fenster vorsichtig in den noch heißen Keller hinunter. Kaum konnte er die Hitze ertragen, betrachtete aber voller Neugier, was sich da unten ereignet hatte mit Flaschen und Büchsen. Die Pfropfen der Heidelbeerflaschen waren verschwunden, und auf dem Grund der Flaschen lag eine schwarze

Masse. Alle Büchsen waren gebläht, die vielen Äpfel in den Regalen waren zusammengeschrumpelt, doch wohlbehalten waren die Kompottgläser. So reichte er mir einige Gläser mit heißem Birnenkompott herauf, das wir, auf den gefrorenen Blumenrabatten sitzend mit großem Vergnügen uns einverleibten. Wir waren in allerbester Laune und dachten an »Hans im Glück« im Grimmschen Märchen, der, als er nur noch die nackte Haut besaß, sich am glücklichsten fühlte. – Bald danach fuhr Militär vor und warf uns ein Kilo frisches Brot zu. Doch was tun als zivilisierter Mensch ohne Messer? Konrad holte die große Baumsäge und sägte auf dem Hackklotz Stücke zurecht. – Gegen Mittag wurde bekanntgegeben, an der Schillerecke gäbe es »Gulaschnudeln«. Das konnten wir uns nicht entgehen lassen. Zum Fassen der Nudeln nahmen wir Blumenübertöpfe mit, hatten aber keine Löffel. Ein älterer Herr empfing die Nudeln in seinem Hut! »Einverleiben ...«

An der Hausruine suchten wir dann im warmen Schutt der ausgebrannten Küche und des Badezimmers nach irgendetwas, das vielleicht noch erhalten und brauchbar war, und siehe da: im Dreck der abgebrannten Küche entdeckten wir meinen Kinderlöffel, aschgrau, den mir mein Stuttgarter Patenonkel Walter Hirzel zur Taufe geschenkt hatte, und im Schutt des Badezimmers fanden wir Mutters goldene Halskette, ebenfalls grau verstaubt; ich trage sie oft.

Wer einen Luftangriff erlebt hatte oder abwartend im Keller saß, fragte sich: Was eigentlich bezweckten die Briten mit der Bombardierung der Zivilbevölkerung und der systematischen Zerstörung fast aller großen und mittelgroßen deutschen Städte? Wenn sie vorhatten, die Menschen zu zermürben, so mußte es ihnen doch klar sein, daß diese Menschen keine Möglichkeit hatten, Zermürbung zum Ausdruck zu bringen. Noch mehr: Wer am »Endsieg« zweifelte, wurde zumindest verhaftet, oftmals erschossen. Grosser meint: »Die Briten warfen Bomben auf deutsche Städte, damit die Bevölkerung Hitler zur Kapitulation auffordern solle. Die Fabrikanlagen wurden sogar verschont, was später zur Wiederankurbelung der deutschen Wirtschaft beitragen sollte.«[43] Die Antwort muß dieselbe sein. Wenn es Rache war, so konnte man es verstehen. Doch ist Rache immer etwas Unwürdiges und Erbärmliches, erst recht gegenüber einem Kollektiv. Am wahrscheinlichsten ist doch die Vermutung: Sie wollten – und zwar völkerrechtswidrig – möglichst viele Deutsche ausrotten und mit der Zerstörung der Städte nichts anderes als schaden. Dies übrigens war auch die Propagandathese der Nazis, die durch die Bombenangriffe erst recht glaubwürdig wurde.

Churchill hatte nicht nur die Ideologie der Sowjets verkannt, er wußte wohl auch nichts vom Wesen einer Diktatur, etwa daß in diesem Krieg dem rasenden Hitler das Wohl der ohnmächtigen Bevölkerung ebenso gleichgültig war wie der Bestand der deutschen Städte.

1945
Ende ohne Ende

Januar: Die Sowjets errichten bei Küstrin einen Brückenkopf über die Oder, dringen weiter zur Elbe vor. Die Amerikaner überqueren am 7. März bei Remagen die versehentlich nicht gesprengte Brücke. Bei Torgau vereinigen sich die Amerikaner mit den Russen. Zusammenbruch des Reichs.

Albert Speer verhindert, daß auf Befehl Hitlers alle Verkehrsverbindungen und Produktionsanlagen gesprengt werden.

4. bis 11. Februar *Konferenz von Jalta*, ohne Vertretung Frankreichs: Aufteilung Deutschlands in Besatzungszonen.

13./14. Februar: von Churchill befohlene Luftangriffe auf das von Flüchtlingen vollgestopfte Dresden.

Am 18. März hatte Hitler gegenüber Speer gemeint: »Wenn der Krieg verlorengeht, geht auch das ganze deutsche Volk verloren [...] Es ist nicht notwendig, auf die Grundlagen, die das Volk zum Weiterleben braucht, Rücksicht zu nehmen. Im Gegenteil, es ist besser, die Dinge zu zerstören. Denn das Volk hat sich dann als das schwächere erwiesen, die Zukunft gehört dann ausschließlich dem stärkeren Ostvolk. Was nach dem Kampf übrig bleibt, sind ohnehin die Minderwertigen, denn die Guten sind gefallen«[44]

Da die Sowjets aus Ostpolen, ihrer »Westukraine«, nicht weichen, wird Polen entschädigt durch deutsches Gebiet. Am 5. Februar übernimmt Polen die »Verwaltung« in den Gebieten ostwärts der Oder-Neiße-Linie. Die Ostpreußen hatten vor ihrer Vertreibung den Einmarsch der Roten Armee überstehen müssen und wurden darauf mit größter Brutalität vertrieben. Viele sind in wilder Flucht auch übers Meer. Von Raketen getroffen sinkt die *Wilhelm Gustloff* mit einer Fracht von 6000 Menschen an Bord, die *General von Steuben* mit 3000 und die *Goya* mit 3500 Menschen. Aus dem Memelland, Ostpreußen und den polnisch »verwalteten« Gebieten entfliehen in unrechtmäßiger Massenvertreibung 9,3 Millionen Menschen; 110 000 von ihnen wurden nirgends registriert, sind vermutlich also umgekommen.

Churchill hatte am 15.12.1944 vor dem Parlament erklärt: »Es müßte die Umsiedlung von mehreren Millionen Menschen sowie die Ausweisung der Deutschen – denn geplant ist die totale, vollständige Vertreibung aus den von Polen dazugewonnenen Gebieten nach Westen und Osten – vorgenommen werden [...] Die befriedigendste und dauerhafteste Methode ist die Vertreibung. Sie wird die Vermischung von Bevölkerungen abschaffen, die zu endlosen Schwierigkeiten führen. Man wird reinen Tisch machen [...] Ich sehe auch nicht, weshalb es für die Bevölkerung Ostpreußens und anderer Gebiete [...] in Deutschland keinen Platz geben sollte. Schließlich sind 6 oder 7 Millionen gefallen.«[45]

Am 25. April Gründungskonferenz der Vereinten Nationen in San Francisco.

Hitler beendet am 30. April sein Leben mit einem Pistolenschuß, nachdem er noch am 15. April proklamiert hatte: »Berlin bleibt deutsch, Wien wird wieder deutsch, Europa wird niemals russisch.« In seinem Testament verpflichtet er die Führung der Nation »zum unbarmherzigen Widerstand gegen den Weltvergifter aller Völker, das internationale Judentum«.

Dönitz übernimmt die formelle Nachfolge und steuert kurze Zeit die Kapitulation (8. Mai). Deutschland als Staat gibt es nicht mehr; es gibt nur noch ein Staatsgebiet mit vorläufig noch undefinierten Grenzen.

Stuttgart erlebt bis zum 19. April 15 Luftangriffe mit 281 Toten. Im April dringen Amerikaner und Franzosen ein, es gibt harte Kämpfe. Freudenstadt geht in Flammen auf. Stuttgart wird am 21. April zunächst den Franzosen übergeben im alten Degerlocher Gasthof »Zum Ritter«. Nachdem Gauleiter *Murr* noch flammende Appelle von sich gegeben hatte, am 12. April: »Wer sich unterwirft, wird verachtet und geächtet [...]«, am 14. April: »Wer eine Panzersperre öffnet, wird mit dem Tode bestraft. Wer eine weiße Fahne zeigt, ebenso, auch seine Familie wird bestraft [...]«, setzt er sich wenige Tage später ins Allgäu ab und nimmt sich das Leben.

In Ulm erscheinen in der Frühe des 24. April um 1:30 Uhr auf einer der nicht gesprengten Donaubrücken der Oberbürgermeister, der Polizeidirektor, der Kreisleiter und andere Prominente aus der Partei und Stadtverwaltung, jeder mit Gefolge, vor der Brückenwache. Diese verständigt sich mit dem Stadtkommandanten, der die Leute abziehen läßt. Nur wenige Stunden vor der Besetzung der Stadt durch die Amerikaner konnten sie sich davonmachen.

Widerstand: Am 9. April werden Bonhoeffer, Oster und Canaris hingerichtet, noch am 29. April Hans Leipelt (Weiße Rose).

Am 5. Mai beginnt die Austreibung von 2,3 Millionen Sudetendeutschen, verbunden mit schweren Greueltaten und Tötungen.

Mai/Juni: Deutschland wird durch die Besatzungsmächte in den Grenzen von 1937 in vier Zonen aufgeteilt; das Saargebiet kommt vorläufig unter französische Verwaltung.

In der *Potsdamer Konferenz* (17. Juli bis 2. August) wird u.a. der Alliierte Kontrollrat ins Leben gerufen, die Vertreibung fast aller Deutscher aus der Tschechoslowakei, aus Ungarn und Polen »gebilligt«; damit fühlen die Alliierten sich nicht verantwortlich für das, was in den »polnisch verwalteten« Gebieten geschieht.

Am 19. September werden die Länder Bayern, Württemberg, Baden und Hessen geschaffen.

Im November 1945 beginnt der Nürnberger Prozeß und läuft bis 1. Oktober 1946.

Im Ausland: Am 16. Juni erster Atombombenversuch »Trinity«; 26. Juni '45 Gründung der Vereinten Nationen, Sitz in New York; 6. August '45 Atombombenabwurf über Hiroshima; 8. August '45 Atombombenabwurf über Nagasaki; 2. September Kapitulation Japans.

Stuttgart: Die Amerikaner beginnen mit der »Entnazifizierung«. Dabei muß jeder Bürger einen Fragebogen ausfüllen, der über 100 Fragen enthält. Bis zu 10 Jahren Arbeitslager können für »Hauptschuldige« verhängt werden, nur die »Unbelasteten« bleiben straffrei.

Reinhold Maier (der am 24. März 1933 dem Ermächtigungsgesetz zugestimmt hatte) wird Ministerpräsident. Die verschiedenen Ministerpräsidenten bilden einen »Länderrat«. Parteien und freie Gewerkschaften dürfen wieder gebildet werden. Am 25. September wird die CDV, die spätere CDU gegründet. – Nachdem durch die Amerikaner einige Zeitungsblätter erschienen waren, kommt als erste deutsche Zeitung die »Stuttgarter Zeitung« heraus.

Schon im Herbst wird ein freies Gerichts- und Schulwesen geschaffen; es wird ein Gemeinderat aufgestellt, der die amerikanische Verwaltung beraten soll. Es sind 36 Persönlichkeiten, von denen keine je in der NSDAP gewesen war. Zum Oberbürgermeister wird der parteilose Jurist Dr. Klett von Oberstleutnant Jackson eingesetzt.

Am 1. Oktober beginnen wieder die Schulen. Die Versorgung mit Nahrungsmitteln ist sehr schlecht, zum Heizen gibt es nur wenig Holz. Viele Tausende von Heimatvertriebenen strömen ins übervölkerte und ruinierte Land. Für sie bedeutet das Kriegsende Vertreibung aus jahrhundertealter Heimat.

Da Kreisleiter Wilhelm Maier mehrmals in Ulm in öffentlichen Reden mit der Drohung gewinkt hatte, wir beiden Hirzels, Hans und ich, seien bei unserem Prozeß zu gut weggekommen, fürchtete unsere Familie, wir beide könnten gegen Ende des Krieges beseitigt werden durch örtliche Parteifunktionäre, die selbst fürchteten bestraft zu werden. Für Hans und seinen Freund Franz in Heilbronn hatte für diesen Fall der Anstaltsarzt Prof. Dr. Gregor und seine Frau in Aussicht gestellt, sich, wenn möglich, für die beiden einzusetzen. Ich hatte seit längerem geplant, rechtzeitig, bei guter Gelegenheit, Ulm zu verlassen und nach Trossingen zu fliehen.

Ein Verwandter von Mutter, der *Akkordeonfabrikant Ernst Hohner* in Trossingen, hatte sofort, als er damals von unserer Verhaftung gehört hatte, uns wissen lassen: »Kommt nach Trossingen, wenn es brenzlig wird. Eure ganze Familie ist uns willkommen. In meinem Städtchen kann euch nichts zustoßen.« Hohner war durch die Herstellung seiner Mundharfen, die auf der ganzen Welt Verbreitung gefunden hatten, wohlhabend geworden. Er saß in vielen Gremien, die Kunst, besonders Musik betrafen, war einflußreich, sponserte da und dort, war fromm und hatte Hitler früh durchschaut. Er suchte später Konrad und mir in allen Schwierigkeiten, die wir in Trossingen hatten, zu helfen.

Mit dem jetzigen Chaos – es war die Stunde Null der Stadt Ulm – schien mir der richtige Moment gekommen, Ulm zu verlassen, obwohl es mit Androhung von Gefängnis verboten war, sich weiter als fünfzig Kilometer vom Arbeitsplatz zu entfernen. Eigentlich hätte ich bei meiner Firma Gack in der zertrümmerten und verschneiten Baracke nach Nägeln und Beißzangen suchen müssen, die unter dem Schnee lagen. Doch vor meiner Abreise wollte ich *Hans* in Heilbronn besuchen. Anfang des Jahres hatten wir von Hans einen Brief erhalten, aus dem ich einiges anführen möchte. Heilbronn war am 4. Dezember 1944 zu neunzig Prozent und das Jugendgefängnis zu zwei Drittel zerstört worden, so daß die Jugendlichen, von denen nach dem Brand ein großer Teil dem Militär übergeben worden war, in den verbliebenen Räumen sich einrichten mußten. »Unsere neue Zelle hat Parkettboden, ein Sofa und von morgen an aller Voraussicht nach einen kleinen Ofen. Franz und ich haben einige wichtige Posten inne: Verwalteradjutant, Spitalier, Bibliothekar mit Generalvollmacht zur behelfsmäßigen Wiedereinrichtung einer kleinen Bücherei; ab und zu sind wir Ausrücker für überraschende Bedürfnisse. Daß wir kaum zur Ruhe kommen, könnt ihr euch denken. Unsere Zelle ist den ganzen Tag offen und immer, wenn man sich gerade zum schon lange kalten Kaffee setzen will, wird man zu irgendeinem Drecksgeschäft abgerufen. Es geht uns also recht gut, wir haben auch nachts genügend Decken, um nicht zu frieren und sind ziemlich gut angesehen bei Gefangenen und Beamten. – Herr Verwalter Müller ist am schwersten geschädigt. Während die anderen Beamten die Anstalt längst im Stich gelassen hatten, sah er erst viele Stunden nach dem Angriff nach seiner Wohnung, sodaß dort buchstäblich nichts gerettet werden konnte. Es ist vielleicht doch kein von vornherein aussichtsloses Unternehmen, wenn ich euch in seinem Namen um die notwendigsten Küchengeräte bitte, zunächst um

1 Schaumlöffel zum Spätzle-aus-dem-Wasser-Fischen,
1 Schöpflöffel, damit man die Suppe nicht aus dem Kochtopf essen muß,
1 Schaufel zum Wenden der Bratkartoffeln in der Pfanne.

Ich habe keine Ahnung, was ihr noch habt oder etwa ausgelagert ist bei unseren früheren Dienstmädchen ...«

Da es in Ulm keinen geregelten Bahnverkehr mehr gab und die Fahrverbote der Bahn nicht mehr durchsetzbar waren, setzte ich mich in den erstbesten Zug nach Norden, nächtigte bei meinen guten Freunden Daur in Stuttgart und traf am nächsten Tag meinen Bruder wohlbehalten an, wenn auch sehr abgemagert. Zum ersten Mal seit dem Prozeß am 19. April 1943 konnte ich ein paar Worte mit ihm wechseln. Doch ihn interessierte nur, ob wir lebten und ob ich ihm wohl Eßbares überreichen könnte. Wie schon gewohnt, stellte sich der Wachtmeister mit dem Rücken gegen uns ans Fenster und gab mir so Gelegenheit, Hans einige Brote, die mir Daurs mitgegeben hatten, zu überreichen, – blitzschnell. Ich versuchte nun, am selben Tag per Zug in Richtung Stuttgart zurück zu kommen, doch es war nicht möglich, vor Abend dorthin zu gelangen. Ich stieg aus – wo mag es wohl gewesen sein? – und klopfte in der Nacht an einem Fenster, durch das ich Kerzenlicht schimmern sah, bei wildfremden Leuten an, wurde aufs freundlichste aufgenommen und schlief neben den Zweigen des Christbaums, unter und über mir ein Federbett, in schönweihnachtlicher Umgebung.

Weil die Stadt Heilbronn im April umkämpft war, schickte man die Jugendlichen mit ihren Wachtmeistern »auf Treck ins Bayerische« – wie es hieß. Der Treck war umfangreich. Da dem Gefängnis Heilbronn eine Landwirtschaft angegliedert war, marschierte eine ganze Anzahl von Kühen mit. Ferner war ein großer Leiterwagen mit beschriebenen Akten beim Treck, und sogar noch ein zweiter, mit neuen, noch zu beschreibenden Akten! Genächtigt wurde ohne Zelte im verschneiten Wald mit Planen als Unterlagen. Hans erkrankte schwer, wurde zurückgelassen in einem Bauernhaus bei Murrhardt, das einem Verwandten eines Wachtmeisters gehörte. Mit ihm blieben einige Kühe zurück, die sich wund gelaufen hatten, und Franz Müller als Krankenpfleger. Allmählich sammelten sich immer mehr Wachtmeister auf dem Hof, die das Kriegsende lieber dort, nahe bei Heilbronn, überstehen wollten. Ein amerikanischer Spähtrupp entdeckte die Gruppe, vernichtete die Waffen der Bewacher und nahm Franz und Hans für kurze Zeit in ihren Fahrzeugen mit, die sie nach Süden bewegten, was den Wünschen von Franz und Hans entsprach, da sie ja nach Ulm strebten. In Kirchheim erfuhren sie durch amerikanisches Feldtelefon, daß Ulm übergeben worden sei. Sie wurden entlassen und wanderten über die Alb »nach Hause«. Dies war für Franz und Hans der Tag der Befreiung; es war der 19. April 1945, der zweite Jahrestag des Freisler-Prozesses.

Konrad hatte sich als Flakhelfer in der Baracke, in der er leben mußte, Gelenkrheumathismus und einen Herzfehler zugezogen und wurde entlassen. Er zog im Herbst 1943 nach Trossingen, um bei Prof. Saal, der nunmehr dort lebte, sein Musikstudium zu beginnen. Ernst Hohner war für ihn ein väterlicher, hilfreicher Freund. Im sofort nach Kriegsende entstandenen »Hochschulinstitut für Musik« legte Konrad 1946 sein Examen ab. Es glückte ihm, mit Hilfe Ernst Hohners und Schweizer Verwandten am Konservatorium Bern bei Richard

Sturzenegger sein Studium fortzusetzen, bis er als Cellist vom Münchner Kammerorchester unter Christoph Stepp engagiert wurde.

Peter, bei der sogenannten Führerbegleitbrigade unter Generalmajor Remer, gehörte zwar nicht der Waffen-SS an, hatte am Ärmel aber eine schwarze Binde zu tragen, was ihm später bei der Gefangennahme durch die Russen Schwierigkeiten bereitet hat. Immerhin, er ist am Leben geblieben, während er von keinem einzigen seiner früheren Truppe je wieder etwas gehört hat; sie wurde bei Danzig aufgerieben.

Er wurde zunächst im Spreewald eingesetzt, später an der Mährischen Pforte gegen die Russen, die eindringen wollten, um Wien zu erreichen. Mit 500 nagelneuen »Tiger«-Panzern konnte dieser schmale Durchgang abgeriegelt werden. Das Kriegsende erlebte er in Schlesien, östlich von Riesa, wo er von Russen übernommen wurde und in einem 5-Tonnen-Lastwagen Marke Mercedes mit einigen Kameraden und zwei Russen zu Transportarbeiten gefahren wurde. Als durch ein Mißverständnis sich beide Russen vom Lastwagen kurz entfernten, ergriff er, ohne zu überlegen, das Steuer und fuhr ohne Wissen seiner Kameraden, die auf der Ladefläche sich befanden, Richtung Riesa, wo beim Elbübergang brav die Schranke hochgehoben wurde, da ja über dem Führerhaus eine russische Fahne wehte. Eigentlich wollte Peter recht weit Richtung Ulm fahren, doch er landete in einem riesigen amerikanischen Gefangenenlager nahe Ziegenhain, zwischen Marburg und Bad Hersfeld gelegen. Die Zustände dort waren wohl denen nicht unähnlich, unter denen russische Kriegsgefangene unter Deutschen leben mußten (siehe Seite 167). Wie es in anderen amerikanischen Lagern zuging, ist mir und Peter nicht bekannt (hierzu J. Bacque »Der geplante Tod« und »Verschwiegene Schuld«).

Der Zustrom von Soldaten, die alles drangesetzt hatten, in amerikanische und nicht in russische Gefangenschaft zu geraten, war so stark, daß das riesige Lager, etwa 10000 Menschen, diese kaum fassen konnte, und sie zunächst nur wechselweise sitzen oder stehen konnten. Erst nach fünf Tagen erhielten die Zugänge fünf Kekse zu essen und eine kleine Tube mit Streichkäse. Als Latrine wurden tiefe Gräben ausgehoben, die, gefüllt und wieder zugedeckt, wegen Platzmangels sofort wieder als schwankender Lagerplatz dienen mußten. Wochenlang lebten die Leute, Peter 14 Wochen lang, zwischen Stacheldrähten auf freiem Feld, Hitze, Regen und Gewittern ausgesetzt, dabei wäre es ein Leichtes gewesen, Decken und Kleidungsstücke von der umliegenden deutschen Bevölkerung zu erhalten. Doch bemühte man sich nicht darum. Mehrmals versuchten Bauern und Pfarrer aus der Nachbarschaft zu helfen, indem sie mit großen Leiterwagen voll unzähligen Broten ankamen; doch sie wurden abgewiesen. Ob dies den Amerikanern zuzuschreiben war, die die Leitung innehatten und mit den Gefangenen persönlich nichts zu tun haben wollten, oder ob es die aus KZ entlassenen Kölner Juden waren, denen die Essensverteilung oblag, das blieb unbekannt. Halbverhungerte und Kranke verschwanden im sogenannten »Krankenzelt«. Es waren gewiß, so schätzten die Gefangenen, in mehreren Wochen 2000 bis 3000. Der Kanadier James Bacque weist nach (»Der geplante Tod«), daß allein in französischen und amerikanischen Lagern über eine Million Gefangener ums Leben kam dank gezielter Politik General Eisenhowers und nicht durch das Chaos der Nachkriegsverhältnisse.

Peter hatte während eines Urlaubs ein englisches Lexikon mitgenommen und lernte unentwegt Vokabeln. Dank seiner Englisch-Kenntnisse gelang es ihm, dem Mülltransport zugeteilt zu werden und dabei angeschimmelte Brote und anderes zu kassieren, wobei der amerikanische Wachsoldat zur Seite schaute. – Nach seiner Entlassung wanderte er zusammen mit einem Kameraden nach Schweinfurt zu dessen Eltern, wobei sie unterwegs von Bauern ernährt wurden. Die Eltern des Kameraden erlebten am selben Tag die Heimkehr des einen Sohnes und erhielten die Todesnachricht eines anderen. Nach einigen Tagen der Erholung machte Peter sich auf in Richtung Ulm, wanderte oder fuhr in Güterwagen, in denen es zuweilen innen und außen, sowie auf den Dächern abenteuerlich zuging, denn die verschiedenen *displaced persons* haßten einander. Sie waren mit Steinen versehen, die sie auf die Menschen der entgegenkommenden Züge warfen. Sie hatten konträre Schicksale hinter sich: Die einen waren Zwangsarbeiter, die nach Osten fuhren, die andern Armeeangehörige, die nach Westen und nach Hause strebten. –

Peter suchte zunächst Vater in Ulm auf im Hause von Fritz Hayn, dann Mutter in Sonderbuch. Dort angekommen wog er sich: 1,80 Meter groß, hatte er noch 46 Kilo. Beim Aufstehen aus dem Sitzen bewegte er sich ganz langsam, um nicht einen »schwarzen Vorhang« zu bekommen. – Da es bei den Bauern an Arbeitskräften fehlte, half er bis Spätherbst einem alten Bauern, sozusagen als Dank gegenüber den Sonderbuchern, die unsere Mutter und Geschwister oft unterstützt hatten. Zur Erntezeit stand man um vier Uhr in der Frühe auf und war um halb fünf auf dem Feld. Die Kühe hatte man zum Pflügen und Ziehen, doch gab es keinerlei Maschinen. Die Städter, die ankamen, um Lebensmittel durch Tausch zu erhalten, waren wenig bereit zu helfen, etwa beim Kartoffeln ausgraben. Trotz der harten Arbeit erholte Peter sich rasch. – Im Herbst übersiedelte er nach Tübingen, wo er in einem Gartenhäuschen zusammen mit Franz Müller wohnen konnte und zunächst Mathematik studierte.

Nach drei Semestern wechselte er zum Violinstudium und zog nach Trossingen, wo Prof. Müller-Crailsheim Violine unterrichtete. Als Konrad, der von Bern aus Peter einmal besuchte, sein bettelarmes Leben sah, plante er, Peter nach Bern zu ziehen:

»Du riskierst nichts, denn noch schlechter kann es dir dort nicht gehen.« Es gelang. Er wohnte dort auf dem Dachboden des städtischen Gymnasiums, 24jährig, und verdiente sich sein Leben und sein Musikstudium bei Prof. Brun als Hausbursche der Schule, leerte die Abfalleimer, heizte im Winter die Schule, und war – wie er selbst sich ironisch betitelte – »Chef von dreiundzwanzig Putzfrauen«; dabei lernte er die verschiedensten Menschen kennen. So verdiente sich eine der Frauen durch Putzen den Grabstein für ihren verstorbenen Mann. – Ursprünglich hatte er einen dreimonatigen »Erholungsaufenthalt« in der Schweiz bewilligt bekommen; dann hatte der Rektor der Schule, Professor Moser, einen langjährigen Aufenthalt bei der Fremdenpolizei bewirken können. Mit dem Rektor spielte er öfters Streichquartett und hatte immer Zugang zu dessen erlesener englischer Bibliothek. Nach einiger Zeit wurde er »Zuzüger« im Berner Stadtorchester, konnte aber als Ausländer keine feste Anstellung bekommen, so daß er zurück nach Deutschland strebte und sofort beim ersten Probespiel Erfolg hatte: Bei den Stuttgarter Philharmonikern fand er eine Lebensstellung. Noch heute freue ich mich an einem kleinen Mülleimer, Marke Ochsner, der in meiner Waschküche steht und mich an Peters Berner Zeit erinnert. Auf seinem Deckel ist das Berner Wappen mit dem Bär zu sehen, und eingegossen sind die Worte: »Stadt Bern« – ein kleines Beutestück.

Nun *zurück zu mir* und zum Beginn des Jahres 1945. Nachdem ich Hans gesehen hatte, am Leben, machte ich mich auf nach Trossingen. Es war ja unter Strafandrohung verboten, den Arbeitsplatz zu verlassen. Ich glaubte aber, den Sprung riskieren zu können, da in Ulm Chaos herrschte und der Krieg dem Ende zuging. Ich trug mein Cello bei mir und in einem Tragnetz einige Wäschestücke, die mir Martha Zink geschenkt hatte, und einige wenige Musikalien. Ich spekulierte auf mein Glück, durch eine Kontrolle nicht erwischt zu werden, und auf die Hilfe Ernst Hohners. Während der Bahnfahrt erlebte ich feindlichen Fliegerbeschuß, wobei die Fahrgäste aufgefordert wurden, schnell, so gut es ging, unter den Eisenbahnwagen Schutz zu suchen. In Trossingen half mir Ernst Hohner zunächst, indem sein Personalchef geschickt lavierte gegenüber den Ulmer Behörden und die Antworten tunlichst hinauszögerte.

Er vermittelte mir ein Zimmer und ein eigentlich geschlossenes Restaurant, das mir privat ein tägliches Mittagessen verkaufte. Alle Restaurants waren nämlich längst geschlossen, weil das Geld keinen Wert mehr hatte. Jeden Freitag war ich zusammen mit Konrad bei Hohners zum Abendessen eingeladen und – noch wichtiger – zum Hören der »Weltchronik« des Herrn von Salis, Radio Beromünster, wobei uns nebenher Weißwein angeboten wurde in einem schönen Glas.

Gleich am Tag nach meiner Ankunft stand ich an meinem neuen Arbeitsplatz: In einer kleinen wehrwirtschaftlichen Abteilung der Fa. Hohner wurden Zünder für Granaten hergestellt, die ich mit einem kleinen Haken kontrollieren sollte, ob sie richtig reagierten.

Als ich nach zwei Tagen abends mein Zimmer betreten wollte, fand ich meine bescheidene Habe vor die Haustür gestellt: meine Wirtin hatte etwas erfahren über meine staatsfeindliche Tätigkeit, hatte es mit der Angst zu tun bekommen, jemand wie mich unter dem Dach zu haben und hatte, ohne ein Wort mit mir zu reden, mich hinausgeschmissen. Wie verachtete ich all die jämmerlichen Menschen! Ich hatte eine ohnmächtige Wut, fühlte mich hundsmiserabel.

Es gelang Konrad, der auf dem Dachboden eines großen Gebäudes nahe der Kirche wohnte, dort eine Kammer auch für mich zu mieten. Mit zehnstündiger öder und sinnloser täglicher Arbeit vergingen weitere vier Monate, bis endlich der Krieg zu Ende war. Doch da in Trossingen weder bei Tag noch bei Nacht ein Bombardement zu erwarten war, so blieben uns die Abende zum »Leben« und nachts schliefen wir ungestört.

Oft übten wir, nach einem langen Arbeitstag, noch an den Abenden auf unseren Instrumenten, oder wir lasen mit anderen jungen Leuten gemeinsam Gedichte, sangen in kleinem Chor italienische Villanellen und dreistimmige Volkslieder im Hause des Verlegers Hans Lenz und seiner Frau Hanna, in deren großem, auf allen Seiten mit Büchern bestückten Zimmer wir uns zusammenfinden konnten. Dankbar blicke ich zurück.

Viele junge Leute lebten in Trossingen, denn Ernst Hohner hatte der Stuttgarter Musikhochschule, noch bevor sie ausgebombt war, angeboten, einige der kostbaren Flügel in seinem Ort unterzustellen, dazuhin könnten Professoren und Studenten in Trossingen leben, wo keine Fliegerangriffe zu erwarten waren, und wo er wie ein König herrschte auch über die kleinstädtischen Nazi-Größen, verdankte doch fast der ganze Ort ihm das tägliche Brot. Wir konnten in der Werkskantine essen und bekamen wochenlang Kartoffelbrei mit Maggisoße. Lustig ging es dabei zu, und wir waren froh damit. Rasch bildeten sich Freundschaften; an den Sonntagen lasen wir uns gegenseitig unsere »gesammelten Gedichte« vor, wir versuchten Rilkes Duineser Elegien zu enträtseln, sogar die großen Hymnen von Hölderlin, hatten also hehre Ansprüche ... Mein kleines Hyperion-Bändchen wanderte von Hand zu Hand. Auch Professor Müller-Crailsheim, *der* Lehrer fast aller schwäbischen Violinlehrer, hatte sich dem Kartoffelbrei-Essen angeschlossen und lieh sich das Bändchen. Er kam dann in die Kantine – und alle warteten gespannt auf sein Urteil – hob die Arme, schlug sie als Zeichen seiner großen Enttäuschung nach unten und meinte: »Nichts wert! Nichts! Will groß sein und ist bloß schwäbisch klein!«

Konrad und ich waren befreundet mit dem blinden Studenten *Wolfgang Scheffel*, der Orgel- und Klavierspiel studierte, und mit seiner Begleiterin Heidi Daur. Was Wolfgang auf der Orgel zu realisieren suchte, mußte er zunächst mittels Blindenschrift auswendig lernen, dann auf der Orgel einüben. Zuletzt mußte er korrigiert werden von seiner Begleiterin, die sein Spiel mit den gedruckten Noten verglich. Im März 1945 lud er mich und Konrad samt Heidi mit geheimnisvollem Lächeln in die Trossinger Kirche ein, um uns etwas vorzuspielen. Als wir Platz genommen hatten, meinte er: »Wir feiern heute am 21. März Bachs 260. Geburtstag. Ihm zu Ehren spiele ich Euch jetzt die Passacaglia in c-moll.« Es war eine großartige Bach-Feier zu viert, die ich nicht vergesse. Wolfgang war es auch, der uns veranlaßte, Sauerkrautbüchsen, geräucherte Wurst und ganze Packen gerösteter Schwarzbrotschnitten im Gebälk des Kirchturms mäusesicher zu verstecken für den Fall, daß die zukünftigen Besatzer uns verhungern ließen ... Wie sehnten wir alle das Kriegsende herbei, hofften auf einen Neuanfang irgendwie. Ein »veni creator spiritus« lag in der Luft, es konnte ja nur Besseres kommen, es *mußte* sogar etwas viel Besseres und ganz Neues kommen.

Zuverlässige Nachrichten gab es nicht. Im Radio wurde alles schön- und schiefgeredet. Man war auf Gerüchte angewiesen. Daß die Amerikaner am Niederrhein bei Wesel und im März über die nicht zerstörte Brücke von Remagen den Rhein überschritten hatten, erfuhr man nur als unsichere Botschaft. Allzu langsam rückten die Alliierten vor. Im Süden, das betraf uns, waren die Franzosen im Vorrücken. »Endlich sind die Franzosen in Rottweil!«, hieß es gegen Ende April. Für die Nächte scharten wir uns in Gruppen zusammen. Konrad und ich verbrachten sie mit Wolfgang Scheffel und Heidi Daur im Keller von Familie Vosseler im Osten des Städtchens. Als wir eines Nachts Schüsse hörten im nahen Wald auf der anderen Seite einer großen Wiese, war klar, daß die Franzosen nun einrücken würden. Und richtig, in der Frühe des nächsten Tags hörten wir das Rollen der Panzer, und ich beschloß, zur Hauptstraße zu eilen, um, verborgen in einer Türhöhlung, dem Einrücken zuzusehen: Vorn auf dem ersten Panzer saß mit über dem Kopf gekreuzten Armen ein deutscher Landser, der offenbar Widerstand geleistet hatte. Die Panzer waren mit kleinen schwarzen Marokkanern besetzt, Vertretern der »Grande Nation«, die ihre MGs stracks nach außen hielten. Als sie vorbei waren und am Rathaus angelangt, lief die Bäckersfrau über die Straße und rief: »Jaja, so weit haben wir's gebracht!« Sie verteilten sich nun übers Städtchen, wobei sie die Häuser von Bauern bevorzugten, denn dort gab es am ehesten Lebensmittel, zum Beispiel Hähnchen, Most und Schnaps. Mit ihren Pistolen schossen sie bei Vosselers durch den Maschendraht der

Hasenställe hindurch die Kaninchen zusammen, brieten sie in der Küche, und der Hausherr durfte froh sein, wenn ein wenig Hasenfett in der Pfanne verblieben war. Die Kerle führten sich ganz lächerlich auf als Helden und große Sieger und schmückten die Bauernküchen mit Bildern de Gaulles. Man hat diesen »Sieg« den Franzosen nicht abgenommen, denn ohne die Amerikaner wären sie nicht nach Trossingen gelangt.

Daß Trossingen unzerstört blieb, ist Ernst Hohner, seinem Schwiegersohn Ernst Scherer und seinem Personalchef Auwärter zu danken, die zusammen in der Nacht vor dem Einmarsch die vom Volkssturm errichteten Barrikaden und Panzerfäuste eigenhändig weggeräumt hatten. Es war eine lebensgefährliche Tat gewesen. Auch eilte Ernst Hohner, kaum, daß das Rathaus besetzt war, dorthin, um zu verhandeln und um zu verhüten, daß in seinen Fabrikanlagen oder sonstwo irgendetwas zerstört würde. – Daß Hitler sich umgebracht hatte, erfuhr man, doch bewegte es niemanden, die ganze Epoche war vorüber, Hitler existierte nicht mehr, und der ganze schauerliche Hokuspokus, den er heraufbeschworen hatte, war erloschen wie eine Fata morgana. Wo war nun die nationale Weltanschauung, der »fanatische Glaube« plötzlich geblieben? Wenige Tage später, als ich mit einer Freundin nahe der Stadt über eine Wiese spazierte, erschienen am Himmel Hunderte schwarzer Vögel, Flugzeuge der Besatzer, zum Zeichen des endgültigen Sieges. Am liebsten wären wir in ein Mauseloch verkrochen, und wir bildeten uns ein, die Erde würde zittern.

Zunächst mußten auf dem Rathaus sämtliche Radios abgegeben werden, so daß man vollkommen unwissend sich in der Luft hängen fühlte. Von abends 18 Uhr an bis um 8 Uhr früh durfte sich niemand auf der Straße zeigen – sonst wurde man verprügelt, ganz einfach. Als diese Bestimmung nach vier Wochen gelockert wurde, spazierte ich mit meiner Freundin Doris los in den nächsten Wald, zugegeben, es war etwas weiter als erlaubt. Als wir auf Wiesen- und Ackerland heraustraten, sahen wir plötzlich zwei Schwarze auftauchen, deren Gewehre an den Schultern baumelten; sie hatten Langeweile und liefen uns eilig nach. Wir begannen wegzurennen, doch da Doris dick und kurzatmig war, hatten sie uns bald erreicht, wurden frech und handgreiflich. Groß war die Gefahr! Doch siehe da: Als wahrer deus ex machina kam ein Hase aus einem Getreidefeld gerannt, ein Schuß krachte, der Hase rannte mühsam auf drei Beinen humpelnd um sein Leben, und die Kerle rannten der mehr versprechenden Beute nach. Wir versteckten uns bis zum Einbruch der Nacht unter hohen Farnkräutern und machten uns dann eilig nach Hause.

Ich war nun beinahe vierundzwanzig Jahre alt und fühlte genau, daß eigentlich die Jahre des Lernens und Sammelns vorüber waren; daß Tausende in derselben Lage waren, bedeutete keinen Trost. Ich wollte etwas aufbauen, meinen Lebensunterhalt verdienen – doch womit? So bitter es war, ich entschloß mich, da ich schon drei Semester und eine Zwischenprüfung hinter mir hatte, den an der Stuttgarter Musikhochschule begonnenen Weg weiter zu verfolgen, mich aber ganz aufs Cellospiel zu verlegen. So würde ich am schnellsten in der Lage sein, mich zu ernähren. Mein Können am Klavier genügte längst fürs Nebenfach, Theorie würde mir nicht schwer fallen. Es galt also, tüchtig Cellotechnik zu erlernen, und dazu schien mir die Großstadt der richtige Platz, sei sie noch so zertrümmert. Die Schwester meines Vaters, Tante *Hedwig Thibaut*, wohnte in Stuttgart-Sillenbuch neben ihrem zerstörten Haus in einer Drei-Zimmer-Wohnung. Sie war verpflichtet, zwei Zimmer zu vermieten, nahm ins eine Zimmer meine Freundin Doris Kümmell auf, die Schülerin von Willi Baumeister wurde, ins andere mich, obwohl ich mit meiner Musik, von ihr getrennt nur durch eine gewöhnliche Türe, für sie eine problematische Mieterin war. Man war damals sehr großzügig.

Zuerst suchte ich meine alten Freunde Daur auf. Sie hatten ihren einzigen Sohn in Rußland verloren. Als ich in der Kirche nebenan Orgelspiel hörte, suchte ich den Orgelspieler auf:

es war, wie ich vermutet hatte, Professor Keller, der mir damals über Professor Saal ins Gefängnis Gotteszell Grüße gesandt hatte. Mit zitternder Stimme erzählte er mir, er habe drei seiner Söhne verloren. Alle waren Hitlerfeinde gewesen. Ich wußte davon, weil der jüngste von ihnen, Axel, im Briefwechsel mit Sofie gestanden hatte.

Recht hinderlich waren meine Herzschmerzen. Der Arzt meinte, das Herz sei in Ordnung, ich müsse zum Therapeuten und nannte mir *Dr. Schottlaender* in der Degerlocher Löwenstraße. »Kotz alles raus, mein Kind, ich will gerne zuhören«, so begann der Heilsweg, der mich auch von den Schuldgefühlen gegenüber meiner Mutter befreite. Er war ein hervorragender Seelenarzt und für mich bald ein guter Freund. So war die Löwenstraße 123 neben meinem privaten Cellostudium bei Konzertmeister Ferdinand Merten ein Jahr lang der wunderbare Mittelpunkt meiner Welt: seine Frau Hedwig mit ihrem Flügel und ihrem geschickten Klavierspiel, sein Zimmer mit all seinen Büchern, die mir zur Verfügung standen (mir und den Eltern war ja alles verbrannt, Bibliotheken existierten noch nicht) und eben »Er«. Er liebte und verehrte Goethe und den französischen Philosophen Bergson.

Ein Bonmot von ihm: »Halbe Narren sind wir alle, ganze Narren sperrt man ein, doch mit den Dreiviertelsnarren hat man seine liebe Pein.«

Im Oktober kam unter Mitwirkung einiger Ökumeniker das »Stuttgarter Schuldbekenntnis« zustande, wurde aber von der Bevölkerung nicht wirklich angenommen. Es war halbherzig, es meinte, man habe »nicht mutig genug bekannt, nicht fröhlich genug geglaubt, [...]« und ging auf die Vernichtung der Juden mit keinem Wort ein.[46]

Der Nürnberger Prozeß, der im November begann, interessierte zunächst wenig, denn wichtiger war, Essen aufzutreiben, und später erweckte er recht zwiespältige Gefühle: so wurde zum Beispiel Papen freigesprochen, dem zu einem guten Teil

Hitlers Machtergreifung zu verdanken war – auch er hatte ihn wie viele andere unterschätzt.

Es war die eigentliche Hungerszeit, der Winter 1945/46, dann der sehr kalte Winter 1946/47, wo man Brennesselspinat aß, wo man aus Hefe, Wasser, Mehl und Salz den berühmten Hefebrotaufstrich fabrizierte, wo man stundenlang um einen einzigen Salzhering anstand, und ich mit einem Handwagen weit über Land ging, um mit etwa fünfzehn Filderkrautköpfen heimzukehren. Massen von Menschen krabbelten in den Buchenwäldern des Schönbuchs herum und suchten nach Bucheckern und Eicheln, die, gemahlen, dem Brotmehl beigemengt wurden. Große Hilfe erfuhren die Württemberger durch *private* Unternehmungen wie Care; die Schulkinder durch die großartige Stiftung des amerikanischen Ex-Präsidenten Hoover, ich persönlich durch Lebensmittelpakete einer schwedischen Organistin, die ich nie kennenlernen konnte. Doris erhielt »Freßpakete« durch einen amerikanischen Onkel. Anbetend knieten wir vor den geöffneten Paketen und bestaunten die Herrlichkeiten: Tee, Kaffee, Fett, Rosinen. Dies konnte nun mit den häufig erscheinenden Freunden geteilt werden. Vor den Besatzern türmten sich die Probleme: Jede Ordnung war zusammengebrochen, es drohten Hungersnot und Epidemien. Die amerikanischen Militärverwalter begannen sofort zu ordnen und waren gezwungen, viele frühere Beamte bald wieder einzusetzen.

Im Herbst 1945 war *Vater* zum ersten Pfarrer an der Sindelfinger Martinskirche ernannt worden, Roland und Ursel gingen nun dort zur Schule, und als neues Familienmitglied wohnte unser *Großvater, Robert Gradmann*, bei den Eltern, zu aller und besonders zu Mutters Freude, die sehr an ihrem Vater hing. Großvaters Tübinger Wohnung war von den Franzosen beschlagnahmt worden. So war es das Gegebene, daß er zu seiner Tochter zog, wobei die Hirzels mit seinem Hausrat sich wieder einrichten und einigermaßen normal leben konnten, wenn auch sehr beengt, denn Sindelfingen wurde von Flüchtlingen überflutet, und bald war jeder fünfte Einwohner ein vertriebener Deutscher.

Unsere Eltern waren befreundet mit einem Flüchtlingsehepaar, Baron von Hahn, die ihr großes Gut in Ostpreußen verlassen mußten und nun mit ihren mitgebrachten Trakehnerpferden Schutt transportierten für Daimler-Sindelfingen oder Hochzeitsgesellschaften in ihrer Kutsche zur Kirche fuhren. Die Flüchtlinge wurden durch das Bürgermeisteramt den Häusern zugeteilt, und man richtete sich eben darauf ein. So mußte das Bett des elfjährigen Roland im Treppenhaus an einer Wendung der Treppe stehen. Jetzt und in den nächsten Jahren seines Heranwachsens hatte er nicht das kleinste eigene Plätzchen im Hause. Wenn wir erwachsenen Kinder zu Kurzbesuchen nach Hause kamen, nächtigten wir auf dem Dachboden unter den Ziegeln. Im Winter war der obere Teil der Zudecke durch den Atem des Schläfers gefroren, nachts hörten wir das Remmidemmi der Mäuse, und als ich eines Morgens erwachte, hatte ich das seltene Erlebnis, einer Maus, die am Bettende auf dem Bettpfosten saß, einige Sekunden lang voll in die Augen zu blicken. – Mutter hatte die große und zuweilen schwierige Aufgabe, Kleidungsstücke und Decken aus amerikanischen Hilfslieferungen so unter den völlig verarmten Flüchtlingen zu verteilen, daß sie einander nichts neideten. Sie wohnten oft Wand an Wand, manche in einer Holzbaracke im Wald unter primitivsten Bedingungen. Ihr Los war hart. Sie mußten das Kriegsende als schwere Niederlage empfinden.

Jeder, der die erste Nachkriegszeit erlebt hat, sagt: »So etwas kann nie wieder kommen.« »So etwas«, das hieß: Alt und Jung redete einander mit »du« an; Habgier, Titel und Titelsucht waren noch nicht wiedererwacht, es gab keine Klassengegensätze; man freute sich an jedem einzelnen Soldaten, der zurückkehrte. Auch zeigte sich damals, als die »Entnazifizierung« erst begann, noch kein Haß gegenüber den Amerikanern, den Besatzern. Ebenso wie mein Bruder Hans dachten auch Scholls nicht daran, ihre Denunzianten anzuzeigen. Man sah die Armut, das

Elend der Vertriebenen, die mit großer Geschicklichkeit der Ämter in den verbliebenen Häusern und in Baracken untergebracht wurden; man half, man teilte und akzeptierte den Druck der Behörden. Die Amerikaner leisteten Großartiges. Sie errichteten rasch eine effiziente und auch humane Verwaltung, sie halfen beim Aufbau der zerstörten Städte und der Demokratie. Ein tiefes Aufatmen war zu spüren. Hoffnung gesellte sich zu Schmerz und Trauer, beflügelte die Menschen zu der harten Arbeit, die auf sie zukommen sollte, auf dieselben Menschen, die Hitler hatten hochkommen lassen und den Krieg durchgestanden hatten.

... und doch bahnt sich eine Zukunft an

Während die Russen ihrer Zone das sowjetische System aufzwingen, fördern die westlichen Alliierten in ihren Gebieten die Demokratisierung. Am 5. März 1946 geht die »Entnazifizierung« in deutsche Hände über, in die »Spruchkammern« der Deutschen. Wie hätten auch die Amerikaner z.B. einen Ritterkreuzträger einstufen sollen?

In der französisch besetzten Zone (Baden und Hohenzollern, Neckartal) geht alles langsamer voran, weil die Franzosen in der Landwirtschaft und Industrie alles rauben, was sie irgend brauchen können. Tausende von Maschinen werden weggeschafft, viele Hänge im Schwarzwald abgeholzt, die Bahnschienen von Donaueschingen bis Freiburg abmontiert. Doch wird die kulturelle Öffnung nach Westen (französische Filme, Musik, Interpreten und amerikanische Literatur) dankbar begrüßt.

In der amerikanischen Zone müssen über eine halbe Million Flüchtlinge untergebracht werden. Es herrscht großer Mangel an Nahrungsmitteln und Kleidern. Die amerikanischen Pakete über Care und andere private Institutionen bedeuten eine entscheidende Hilfe. Zum Heizen gibt es nur Holz in genau bemessenen Portionen, und der Winter 1946/47 war besonders hart.

Schon im Winter 1944/45, noch während des Krieges, hatten die »wilden Vertreibungen« angefangen; nun werden nach dem Potsdamer Vertrag die »ordnungsgemäßen« vollzogen, laut Churchill »notwendig für die zukünftige Sicherheit Europas«, und dauern bis 1948. Der 8. Mai '45 hatte zwar das Ende deutscher Gegenwehr gegen die alliierten Heere endlich gebracht, jedoch nicht das Ende der Feindseligkeiten gegen Deutsche.

Aus Ost-, Mittelost- und Südosteuropa müssen insgesamt 15 Millionen Menschen ihre Heimat verlassen, wobei das Schicksal von 4 Millionen ungewiß ist; sie sind weder in der DDR noch in der BRD registriert worden, sind wahrscheinlich also durch Hunger, Erschöpfung, Mord umgekommen. Damit ist die Zahl der nach der Kapitulation Umgekommenen etwa dieselbe wie die der durch Kampfhandlungen Getöteten und Vermißten.

Tausend Züge mit insgesamt 1,2 Millionen Sudetendeutschen kommen in die amerikanische, 700 Züge mit insgesamt 750 000 Vertriebenen in die sowjetisch besetzte Zone, 200 000 Ungarndeutsche und 300 000 aus Jugoslawien kamen nach Süddeutschland. Es war eine Völkerwanderung. Dazuhin starben wahrscheinlich Millionen deutscher Kriegsgefangener durch unmenschliche Behandlung. Dieser »Krieg nach dem Krieg« brachte Verluste, die denen eines großen Volks in einem blutigen Krieg entsprechen. Besonders die Donauschwaben und die Sudetendeutschen wurden – beladen mit den Verbrechen ihrer Führung und als deutsche Kriegsverlierer – barbarisch mißhandelt und verfolgt. So wurden zum Beispiel am 31. Juli 1945 auf der Benesch-Brücke in Aussig etwa 3000 Deutsche erschossen oder erschlagen. Im böhmischen Postelberg werden 763 Leichen exhumiert. Dabei waren die Sudetendeutschen 1919 in den neuen, problematischen Staat ČSR hineingezwungen worden. Im Ganzen sind 267 000 Sudetendeutsche umgekommen.

Nachdem die Amerikaner entdeckt hatten, daß der Plan ihres Finanzministers Morgenthau und seines Stellvertreters James White, aus Deutschland ein »Weideland« zu machen, ihnen nicht nützlich sein, sondern ein gefährliches Vakuum für einen erstarkenden Kommunismus schaffen würde, entschlossen sie sich mit Truman, Deutschland zu unterstützen, es politisch und wirtschaftlich selbständig werden zu lassen und in den Kreis der zivilisierten Völker wieder aufzunehmen. Dies bedeutete die berühmte »speech of hope« des amerikanischen Außenministers James Byrnes am 6. September 1946 in Stuttgart, in deren Folge die großartige Marshallhilfe geplant wurde, die nach heutigen Werten insgesamt 90 Mrd. Dollar betrug. Dazuhin wurde betont, das Ausmaß der Gebietsabtretungen an Polen stehe noch nicht fest, und die USA hätten sich nicht verpflichtet, die Abtretung der polnischen Verwaltungsgebiete auf einer Friedenskonferenz zu unterstützen.

Am 1. Oktober '46 endet der »Nürnberger Prozeß«, am 16. Oktober werden die Todesurteile vollstreckt.

In Stuttgart entwickelt sich mit den Oberbürgermeistern Arnulf Klett und später Manfred Rommel eine echte amerikanisch-deutsche Freundschaft.

Am 1. Februar '46 eröffnet die Musikhochschule unter der zunächst kommissarischen Leitung von Prof. Hermann Keller. Karl Münchinger gründet das bald so berühmte »Stuttgarter Kammerorchester«.

Am 30. Juni nimmt die verfassunggebende Versammlung den Entwurf von Carlo Schmid an, dem die Wähler in Württemberg zu 90 % zustimmen.

Professor Hermann Keller war in Musikerkreisen ganz Württembergs hoch angesehen und nun *die* tragende Persönlichkeit. Unter Hitler hatte er es zustandegebracht, dank der hohen Achtung, die er genoß, seine Stellung als Leiter der Kirchenmusikabteilung zu halten, ohne Parteigenosse zu sein. Nun baute er die Musikhochschule wieder auf, das hieß, er suchte nach behelfsmäßigen Räumen für den Unterricht in der Nähe des zertrümmerten bisherigen Gebäudes, und da nur wenige der früheren Lehrer zur Verfügung standen, mußten neue gefunden und verpflichtet werden, z.B. Karl Marx, Else Herold, Ferdinand Merten, Liesedore Prätorius. Er war auch gezwungen, Lehrkräfte zu finden, die – vielleicht fachfremd – dennoch gut unterrichteten. Ich trat ein, belegte die pädagogischen Fächer, nahm bei Prof. Dr. Erpf Privatstunden in Harmonielehre und Kontrapunkt und übte Cello so intensiv wie möglich, nach wie vor bei Konzertmeister Merten, der nun an der Musikhochschule engagiert war. Da die Lehrer oft in Notunterkünften und im weiteren Umkreis der Stadt wohnten und in den eigenen Räumen unterrichten mußten, hatten wir Studenten zuweilen kreuz und quer durch die Stadt zu fahren bzw. lange Wege zu gehen. Manche waren eher Spaziergänger als Studierende. Die Straßenbahnen funktionierten großenteils, die Trümmer zu beiden Seiten nahmen wir kaum wahr, Zuversicht erfüllte uns; nachdem wir einen langen Tunnel durchschritten hatten, blickten wir wieder vorwärts, versuchten sogar, vorsichtig zu planen. – Abenteuerlich trampten wir nach Karlsruhe, um dort einen bestimmten Klavierabend zu hören, und spät in der Nacht ging es wieder zurück.

Die »Weiße Rose« interessierte niemanden, die Assoziation mit ihr konnte sogar ungünstig wirken. Hans gab bei Stellenbewerbungen, in denen er seinen Lebenslauf darlegen mußte, immer an, er sei »in Gefangenschaft« (nicht im Gefängnis) gewesen. Später lehnte die Generation der 68er die »Weiße Rose« ab; das sei ein dilettantisches Unterfangen gewesen. Es wurden sogar Gedenkfeiern gestört.

Das Studieren bestand aus recht saurer Arbeit, denn die Schwierigkeiten waren groß. Da war zunächst der ständige Hunger und das zeitraubende Anstehen nach Lebensmitteln. Zuweilen konnte ich mit meiner Freundin Doris im Sillenbucher Gasthof »Rose« essen, was ein freundliches Entgegenkommen der Wirtsleute bedeutete. Da jeder wußte, daß in kurzer Zeit eine Geldentwertung kommen würde, hatte niemand Interesse am Geldverdienen. Aus diesem Grund gab es auch kein Gemüse und keinen Salat zu kaufen. – In der kalten Jahreszeit mußten wir uns mit einem sogenannten »Kanonenöfchen« behelfen, das ich aufgetrieben hatte, aber nur in Doris' Zimmer aufgestellt werden konnte. Jeweils nach zehn Minuten mußte ein Holzscheit nachgelegt werden. Wie sollte man unter solchen Umständen konzentriert arbeiten können? Die Gasmenge war kontingentiert. Als wir die erlaubte Menge einmal überschritten hatten, wurde der Gashahn gesperrt. Ich suchte die »Technischen Werke« auf und zeigte den Beamten meinen politischen Ausweis und – siehe da: zwei Stunden später kam derselbe Gasmann und öffnete wieder den Hahnen mit der Bemerkung, so etwas sei ihm noch nie passiert.

Abenteuerlich war auch manchmal die Straßenbahnreise zur Wohnung von Professor Merten. Zum einen hatte ich einen dick mit Holzscheiten bepackten Rucksack auf dem Rücken (damit Mertens heizen konnten), zum anderen mußte ich in der überfüllten Straßenbahn mein Cello waagerecht über den Köpfen der Leute halten, damit es nicht erdrückt wurde. Saiten gab es nicht zu kaufen. So bedeutete es mir sehr viel, als mir mein Lehrer einmal eine A-Saite schenkte. – Von den politischen Vorgängen blieben wir so gut wie unberührt, denn weder konnten wir uns ein Radio kaufen, noch eine Zeitung bezahlen. Um so wichtiger waren unsere Freundschaften und die Stunden gemeinsamer Arbeit im Hochschulchor und mit meinem Streichquartett, diesmal einem Damenquartett.

Professor Saal lebte wieder in Stuttgart und war schwer herzkrank. Als früherer Parteigenosse und Dozentenführer war er finanziell in so schlechten Verhältnissen, daß er nicht in der Lage war, die nötigen Spritzen zur Herzbehandlung zu bezahlen. Vater suchte ihm zu helfen, indem er im Freundeskreis für ihn sammelte. Als ich ihn im Krankenhaus besuchte, lag er da auf seinem weißen Kissen und meinte: »Cello spielen kann ich nicht mehr, ich übe jetzt Blockflöte.« Damit griff er in den Nachtkasten nach einer Blockflöte und spielte ein Kinderliedchen. Dann meinte er: »So, Suschen, nun zeig' ich dir etwas ganz anderes.« Er ergriff ein frisches großes Taschentuch und unterhielt mich wohl zwanzig Minuten lang mit Taschentuchkunststückchen und freute sich, wenn er mich durch kleine Tricks foppen konnte. Dies war meine letzte Begegnung mit ihm.

Schon im Herbst und Winter 1945 hatten die ersten Konzerte wieder begonnen. Else Herold mit ihrem Klavier, Karl Freund mit der Violine waren zu hören und an Weihnachten in der Markuskirche unter Hans Grischkats Leitung zum ersten Mal wieder Bachs Weihnachtsoratorium – es war einfach wunderbar. Karl Münchinger gründete 1946 sein bald so berühmtes »Stuttgarter Kammerorchester«. Der Süddeutsche Rundfunk probte im Degerlocher Straßenbahnerwaldheim, und im Großen Haus des Staatstheaters fanden Konzerte statt, die man, da zunächst noch nicht geheizt werden konnte, zuweilen im

Mantel anhörte. Theateraufführungen waren dort jedoch noch lange nicht möglich, da die Hinterbühne nicht verwendbar war. In der ruinierten Liederhalle gab es noch einen kleinen Saal für Liederabende und Vorträge, Kammermusik hörte man im Furtbachhaus.

Bereits in diesem Jahr gab es größere und kleinere *Feste* und Hauskonzerte, so im Verlagshaus Enke an der Hasenbergsteige (heute Sitz der »Bach-Akademie«) ein Hauskonzert mit dem Wendlingquartett, auch ein ganz bescheidenes familiäres Hauskonzert bei meinen Eltern im Sindelfinger Pfarrhaus, und ein erstes unvergeßliches Hochschulfest im Schloß Hohenheim. Mit Buchenzweigen beladen waren die einzelnen Gruppen aus den umliegenden Wäldern hergewandert und schmückten zunächst den Saal. Zur Eröffnung zog ein langer, übermütig und festlich gestimmter Polonaisezug durch die Wege des Parks, vornedraus als erster der tanzfreudige Professor Keller, wobei eine vorausziehende Bläsergruppe gewaltig Krach machte und der Pauker die Schlegel in den Pausen hoch in die Luft wirbelte. Beim nachfolgenden Gerstenkaffee mit Schwarzmehlwecken schlugen die Wogen der Stimmung immer höher, man sprang buchstäblich über Tische und Bänke, und es gab kein Ende mit den vielen Sketches. Den Vogel schoß dabei eine schon ältere Lehrerin für Gehörbildung ab, die zweistimmig pfeifen konnte: »Ich hatt' einen Kameraden«, die Melodie gepfiffen, dazu aus dem Bauch taktgerecht herausgedrückte Brummtöne. Riesenbeifall.

Da dieses Studium nur ein Notstudium war, und die Umstände nur ein Sich-Hindurchwürgen ermöglichten, meldete ich mich früh, nach insgesamt nur sechs Semestern, im Sommer 1947 zum Privatmusiklehrerexamen an. Da ich beim Teilexamen 1942 sehr gut benotet worden war, konnte es jetzt nicht ganz schiefgehen. Als pädagogische Examensarbeit hatte ich mich an einem kurzen »Lehrgang fürs erste Studienjahr« versucht. Ich hatte dann im Sommer 1947 zwar ein gutes Diplompapier in der Hand, aber keineswegs das Gefühl, richtig ausgebildet zu sein. Doch wie weiter? Und wovon leben? In Karl Münchingers Kammerorchester einzutreten konnte ich mich nicht entschließen, ich wollte noch lernen. Von der staatlichen Wiedergutmachung erhielt ich Zuwendungen, doch konnte ich davon nicht leben ohne die heimatlich-schwäbischen Beziehungen.

Da erhielt ich im *Frühjahr 1947* überraschend von einem Monsieur Lacant, dem französischen Verwaltungschef der Universität Freiburg, die Einladung, ihn zu einem Gespräch aufzusuchen. Er empfing mich unter vielen Wartenden mit bisher nie gekannter Höflichkeit und erklärte mir, es bestünde für mich die Möglichkeit, eine gewisse Zeit an der Basler Universität (nicht am Konservatorium) zu hören. Die »Markgräfler Aktion« verband schon in Friedenszeiten Basler und Freiburger Studenten in wechselndem Austausch, um die nachbarlichen Beziehungen zu pflegen. In den ersten Nachkriegsjahren war es für Basler Studenten nicht sonderlich verlockend, in Freiburg zu leben, jedoch umgekehrt war es für deutsche Studenten vielversprechend, ein bis zwei Semester in Basel zu verbringen. Monsieur Lacant, der die Auswahl zu treffen hatte, bevorzugte politisch Verfolgte. Da griff ich zu, und sei es nur, um einige Monate lang satt zu werden, eine Stadt ohne Ruinen zu sehen und mein Land von draußen betrachten zu können. Zunächst benötigte ich in Stuttgart die Erlaubnis der Amerikaner, die die obersten Behörden mit hervorragenden Leuten besetzt hatten; es waren meist deutsch-sprechende Emigranten. Ein Herr Rosenthal war baß erstaunt darüber, daß die Franzosen sich um jemanden aus der amerikanischen Zone kümmerten. Ohne weiteres erhielt ich die benötigten Papiere und mietete mich im Sommer 1947 in einem nicht bewirtschafteten Hotel in Lörrach ein, suchte in Basel zwei deutsch-schweizerische Familien auf, denen ich von zu Hause aus schon angekündigt war. Am nächsten Tag spielte ich dem Solocellisten des Basler Orchesters und Lehrer am Konservatorium *Dr. August Wenzinger* vor, der sich interessiert zeigte, der mir gleich Korrektur gab und mich dann nicht nur viele Jahre fesselte als erfahrener Lehrer, sondern mich auch unterstützte durch regelmäßigen Mittagstisch in seinem Haus zusammen mit anderen Studenten.

Ich war also zunächst Grenzgängerin, wobei der Rückweg von Basel nach Lörrach auf ganz legale Weise einträglich war, da die Mark sehr wenig Wert hatte, hingegen der Franken kostbar war. Durch verschiedene simple Tätigkeiten in Basel konnte ich ein wenig verdienen, wobei dann meine Franken auf der anderen Seite der Grenze zehnmal soviel Wert hatten. Dazuhin war es ein lustiger Sport, zu schmuggeln und ein Riesenspaß, wenn wir, das heißt Heiner Guter, Franz Müller und ich, die wir auf derselben Anklagebank gesessen hatten und nun alle drei im »Hotel Sonne« wieder zusammen waren, am Abend auspackten: Zigarren, kleine Schnapsfläschchen, Tee, Kaffee, Wolle. Ausgerechnet als ich mir einmal Wollestränge um den Bauch gewickelt hatte, wurde ich am Zoll absolut total untersucht, wurde der Sünde überführt, mußte mich wieder ankleiden und äußerst sorgenvoll zur Zollverwaltung begeben (ich fürchtete nämlich, nun sei es aus mit Basel und meinen Grenzübertritten), erfuhr aber dort, daß seit dem vorigen Tag Wolle »frei« sei. – Gelegentlich sandte Frau Staehelin, Gattin eines Theologieprofessors, einen Sack Erbsen nach Lörrach, so daß die Küche im unbewirtschafteten »Hotel Sonne« uns ein Abendessen zubereiten konnte. Bis dahin hatte ich ja einen bescheidenen Betrag durch die staatliche »Wiedergutmachung« erhalten. Nun, da ich mich durch den Grenzübertritt, durch Schmuggel und verschiedene Tätigkeiten in Basel selbst über Wasser halten konnte, verzichtete ich auf diese Hilfe des ruinierten deutschen Steuerzahlers.

Nach spätestens einem Jahr, so hatte ich gedacht, würde ich wieder ins Schwabenland zurückkehren; doch ich hatte das große Glück, einen guten Lehrer und gute Freunde gefunden zu haben, und so wagte ich im Frühjahr 1948 den Sprung hinüber nach Basel, zunächst zu Martha Senn in der Bundesstraße, später zu Familie Apotheker Palm und anderen, bis ich mich schließlich selbständig machen konnte, nachdem ich endlich die Erlaubnis zum Unterrichten erhalten hatte. Zwar hatte ich bereits illegal unterrichtet, doch nun konnte ich mich anders ausbreiten, unterrichtete samstags auch in Zofingen, dazuhin spendete ich Blut, putzte gelegentlich, versorgte Kinder und Hunde, spielte während der Saison innerhalb einer internationalen Gruppe zusammen mit Russen und Italienern an Wochenenden in Cafés und Restaurants – und nahm Cellostunden. Hatte ich Geld übrig, so kaufte ich Chesterfield-Zigaretten und sandte sie an Peter, als er noch in Tübingen lebte; er verkaufte sie an Franzosen in Tübinger Kneipen oder am Stuttgarter Hauptbahnhof für ungefähr 100 Mark ein Päckchen – für ihn damals eine wesentliche Lebensgrundlage. Doch obwohl ich sehr gute Freunde hatte und beruflichen Erfolg, fühlte ich mich noch nach einem Jahrzehnt in Basel nicht wirklich integriert. Ich fühlte mich wohl, weil weniger Spannung in der Luft lag und ein hohes Maß an Rechtlichkeit, Anstand und Traditionsbewußtsein herrschte. Zweifellos ging es zu Hause wilder zu. Ich befand mich aber zwischen zwei Stühlen: weder der Schweiz noch der BRD fühlte ich mich eigentlich zugehörig. Das war, so empfand ich, auf die Dauer nicht das richtige. – Es wurden schließlich dreizehn Jahre, bis ich zurückkehrte, um Wolfgang Zeller zu heiraten, meinen Eltern näher zu sein und um wieder unter schwäbischem Himmel zu leben.

Anhang

Haecker aus »Schöpfung und Schöpfer«

Es ist nicht so, daß der Tod das Persönlichste des Menschen ist, denn ihn teilt er ja mit der Pflanze und noch intimer mit dem Tiere, sondern das persönlichste des Menschen ist das Gewissen, das in sich über den Tod hinausgeht. Nach der Lehre des Hl. Thomas wissen die Engel zwar um die Stunde des Todes eines jeden Menschen, aber auch nicht der Größte ihrer hat Einsicht in den Gewissenszustand auch nur des geringsten Menschen. Die Kenntnis seines Gewissens teilt der Mensch allein mit dem Schöpfer. Auch was der Priester sagt, muß er *zuvor* erforscht haben *allein* mit seinem Schöpfer. Es gibt kein Gewissen, das nur für das diesseitige gälte, das ist eine zweifellose Verkennung des Tatbestands, da unzählige Erfahrungen beweisen, daß das Gewissen gerade kurz vor seinem Tode, wenn gar keine Aussicht mehr ist auf das »Diesseits«, sich regt; das Gewissen überschreitet den Tod, ist *persönlicher* als der Tod. Zwar ist die Person, das höchste Sein und Dasein, durch nichts anderes erklärbar, bestimmbar, identifizierbar als durch sie selbst in der Analogie mit der göttlichen Person, also daß auch die Person nicht identisch ist mit dem Gewissen, sie ist es nur mit sich selbst, die unsagbarer ist als das individuum ineffabile, aber das Gewissen ist am nächsten der erschaffenen Person, konstituiert sie mit, ohne sie selber zu sein. Das Gewissen ist erziehbar und kann zugrunde gehen ohne die Ernährung und Erhaltung durch das Wort Gottes, durch die objektive Offenbarung, welche in die Hut der Kirche gelegt ist.

Dennoch: das Herz des Menschen ist größer als all das. Es ahnt, daß der Urquell seines Seins noch tiefer reicht, und es läßt nicht ab von der Sehnsucht nach ihm. Gott als Schöpfer und Gott als Richter, das läßt in seinem Herzen noch eine ganz unendliche Wüste frei – das schafft Staunen, schafft Furcht in einem überwältigenden Maße, aber in einem unvorhergesehenen Augenblick läßt das alles das Herz des Menschen leer. Das ewige, unvergängliche Blut, nach dem das Herz des Menschen verlangt, damit es selber ewig lebe, ist die Liebe. Sie sucht im Grunde keine Theodicee mehr, aber sie findet sie. Sie verlangt selber nicht nach ihr, aber sie gibt sie.

(Schöpfung und Schöpfer, S. 74)

In dieser letzten Sphäre, die da entspricht dem dritten Motiv einer Welt-und Menschenschöpfung: der Liebe und dem heiligen Drang der Liebe, überzufließen, sich selbst mitzuteilen ohne etwas zu verlieren, in dieser dritten, hierarchisch obersten Sphäre sind die beiden andern nicht vernichtet, sondern aufgehoben. In dieser dritten Ordnung erst der Schöpfung, die doch für Gott eine einzige ist, ist der Mensch vollendet, geschaffen ad imaginem dei: Er ist nicht vollendet als Bild des heiligen Richtergottes, das er als sittliche Person kraft seiner Reinheit wird. Er ist erst vollendet als Bild des Gottes, der die Liebe ist – erst vollendet als selber schöpferisch und heilig Liebender.

(Schöpfung und Schöpfer, S. 77)

Die Verteidigungsrede von Professor Huber

Als deutscher Staatsbürger, als deutscher Hochschullehrer und als politischer Mensch erachte ich es als Recht nicht nur, sondern als sittliche Pflicht, an der politischen Gestaltung der deutschen Geschichte mitzuarbeiten und offenkundige Schäden aufzudecken und zu bekämpfen. Ich glaube im Namen all der jungen Akademiker, die hier angeklagt sind, zu sprechen, wenn ich behaupte: Die Bekämpfung des inneren Bolschewismus, der im nationalsozialistischen Staat von heute immer bedrohlicher sich ausbreitet, war das sittliche Ziel unseres Handelns.

Ich bitte und beschwöre Sie in dieser Stunde, diesen jungen Angeklagten gegenüber in wahrem Wortsinn schöpferisch Recht zu sprechen, nicht ein Diktat der Macht, sondern die klare Stimme des Gewissens sprechen zu lassen, die auf die Gesinnung schaut, aus der die Tat hervorging, und diese Gesinnung war wohl die uneigennützigste, idealste, die man sich denken kann: Das Streben nach absoluter Rechtlichkeit, Sauberkeit, Wahrhaftigkeit im Leben des Staates …

Ich fasse zusammen: Was ich bezweckte, war die Weckung der studentischen Kreise nicht durch eine Organisation, sondern durch das schlichte Wort; nicht zu irgendeinem Akt der Gewalt, sondern zur sittlichen Einsicht in bestehende schwere Schäden des politischen Lebens. Rückkehr zu klaren sittlichen Grundsätzen, zum Rechtsstaat, zu gegenseitigem Vertrauen von Mensch zu Mensch, das ist nicht illegal, sondern umgekehrt die Wiederherstellung der Legalität. Ich habe mich im Sinne von Kants Kategorischem Imperativ gefragt, was geschähe, wenn diese subjektive Maxime meines Handelns ein allgemeines Gesetz würde. Darauf kann es nur eine Antwort geben. Dann würde Ordnung, Sicherheit, Vertrauen in unser Staatswesen, in unser politisches Leben zurückkehren. Jeder sittlich Verantwortliche würde mit uns seine Stimme erheben gegen die drohende Herrschaft der bloßen Macht über das Recht, der bloßen Willkür über den Willen des sittlichen Guten. Wir würden im einzelnen zu manchen Forderungen zurückkehren, die die Partei noch vor zehn Jahren mit Recht gestellt hat. Sie haben sich im Laufe dieser Jahre nicht nur nicht erfüllt, sondern in ihr Gegenteil verkehrt. Die Forderung der freien Selbstbestimmung auch des kleinsten Volksteils ist in ganz Europa vergewaltigt, nicht minder die Forderung der Wahrung der rassischen und völkischen Eigenart. Die grundlegende Forderung wahrer Volksgemeinschaft ist durch die systematische Untergrabung des Vertrauens von Mensch zu Mensch zunichte gemacht. Es gibt kein furchtbareres Urteil über eine Volksgemeinschaft als das Eingeständnis, das wir uns alle machen müssen, daß keiner sich vor seinem Nachbarn, der Vater nicht mehr vor seinen Söhnen sicher fühlt. –

Das war es, was ich wollte, mußte. Es gibt für alle äußere Legalität eine letzte Grenze, wo sie unwahrhaftig und unsittlich wird. Dann nämlich, wenn sie zum Deckmantel einer Feigheit wird, die sich nicht getraut, gegen offenkundige Rechtsverletzung aufzutreten. Ein Staat, der jegliche freie Meinungsäußerung und jede sittlich berechtigte Kritik, jeden Verbesserungsvorschlag als »Vorbereitung zum Hochverrat« unter die furchtbarsten Strafen stellt, bricht ein ungeschriebenes deutsches, germanisches Recht, das »im gesunden Volksempfinden« noch immer lebendig war und lebendig bleiben muß. …

Ich habe das eine Ziel erreicht, diese Warnung und Mahnung nicht in einem privaten, kleinen Diskutierclub, sondern an verantwortlicher, an höchster richterlicher Stelle vorzubringen. Ich setze für diese Mahnung, für diese beschwörende Bitte zur Rückkehr, mein Leben ein. Ich fordere die Freiheit für unser deutsches Volk zurück. Wir wollen nicht an Sklavenketten unser kurzes Leben dahinfristen, und wären es goldene Ketten eines materiellen Überflusses.

Sie haben mir den Rang und die Rechte des Professors und den »summa cum laude« erarbeiteten Doktorhut genommen und mich mit dem niedrigsten Verbrecher gleichgestellt. Die innere Würde des Hochschullehrers, des offenen, mutigen

Bekenners seiner Welt- und Staatsanschauung, kann mir kein Hochverratsverfahren rauben. Mein Handeln und Wollen wird der eherne Gang der Geschichte rechtfertigen, darauf vertraue ich felsenfest. Ich hoffe zu Gott, daß die geistigen Kräfte, die es rechtfertigen, rechtzeitig aus meinem eigenen Volke sich entbinden mögen. Ich habe gehandelt, wie ich aus einer inneren Stimme heraus handeln mußte. Ich nehme die Folgen auf mich nach dem schönen Wort Johann Gottlieb Fichtes:

Und handeln sollst du so,
Als hinge von dir und deinem Tun allein
Das Schicksal ab der deutschen Dinge,
Und die Verantwortung wär' dein.

(Clara Huber: »... Der Tod war nicht vergebens«, S. 74–78)

Flugblätter der »Weißen Rose«

Laut Anklageschriften wurden die vier ersten Flugblätter von Scholl und Schmorell gemeinsam verfaßt.

I

Nichts ist eines Kulturvolkes unwürdiger, als sich ohne Widerstand von einer verantwortungslosen und dunklen Trieben ergebenen Herrscherclique »regieren« zu lassen. Ist es nicht so, daß sich jeder ehrliche Deutsche heute seiner Regierung schämt, und wer von uns ahnt das Ausmaß der Schmach, die über uns und unsere Kinder kommen wird, wenn einst der Schleier von unseren Augen gefallen ist und die grauenvollsten und jegliches Mass unendlich überschreitenden Verbrechen ans Tageslicht treten? Wenn das deutsche Volk schon so in seinem tiefsten Wesen korrumpiert und zerfallen ist, dass es, ohne eine Hand zu regen, im leichtsinnigen Vertrauen auf eine fragwürdige Gesetzmäßigkeit der Geschichte, das Höchste, das ein Mensch besitzt und das ihn über jede andere Kreatur erhöht, nämlich den freien Willen, preisgibt, die Freiheit des Menschen preisgibt, selbst miteinzugreifen in das Rad der Geschichte und es seiner vernünftigen Entscheidung unterzuordnen, wenn die Deutschen so jeder Individualität bar, schon so sehr zur geistlosen und feigen Masse geworden sind, dann, ja dann verdienen sie den Untergang.

Goethe spricht von den Deutschen als einem tragischen Volke, gleich dem der Juden und Griechen, aber heute hat es eher den Anschein, als sei es eine seichte, willenlose Herde von Mitläufern, denen das Mark aus dem Innersten gesogen und die, nun ihres Kernes beraubt, bereit sind, sich in den Untergang hetzen zu lassen. Es scheint so – aber es ist nicht so; vielmehr hat man in langsamer, trügerischer, systematischer Vergewaltigung jeden einzelnen in ein geistiges Gefängnis gesteckt, und erst, als er darin gefesselt lag, wurde er sich des Verhängnisses bewusst. Wenige nur erkannten das drohende Verderben, und der Lohn für ihr heroisches Mahnen war der Tod. Über das Schicksal dieser Menschen wird noch zu reden sein.

Wenn jeder wartet, bis der Andere anfängt, werden die Boten der rächenden Nemesis unaufhaltsam näher und näher rücken, dann wird auch das letzte Opfer sinnlos in den Rachen des unersättlichen Dämons geworfen sein. Daher muß jeder Einzelne seiner Verantwortung als Mitglied der christlichen und abendländischen Kultur bewusst in dieser letzten Stunde sich wehren so viel er kann, arbeiten wider die Geißel der Menschheit, wider den Faschismus und jedes ihm ähnliche System des absoluten Staates. Leistet passiven Widerstand – WIDERSTAND – wo immer ihr auch seid, verhindert das Weiterlaufen dieser atheistischen Kriegsmaschine, ehe es zu spät ist, ehe die letzten Städte ein Trümmerhaufen sind, gleich Köln, und ehe die letzte Jugend des Volkes irgendwo für die Hybris eines Untermenschen verblutet ist. Vergeßt nicht, daß ein jedes Volk diejenige Regierung verdient, die es erträgt!

Aus Friedrich Schiller, »Die Gesetzgebung des Lykurgus und Solon«:

»... Gegen seinen eigenen Zweck gehalten, ist die Gesetzgebung des Lykurgus ein Meisterstück der Staats- und Menschenkunde. Er wollte einen mächtigen, in sich selbst gegründeten unzerstörbaren Staat; politische Ziele hat er so weit erreicht, als unter seinen Umständen möglich war. Aber hält man den Zweck, welchen Lykurgus sich vorsetzte, gegen den Zweck der Menschheit, so muss eine tiefe Missbilligung an die Stelle der Bewunderung treten, die uns der erste, flüchtige Blick abgewonnen hat. Alles darf dem Besten des Staates zum Opfer gebracht werden, nur dasjenige nicht, dem der Staat selbst nur als ein Mittel dient. Der Staat selbst ist niemals Zweck, er ist nur wichtig als eine Bedingung, unter welcher der Zweck der Menschheit erfüllt werden kann, und dieser Zweck der Menschheit ist kein anderer, als Ausbildung aller Kräfte des Menschen, Fortschreitung. Hindert eine Staatsverfassung, dass alle Kräfte, die im Menschen liegen, sich entwickeln; hindert sie die

Fortschreitung des Geistes, so ist sie verwerflich und schädlich, sie mag übrigens noch so durchdacht und in ihrer Art noch so vollkommen sein. Ihre Dauerhaftigkeit selbst gereicht ihr alsdann viel mehr zum Vorwurf als zum Ruhme – sie ist dann nur ein verlängerter Hebel; je länger sie Bestand hat, umso schädlicher ist sie.

... Auf Unkosten aller sittlichen Gefühle wurde das politische Verdienst errungen und die Fähigkeit dazu ausgebildert. In Sparta gab es keine eheliche Liebe, keine Mutterliebe, keine kindliche Liebe, keine Freundschaft – es gab nichts als Bürger, nichts als bürgerliche Tugend.

... Ein Staatsgesetz machte den Spartanern die Unmenschlichkeit gegen ihre Sklaven zur Pflicht; in diesen unglücklichen Schlachtopfern wurde die Menschlichkeit beschimpft und misshandelt. In dem spartanischen Gesetzbuche selbst wurde der gefährliche Grundsatz gepredigt, Menschen als Mittel und nicht als Zwecke zu betrachten – dadurch wurden die Grundfesten des Naturrechts und der Sittlichkeit gesetzmäßig eingerissen.

... Welch schöneres Schauspiel gibt der rauhe Krieger Cajus Marcius in seinem Lager vor Rom, der Rache und Sieg aufopfert, weil er die Tränen der Mutter nicht fliessen sehen kann!«

»... Der Staat (des Lykurgus) könnte nur unter der einzigen Bedingung fortdauern, wenn der Geist des Volkes stillstünde; er könnte sich also nur dadurch erhalten, daß er den höchsten und einzigen Zweck eines Staates verfehlte.«

Aus Goethe »Des Epimenides Erwachen«, zweiter Aufzug, vierter Auftritt:

Genien

...
Doch was dem Abgrund kühn entstiegen,
Kann durch ein ehernes Geschick
Den halben Weltkreis übersiegen,
Zum Abgrund muss es doch zurück.
Schon droht ein ungeheures Bangen,
Vergebens wird er widerstehn!
Und alle, die noch an ihm hangen,
Sie müssen mit zu Grunde gehn.

Hoffnung

Nun begegn' ich meinen Braven,
Die sich in der Nacht versammelt
Um zu schweigen, nicht zu schlafen,
Und das schöne Wort der Freiheit
Wird gelispelt und gestammelt,
Bis in ungewohnter Neuheit
Wir an unsrer Tempel Stufen
Wieder neu entzückt es rufen:

(Mit Überzeugung laut:)
Freiheit!

(gemäßigter)
Freiheit!
(von allen Seiten und Enden Echo:)
Freiheit!

Wir bitten Sie, dieses Blatt mit möglichst vielen Durchschlägen abzuschreiben und zu verteilen!

II

Man kann sich mit dem Nationalsozialismus geistig nicht auseinandersetzen, weil er ungeistig ist. Es ist falsch, wenn man von einer nationalsozialistischen Weltanschauung spricht, denn, wenn es dies gäbe, müsste man versuchen, sie mit geistigen Mitteln zu beweisen oder sie zu bekämpfen – die Wirklichkeit aber bietet uns ein völlig anderes Bild: schon in ihrem ersten Keim war diese Bewegung auf den Betrug der Mitmenschen angewiesen, schon damals war sie im Innersten verfault und konnte sich nur durch die stete Lüge retten. Schreibt doch Hitler selbst in einer frühen Auflage »seines« Buches (ein Buch, das in dem übelsten Deutsch geschrieben worden ist, das ich je gelesen habe, dennoch ist es von dem Volke der Dichter und Denker zur Bibel erhoben worden): »Man glaubt nicht, wie man ein Volk betrügen muss, um es zu regieren.« Wenn sich nun am Anfang dieses Krebsgeschwür des Deutschen Volkes noch nicht allzusehr bemerkbar gemacht hatte, so nur deshalb, weil noch gute Kräfte genug am Werk waren, es zurückzuhalten. Wie es aber grösser und grösser wurde, und schliesslich mittels einer letzten gemeinen Korruption zur Macht kam, das Geschwür gleichsam aufbrach und den ganzen Körper besudelte, versteckte sich die Mehrzahl der früheren Gegner, flüchtete die deutsche Intelligenz in ein Kellerloch, um dort als Nachtschattengewächs dem Licht und der Sonne verborgen, allmählich zu ersticken. Jetzt stehen wir vor dem Ende. Jetzt kommt es darauf an sich gegenseitig wiederzufinden, aufzuklären von Mensch zu Mensch, immer daran zu denken und sich keine Ruhe zu geben, bis auch der letzte von der äussersten Notwendigkeit seines Kämpfens wider dieses System überzeugt ist. Wenn so eine Welle des Aufruhrs durch das Land geht, wenn »es in der Luft liegt«, wenn viele mitmachen, dann kann in einer letzten, gewaltigen Anstrengung dieses System abgeschüttelt werden. Ein Ende mit Schrecken ist immer noch besser als ein Schrecken ohne Ende.

Es ist uns nicht gegeben, ein endgültiges Urteil über den Sinn unserer Geschichte zu fällen. Aber wenn diese Katastrophe uns zum Heile dienen soll, so doch nur dadurch: Durch das Leid gereinigt zu werden, aus der tiefsten Nacht heraus das Licht zu ersehnen, sich aufzuraffen und endlich mitzuhelfen, das Joch abzuschütteln, das die Welt bedrückt.

Nicht über die Judenfrage wollen wir in diesem Blatte schreiben, keine Verteidigungsrede verfassen – nein – nur als Beispiel wollen wir die Tatsache kurz anführen, die Tatsache, daß seit der Eroberung Polens *dreihunderttausend* Juden in diesem Land auf bestialischste Art ermordet worden sind. Hier sehen wir das fürchterlichste Verbrechen an der Würde des Menschen, ein Verbrechen, dem sich kein ähnliches in der ganzen Menschengeschichte an die Seite stellen kann. Auch die Juden sind doch Menschen – man mag sich zur Judenfrage stellen wie man will – und an Menschen wurde solches verübt. Vielleicht sagt jemand, die Juden hätten ein solches Schicksal verdient, diese Behauptung wäre eine ungeheure Anmaßung; aber angenommen, es sagte jemand dies, wie stellt er sich dann zu der Tatsache, daß die gesamte polnische adelige Jugend vernichtet worden ist (Gäbe Gott, dass sie es noch nicht ist!)? Auf welche Art, fragen Sie, ist solches geschehen? Alle männlichen Sprösslinge aus adeligen Geschlechtern zwischen 15 und 20 Jahren wurden in Konzentrationslager nach Deutschland zur Zwangsarbeit, alle Mädchen gleichen Alters nach Norwegen in die Bordelle der SS verschleppt! Wozu wir dies Ihnen alles erzählen, da Sie es schon selbst wissen, wenn nicht diese, so andere gleich schwere Verbrechen des fürchterlichen Untermenschentums? Weil hier eine Frage berührt wird, die uns alle zutiefst angeht und allen zu denken geben MUSS. Warum verhält sich das deutsche Volk angesichts all dieser scheusslichen, menschenunwürdigsten Verbrechen so apathisch? Kaum irgendjemand macht sich Gedanken darüber. Die Tatsache wird als solche hingenommen und ad acta gelegt. Und wieder schläft das deutsche Volk in seinem stumpfen, blöden Schlaf weiter und gibt diesen faschistischen Verbrechern Mut und Gelegenheit weiterzuwüten – und diese tun es. Sollte dies ein Zeichen dafür sein, dass die Deutschen in ihren primitivsten menschlichen Gefühlen verroht sind, daß sie in einen tödlichen Schlaf versunken sind, aus dem es kein Erwachen mehr gibt, nie, niemals? Es scheint so und ist es bestimmt, wenn der Deutsche nicht endlich aus dieser Dumpfheit auffährt, wenn er nicht protestiert, wo immer er nur kann gegen diese Verbrecherclique, wenn er mit diesen Hunderttausenden von Opfern nicht mitleidet. Und nicht nur Mitleid muss er empfinden, nein, noch viel mehr: MITSCHULD. Denn er gibt durch sein apathisches Verhalten diesen dunklen Menschen erst die Möglichkeit so zu handeln, ein jeder tut es und schläft dann wieder mit ruhigstem, bestem Gewissen. Aber er kann sich nicht freisprechen, ein jeder ist SCHULDIG, SCHULDIG, SCHULDIG! Doch ist es noch nicht zu spät, diese abscheulichste aller Missgeburten von Regierungen aus der Welt zu schaffen, um nicht noch mehr Schuld auf sich zu laden. Jetzt, da uns in den letzten Jahren die Augen vollkommen geöffnet worden sind, da wir wissen, mit wem wir es zu tun haben, jetzt ist es allerhöchste Zeit, diese braune Horde auszurotten. Bis zum Ausbruch des Krieges war der grösste Teil des deutschen Volkes geblendet, die Nationalsozialisten zeigten sich nicht in ihrer wahren Gestalt, doch jetzt, da man sie erkannt hat, muss es die einzige und höchste Pflicht, ja heiligste Pflicht eines jeden Deutschen sein, diese Bestien zu vertilgen!

»Der, des Verwaltung unauffällig ist, des Volk ist froh. Der, des Verwaltung aufdringlich ist, des Volk ist gebrochen. Elend, ach, ist es, worauf Glück sich aufbaut. Glück, ach, verschleiert nur Elend. Wo soll das hinaus? Das Ende ist nicht abzusehen, Das Geordnete verkehrt sich in Schlechtes. Das Volk gerät in Verwirrung. Ist es nicht so täglich seit langem? Daher ist der Hohe Mensch rechteckig, aber er stösst nicht an, er ist kantig, aber verletzt nicht, er ist aufrecht, aber nicht schroff. Er ist klar, aber will nicht glänzen.«

(Lao-tse)

»Wer unternimmt, das Reich zu beherrschen, und es nach seiner Willkür zu gestalten; ich sehe ihn sein Ziel nicht erreichen; das ist alles.«

»Das Reich ist ein lebendiger Organismus; es kann nicht gemacht werden, wahrlich! Wer daran machen will, verdirbt es, wer sich seiner bemächtigen will, verliert es.«

Daher: »Von den Wesen gehen manche vorauf, andere folgen ihnen, manche atmen warm, manche kalt, manche sind stark, manche schwach, manche erlangen Fülle, andere unterliegen.«

»Der Hohe Mensch daher läßt ab von Übertriebenheit, läßt ab von Überhebung, läßt ab von Übergriffen.«

(Lao-tse)

Wir bitten, diese Schrift mit möglichst vielen Durchschlägen abzuschreiben und weiterzuverteilen.

III

»Salus publica suprema lex.«

Alle idealen Staatsformen sind Utopien. Ein Staat kann nicht rein theoretisch konstruiert werden, sondern er muss ebenso wachsen, reifen, wie der einzelne Mensch. Aber es ist nicht zu vergessen, dass am Anfang einer jeden Kultur die Vorform des Staates vorhanden war. Die Familie ist so alt wie die Menschen selbst und aus diesem anfänglichen Zusammensein hat sich der vernunftbegabte Mensch einen Staat geschaffen, dessen Grund die Gerechtigkeit und dessen höchstes Gesetz das Wohl Aller sein soll. Der Staat soll eine Analogie der göttlichen Ordnung darstellen, und die höchste aller Utopien, die civitas Dei ist das Vorbild, dem er sich letzten Endes nähern soll. Wir wollen hier nicht urteilen über die verschiedenen möglichen Staatsformen, die Demokratie, die konstitutionelle Monarchie, das Königstum usw. Nur eines will eindeutig und klar herausgehoben werden: jeder einzelne Mensch hat einen Anspruch auf einen brauchbaren und gerechten Staat, der die Freiheit des Einzelnen als auch das Wohl der Gesamtheit sichert. Denn der Mensch soll nach Gottes Willen frei und unabhängig im Zusammenleben und Zusammenwirken der staatlichen Gemeinschaft sein natürliches Ziel, scin irdisches Glück in Selbständigkeit und Selbsttätigkeit zu erreichen suchen.

Unser heutiger »Staat« aber ist die Diktatur des Bösen. »Das wissen wir schon lange,« höre ich dich einwenden, »und wir haben es nicht nötig, daß uns dies hier noch einmal vorgehalten wird.« Aber, frage ich dich, wenn ihr das wisst, warum regt ihr euch nicht, warum duldet ihr, dass diese Gewalthaber Schritt für Schritt offen und im Verborgenen eine Domäne eures Rechts nach der anderen rauben, bis eines Tages nichts, aber auch gar nichts übrig bleiben wird, als ein mechanisiertes Staatsgetriebe, kommandiert von Verbrechern und Säufern? Ist euer Geist schon so sehr der Vergewaltigung unterlegen, dass ihr vergeßt, daß es nicht nur euer Recht, sondern eure SITTLICHE PFLICHT ist, dieses System zu beseitigen? Wenn aber ein Mensch nicht mehr die Kraft aufbringt, sein Recht zu fordern, dann muß er mit absoluter Notwendigkeit untergehen. Wir würden es verdienen, in alle Welt verstreut zu werden, wie der Staub vor dem Winde, wenn wir uns in dieser zwölften Stunde nicht aufrafften und endlich den Mut aufbrächten, der uns seither gefehlt hat. Verbergt nicht eure Feigheit unter dem Mantel der Klugheit! Denn mit jedem Tag, da ihr noch zögert, da ihr dieser Ausgeburt der Hölle nicht widersteht, wächst eure Schuld gleich einer parabolischen Kurve höher und immer höher.

Viele, vielleicht die meisten Leser dieser Blätter sind sich darüber nicht klar, wie sie einen Widerstand ausüben sollen. Sie sehen keine Möglichkeiten. Wir wollen versuchen Ihnen zu zeigen, daß ein jeder in der Lage ist, etwas beizutragen zum Sturz dieses Systems. Nicht durch individualistische Gegnerschaft, in der Art verbitterter Einsiedler, wird es möglich werden, den Boden für einen Sturz dieser »Regierung« reif zu machen oder gar den Umsturz möglichst bald herbeizuführen, sondern nur durch die Zusammenarbeit vieler überzeugter, tatkräftiger Menschen, Menschen, die sich einig sind, mit welchen Mitteln sie ihr Ziel erreichen können. Wir haben keine reiche Auswahl an solchen Mitteln, nur ein einziges steht uns zur Verfügung – der PASSIVE WIDERSTAND.

Der Sinn und das Ziel des passiven Widerstands ist, den Nationalsozialismus zu Fall zu bringen und in diesem Kampf ist vor keinem Weg, vor keiner Tat zurückzuschrecken, mögen sie auf Gebieten liegen, auf welchen sie auch wollen. An ALLEN Stellen muss der Nationalsozialismus angegriffen werden, an denen er nur angreifbar ist. Ein Ende muß diesem Unstaat möglichst bald bereitet werden – ein Sieg des faschistischen Deutschland in diesem Kriege hätte unabsehbare, fürchterliche Folgen. Nicht der militärische Sieg über den Bolschewismus darf die erste Sorge für jeden Deutschen sein, sondern die

Niederlage der Nationalsozialisten. Dies muß *unbedingt* an erster Stelle stehen. Die grössere Notwendigkeit dieser letzteren Forderung werden wir Ihnen in einem unserer nächsten Blätter beweisen.

Und jetzt muss sich ein jeder entschiedene Gegner des Nationalsozialismus die Frage vorlegen: Wie kann er gegen den gegenwärtigen »Staat« am wirksamsten ankämpfen, wie ihm die empfindlichsten Schläge beibringen? Durch den passiven Widerstand – zweifellos. Es ist klar, dass wir unmöglich für jeden Einzelnen Richtlinien für sein Verhalten geben können, nur allgemein andeuten können wir, den Weg zur Verwirklichung muss jeder selber finden.

SABOTAGE in Rüstungs- und kriegswichtigen Betrieben, Sabotage in allen Versammlungen, Kundgebungen, Festlichkeiten, Organisationen, die durch die nat. soz. Partei ins Leben gerufen werden. Verhinderung des reibungslosen Ablaufs der Kriegsmaschine (einer Maschine, die nur für einen Krieg arbeitet, der ALLEIN um die Rettung und Erhaltung der nat. soz. Partei und ihrer Diktatur geht).

SABOTAGE auf allen wissenschaftlichen und geistigen Gebieten, die für eine Fortführung des gegenwärtigen Krieges tätig sind – sei es in Universitäten, Hochschulen, Laboratorien, Forschungsanstalten, technischen Büros.

SABOTAGE in allen Veranstaltungen kultureller Art, die das »Ansehen« der Faschisten im Volke heben könnten. SABOTAGE in allen Zweigen der bildenden Künste, die nur im geringsten im Zusammenhang mit dem Nationalsozialismus stehen und ihm dienen. SABOTAGE in allem Schrifttum, allen Zeitungen, die im Solde der »Regierung« stehen, für ihre Ideen, für die Verbreitung der braunen Lüge, kämpfen. Opfert nicht einen Pfennig bei Strassensammlungen (auch wenn sie unter dem Deckmantel wohltätiger Zwecke durchgeführt werden.) Denn dies ist nur eine Tarnung. In Wirklichkeit kommt das Ergebnis weder dem Roten Kreuz noch den Notleidenden zugute. Die Regierung braucht dies Geld nicht, ist auf diese Sammlungen finanziell nicht angewiesen – die Druckmaschinen laufen ja ununterbrochen und stellen jede beliebige Menge von Papiergeld her. Das Volk muss aber dauernd in Spannung gehalten werden, nie darf der Druck der Kandare nachlassen! Gebt nichts für die Metall-, Spinnstoff- und andere Sammlungen! Sucht alle Bekannte, auch die aus den unteren Volksschichten, von der Sinnlosigkeit einer Fortführung, von der Aussichtslosigkeit dieses Krieges, von der geistigen und wirtschaftlichen Versklavung durch den Nationalsozialismus, von der Zerstörung aller sittlichen und religiösen Werte zu überzeugen und zum PASSIVEN WIDERSTAND zu veranlassen!

Aristoteles »Über die Politik«:

> »... Ferner gehört es (zum Wesen der Tyrannis) dahin zu streben, daß ja nicht verborgen bleibe, was irgend ein Untertan spricht oder tut, sondern überall Späher ihn belauschen ... ferner alle Welt miteinander zu verhetzen und Freunde mit Freunden zu verfeinden und das Volk mit den Vornehmen und die Reichen unter sich. Sodann gehört es zu solchen tyrannischen Massregeln, die Untertanen arm zu machen, damit die Leibwache besoldet werden kann, und sie, mit der Sorge um ihren täglichen Erwerb beschäftigt, keine Zeit und Musse haben, Verschwörungen anzustiften ... Ferner aber auch solche hohe Einkommensteuern, wie die in Syrakus auferlegten, denn unter Dionysios hatten die Bürger dieses Staates in fünf Jahren glücklich ihr ganzes Vermögen in Steuern ausgegeben. Und auch beständig Kriege zu erregen ist der Tyrann geneigt ...«

Bitte vervielfältigen und weitergeben!!!

IV

Es ist eine alte Weisheit, die man Kindern immer wieder aufs neue predigt, daß, wer nicht hören will, fühlen muss. Ein kluges Kind wird sich aber die Finger nur einmal am heissen Ofen verbrennen.

In den vergangenen Wochen hatte Hitler sowohl in Afrika, als auch in Russland Erfolge zu verzeichnen. Die Folge davon war, dass der Optimismus auf der einen, die Bestürzung und der Pessimismus auf der anderen Seite des Volkes mit einer der deutschen Trägkeit unvergleichlichen Schnelligkeit anstieg. Allenthalben hörte man unter den Gegnern Hitlers, also unter den besseren Teilen des Volkes, Klagerufe, Worte der Enttäuschung und der Entmutigung, die nicht selten in dem Ausruf endigten: »Sollte nun Hitler doch …?«

Indessen ist der deutsche Angriff auf Ägypten zum Stillstand gekommen, Rommel muss in einer gefährlich exponierten Lage verharren – aber noch geht der Vormarsch im Osten weiter. Dieser scheinbare Erfolg ist unter den grauenhaftesten Opfern erkauft worden, sodass er schon nicht mehr als vorteilhaft bezeichnet werden kann. Wir warnen daher vor *jedem* Optimismus.

Wer hat die Toten gezählt, Hitler oder Goebbels – wohl keiner von beiden. Täglich fallen in Russland Tausende. Es ist die Zeit der Ernte, und der Schnitter fährt mit vollem Zug in die reife Saat. Die Trauer kehrt ein in die Hütten der Heimat, und niemand ist da, der die Tränen der Mütter trocknet. Hitler aber belügt die, deren teuerstes Gut er geraubt und in den sinnlosen Tod getrieben hat.

Jedes Wort, das aus Hitlers Munde kommt, ist eine Lüge: Wenn er Frieden sagt, meint er den Krieg, und wenn er in frevelhaftester Weise den Namen des Allmächtigen nennt, meint er die Macht des Bösen, den gefallenen Engel, den Satan. Sein Mund ist der stinkende Rachen der Hölle und seine Macht ist im Grunde verworfen. Wohl muß man mit rationalen Mitteln den Kampf wider den nationalsozialistischen Terrorstaat führen; wer aber heute noch an der realen Existenz der dämonischen Mächte zweifelt, hat den metaphysischen Hintergrund dieses Krieges bei weitem nicht begriffen. Hinter dem Konkreten, hinter dem sinnlich Wahrnehmbaren, hinter allen sachlichen logischen Überlegungen, steht das Irrationale, d.i. der

Kampf wider den Dämon, wider den Boten des Antichristen. Überall und zu allen Zeiten haben die Dämonen im Dunkeln gelauert auf die Stunde, da der Mensch schwach wird, da er seine ihm von Gott auf Freiheit gegründete Stellung im ordo eigenmächtig verläßt, da er dem Druck des Bösen nachgibt, sich von den Mächtigen höherer Ordnung loslöst und so, nachdem er den ersten Schritt freiwillig getan, zum zweiten und dritten und immer mehr getrieben wird mit rasend steigender Geschwindigkeit – überall und zu allen Zeiten der höchsten Not sind Menschen aufgestanden, Propheten, Heilige, die ihre Freiheit gewahrt hatten, die auf den Einzigen Gott hinwiesen und mit seiner Hilfe das Volk zur Umkehr mahnten. Wohl ist der Mensch frei, aber er ist wehrlos wider das Böse ohne den wahren Gott, er ist wie ein Schiff ohne Ruder, dem Sturme preisgegeben, wie ein Säugling ohne Mutter, wie eine Wolke, die sich auflöst.

Gibt es, so frage ich Dich, der Du ein Christ bist, gibt es in diesem Ringen um die Erhaltung Deiner höchsten Güter ein Zögern, ein Spiel mit Intrigen, ein Hinausschieben der Entscheidung in der Hoffnung, daß ein anderer die Waffen erhebt, um Dich zu verteidigen? Hat Dir nicht Gott selbst die Kraft und den Mut gegeben zu kämpfen? Wir *müssen* das Böse dort angreifen, wo es am mächtigsten ist, und es ist am mächtigsten in der Macht Hitlers.

> »Ich wandte mich und sah an alles Unrecht, das geschah unter der Sonne; und siehe, da waren Tränen derer, so Unrecht litten und hatten keinen Tröster; und die ihnen Unrecht taten, waren zu mächtig, daß sie keinen Tröster haben konnten.
> Da lobte ich die Toten, die schon gestorben waren, mehr denn die Lebendigen, die noch das Leben hatten …«
>
> *(Sprüche)*

Novalis:

> »Wahrhafte Anarchie ist das Zeugungselement der Religion. Aus der Vernichtung alles Positiven hebt sich ihr glorreiches Haupt als

neue Weltstifterin empor ... Wenn Europa wieder erwachen wollte, wenn ein Staat der Staaten, eine politische Wissenschaftslehre uns bevorstände! Sollte etwa die Hierarchie ... das Prinzip des Staatenvereins sein? ... Es wird solange Blut über Europa strömen, bis die Nationen ihren fürchterlichen Wahnsinn gewahr werden, der sie im Kreis herumtreibt, und von heiliger Musik getroffen und besänftigt, zu ehemaligen Altären in bunter Vermischung treten, Werke des Friedens vornehmen und ein grosses Friedensfest auf den rauchenden Walstätten mit heissen Tränen gefeiert wird. Nur die Religion kann Europa wieder aufwecken und das Völkerrecht sichern und die Christenheit mit neuer Herrlichkeit sichtbar auf Erden in ihr friedenstiftendes Amt installieren.«

Wir weisen eindrücklich darauf hin, daß die »Weisse Rose« nicht im Solde einer ausländischen Macht steht. Obgleich wir wissen, daß die nationalsozialistische Macht militärisch gebrochen werden muß, suchen wir eine Erneuerung des schwerverwundeten deutschen Geistes von innen her zu erreichen. Dieser Wiedergeburt muß aber die klare Erkenntnis aller Schuld, die das deutsche Volk auf sich geladen hat, und ein rücksichtsloser Kampf gegen Hitler und seine allzuvielen Helfershelfer, Parteimitglieder, Quislinge usw. vorausgehen. Mit aller Brutalität muss die Kluft zwischen dem besseren Teil des Volkes und allem, was mit dem Nationalsozialismus zusammenhängt, aufgerissen werden. Für Hitler und seine Anhänger gibt es auf dieser Erde keine Strafe, die ihren Taten gerecht wäre. Aber aus Liebe zu kommenden Generationen muß nach Beendigung des Krieges ein Exempel statuiert werden, dass niemand auch nur die geringste Lust je verspüren sollte, Ähnliches aufs neue zu versuchen. Vergesst auch nicht die kleinen Schurken dieses Systems, merkt Euch die Namen, aufdass keiner entkomme! Es soll ihnen nicht gelingen, in letzter Minute noch nach all diesen Scheusslichkeiten die Fahne zu wechseln und so zu tun, als ob nichts gewesen wäre!

Zu Ihrer Beruhigung möchten wir noch hinzufügen, dass die Adressen der Leser der »Weissen Rose« nirgendwo schriftlich niedergelegt sind. Die Adressen sind willkürlich Adressbüchern entnommen.

Wir schweigen nicht, wir sind Euer böses Gewissen, die »Weisse Rose« läßt Euch keine Ruhe!

Bitte vervielfältigen und weitersenden!

Anmerkungen

1 Harry Graf Kessler, S. 747.
2 Golo Mann, S. 840.
3 Hans Rothfels, S. 98.
4 Ulmer Bilderchronik 5a, S. 138.
5 ebenda, S. 97.
6 Hans Grimm, Volk ..., S. 61 f, 67.
7 Dirk Kunert, S. 180.
8 Hans Rothfels, S. 88.
9 Hans Grimm, Antwort ..., S. 27.
10 Gustav Frenssen, S. 105, 51, 89.
11 Denzler/Fabrizius, Band I, S. 145.
12 Hans Grimm, Antwort ..., S. 27.
13 ebenda, S. 39.
14 Ulmer Bilderchronik 5a, S. 49.
15 ebenda, S. 159.
16 Hans Rothfels, S. 130.
17 ebenda, S. 70.
18 Hierzu: Victor Klemperer, S. 23.
19 Aus: Karl Wolfskehl, Gesammelte Werke I.
20 Hans Rothfels, S. 49.
21 ebenda, S. 273–275.
22 Heinz Kühn, S. 288.
23 Joachim Fest, S. 118.
24 Denzler/Fabrizius, Band I, S. 118.
25 Werner Maser, S. 245.
26 Saul Friedländer, S. 96.
27 Werle/Wandres, S. 34 f.
28 Ulmer Bilderchronik 5b, S. 507.
29 Werle/Wandres, S. 107, 58.
30 H.G. Dahms, S. 591.
31 Werner Maser, S. 273–276.
32 Jörg Wollenberg, S. 224 f.
33 Werner Maser, S. 262.
34 Tangred Koch, S. 305.
35 Hans Rothfels, S. 319.
36 Gesamtwortlaut bei E. Zeller, Stauffenberg ..., S. 237.
37 Heinz Kühn, S. 281 f.
38 Hans Rothfels, S. 304.
39 Heinz Kühn, S. 282.
40 »Die Zeit« vom 18.7.1997.
41 Ulmer Bilderchronik 5b.
42 Peter Hoffmann, S. 367 f.
43 Alfred Grosser, S. 99.
44 Golo Mann, S. 960.
45 Hellmut Diwald, S. 332.
46 Denzler/Fabrizius, Band I, S. 207, Band II S. 254.

Literatur

BAQUE, JAMES, Der geplante Tod. Berlin 1989
– Verschwiegene Schuld. Berlin 1995
BOVERI, MARGRIT, Der Verrat im 20. Jahrhundert. Hamburg 1976
BRENNER, HEINZ, Dagegen. Leutkirch o.J.
CARTIER, RAYMOND, Der Zweite Weltkrieg. München 1977
CHANG, JANG, Wilde Schwäne. München 1991
CHARMLEY, JOHN, Churchill. Berlin 1995
Chronik des 20. Jahrhunderts. Braunschweig 1982
DAHMS, H.G., Geschichte des Zweiten Weltkriegs. Frankfurt/M. 1983
DENZLER, GEORG und FABRIZIUS, VOLKER, Die Kirchen im Dritten Reich. Frankfurt 1984
DEUERLEIN, ERNST, Der Aufstieg der NSDAP 1919–1933. Frankfurt/M. o.J.
DIWALD, HELLMUT, Deutschland einig Vaterland. Berlin 1992
DUMBACH, ANNETTE und JUD NEWBORN, Wir sind euer Gewissen. Stuttgart 1988
ELSER, J.G., Autobiographie eines Attentäters. Stuttgart 1970
FEST, JOACHIM, Staatsstreich. Berlin 1984
Festschrift des Eberhard-Ludwig-Gymnasiums. Stuttgart 1937
FRANKE-GRICKSCH, So wurde Hitler finanziert. Leonberg 1983
FRENSSEN, GUSTAV, Der Glaube der Nordmark. Stuttgart, Berlin 1936
FRIEDLÄNDER, SAUL, Kurt Gerstein. Bielefeld 1968
GAMM, HANS JOACHIM, Das Judentum. Frankfurt/M., New York 1990
GASSET, ORTEGA Y, Der Aufstand der Massen. Stuttgart 1993
GEISEL, EIKE und BRODER, HENDRYK M., Premiere und Pogrom – der jüdische Kulturbund –. Berlin 1992
Geschichtswerkstatt am Goldberg-Gymnasium Sindelfingen, »Restloser verzehrender Einsatz für Deutschland«. Stuttgart 1992
GRIMM, HANS, Volk ohne Raum. München 1926
– Der Schriftsteller und seine Zeit. Lippoldsberg 1980
– Antwort eines Deutschen – Die Erzbischofschrift. Göttingen 1950

Grosser, Alfred, Ermordung der Menschheit. München 1990
Haecker, Theodor, Schöpfer und Schöpfung. Freiburg 1934
Haffner, Sebastian, Von Bismarck zu Hitler. München 1987
– Geschichte eines Deutschen. München 2000
Hanser, Richard, Deutschland zuliebe. München 1980
Herbert, Ulrich, Arbeit, Volkstum, Weltanschauung. Frankfurt/M. 1995
Höhn, Karl (Hg.), Ulmer Bilderchronik. Ulm 1988
Hoffmann, Heinrich, Hitler erobert das deutsche Herz. Berlin 1938
Hoffmann, Peter, Claus Schenk von Stauffenberg und seine Brüder. Stuttgart 1992
Huber, Clara, ... Der Tod war nicht vergebens. München 1986
Jäckel, Eberhard, Das deutsche Jahrhundert. Stuttgart 1996
Jens, Inge (Hg.), Hans und Sophie Scholl, Briefe und Aufzeichnungen. Frankfurt/M. 1984
Jürgens, Birgit, Zur Geschichte des BDM (Bund Deutscher Mädel) von 1923 bis 1939. Frankfurt am Main 1994
Kadell, Franz, Die Katyn-Lüge. München 1991
Kennan, George, Memoiren eines Diplomaten. Stuttgart 1968
Kessler, Harry Graf, Tagebücher. Frankfurt/M. 1961
Klemperer, Victor, Ich will Zeugnis ablegen bis zum letzten. Berlin 1995
Kling, Heinrich, Zeit mit Wunden. Erdmannhausen 1988
Knoop-Graf, Anneliese und Jens, Inge (Hg.), Willi Graf – Briefe und Aufzeichnungen –. Frankfurt/M. 1988
Koch, Tangred, Geschichte der Henker. Heidelberg 1991
Kühn, Heinz, Widerstand und Emigration. Hamburg 1980
Kunert, Dirk, Ein Weltkrieg wird programmiert. Berlin, Frankfurt/M. 1986
Lachenmaier, Fritz, Zeitgeschichte wider den Zeitgeist. Schwäbisch Gmünd 1995
Laqueur, Walter Z., Die deutsche Jugendbewegung. Köln 1962
Lasker-Wallfisch, Anita, Ihr sollt die Wahrheit erben. Bonn 1997
Leber, Annedore, Das Gewissen steht auf. Mainz 1984
Leonhard, Wolfgang, Der Schock des Hitler-Stalinpaktes. Freiburg 1986
Lill, Rudolf und Kissener, Michael (Hg.), Hochverrat? Konstanz 1993

LORENZ, KONRAD, Das sogenannte Böse. München 1973
MANN, GOLO, Deutsche Geschichte des 19. und 20. Jahrhunderts. Frankfurt/M. 1958
MASER, WERNER, Das Dritte Reich. Koblenz 1997
– Adolf Hitlers Mein Kampf, Esslingen a.N. 1983
MILLER, MAX und SAUER, PAUL, Württembergische Geschichte 1871–1971. Stuttgart 1971
NOLTE, ERNST, Faschismus. München 1963
PLOETZ, KARL, Auszug aus der Geschichte. Würzburg 1962
REICH-RANICKI, MARCEL, Mein Leben. Stuttgart 1999
Reichsjugendführung (Hg.), Wir Mädel singen, Berlin 1939
ROTHFELS, HANS, Die deutsche Opposition gegen Hitler. Zürich 1994
SCHOLL, INGE, Die Weiße Rose. Frankfurt/M. 1982
SMITH, BRADLEY F., Der Jahrhundertprozeß. Frankfurt/M. 1979
STEFFAHN, HARALD, Die Weiße Rose. Hamburg 1993
STUDT, CHRISTOPH, Das Dritte Reich. München 1995
Verband bildender Künstler Württemberg (Hg.), Künstlerschicksale im Dritten Reich. Gerlingen 1987
VINKE, HERMANN, Das kurze Leben der Sophie Scholl, Ravensburg 1980
WEIL, HEINZ, Am Rande des Strudels. Stuttgart 1988
WEIZSÄCKER, RICHARD VON, Zum 40. Jahrestag der Beendigung des Krieges. Bonn 1985
WERLE, GERHARD und WANDRES, THOMAS, Auschwitz vor Gericht. München 1995
WOLFSKEHL, KARL, Gesammelte Werke I. Hamburg 1960
WOLLENBERG, JÖRG, Niemand war dabei und keiner hat's gewußt. München, Zürich 1989
YOUNG, A.P., Die X-Dokumente. München 1974
ZAYAS, ALFRED DE, Die Anglo-Amerikaner und die Vertreibung der Deutschen. Berlin 1998
ZELLER, EBERHARD, Stauffenberg. Paderborn 1994
– Geist der Freiheit. München 1952
ZWEIG, STEFAN, Die Welt von gestern. Frankfurt/M. 1942